U0743976

2022 年浙江省文化产业发展报告

主　编　余　钧

副主编　吴怡频　宋　雪　张云鹤

浙江工商大学 出版社
ZHEJIANG GONGSHANG UNIVERSITY PRESS
·杭州·

图书在版编目(CIP)数据

2022 年浙江省文化产业发展报告 / 余钧主编；吴怡频，宋雪，张云鹤副主编. — 杭州：浙江工商大学出版社，2023.6

ISBN 978-7-5178-5967-3

Ⅰ. ①2… Ⅱ. ①余… ②吴… ③宋… ④张… Ⅲ. ①文化产业－产业发展－研究报告－浙江－2022 Ⅳ. ①G127.55

中国国家版本馆 CIP 数据核字(2024)第 041081 号

2022 年浙江省文化产业发展报告

2022 NIAN ZHEJIANG SHENG WENHUA CHANYE FAZHAN BAOGAO

主　编　余　钧

副主编　吴怡频　宋　雪　张云鹤

责任编辑	黄拉拉
责任校对	沈黎鹏
封面设计	浙信文化
责任印制	包建辉
出版发行	浙江工商大学出版社
	（杭州市教工路 198 号　邮政编码 310012）
	（E-mail:zjgsupress@163.com）
	（网址:http://www.zjgsupress.com）
	电话:0571－88904980,88831806(传真)
排　版	杭州朝曦图文设计有限公司
印　刷	杭州高腾印务有限公司
开　本	710 mm×1000 mm　1/16
印　张	12.25
字　数	268 千
版 印 次	2023 年 6 月第 1 版　2023 年 6 月第 1 次印刷
书　号	ISBN 978-7-5178-5967-3
定　价	55.00 元

目　录

第三篇　2022 年浙江省文化产业发展专题报告

第 一 篇

2022年浙江省文化产业发展总报告

2022 年浙江省文化产业发展总报告

余 钧

浙江省文化产业拥有良好的产业基础、突出的资源优势以及优越的政策环境,发展水平居于全国前列。2021 年 11 月,文化和旅游部、浙江省人民政府发布《关于高质量打造新时代文化高地推进共同富裕示范区建设行动方案(2021—2025 年)》,就发挥文化和旅游行业优势、支持浙江高质量发展、打造新时代文化高地、建设共同富裕示范区做出部署。在建设共同富裕示范区背景下,浙江省文化产业需要更好地发挥引领带动作用,加快推进高质量发展,在推动共同富裕先行、贯彻"八八战略"、打造新时代文化高地中做出更大贡献。

一、浙江省文化产业发展环境

(一)区位环境:内外联动,不断巩固枢纽地位

浙江省地处中国东南沿海长江三角洲南翼,东临东海,南接福建省,西与江西省、安徽省相连,北与上海市、江苏省接壤。全省陆域面积为 10.55 万平方千米,是中国面积较小的省份之一。至 2021 年末,全省设 11 个地级市,有 37 个市辖区、20 个县级市、33 个县(含 1 个自治县),下辖 488 个街道、618 个镇、258 个乡。全省常住人口为 6540 万人,城镇人口占比为 72.7%。2021 年,浙江省全面实施长江经济带、长三角一体化发展等国家战略,高水平打造"一带一路"重要枢纽、国内大循环的战略支点和国内国际双循环的战略枢纽,取得了突出的区位优势。2021 年,浙江省共同推进长三角一体化发展 24 项重点协同事项,联合编制《长三角一体化发展规划"十四五"实施方案》和"新一轮三年行动计划";与共建"一带一路"国家的双向贸易和投资持续扩大,义、甬、舟开放大通道建设取得新进展。全省对共建"一带一路"国家的进出口贸易额达 1.42 万亿元,比 2020 年增长 22.9%,占全国进出口总额的 12%。

(二)经济环境:稳中有升,持续提高经济实力

浙江省经济发达,地区生产总值稳居全国第 4。2021 年,全省生产总值为 73516 亿元,比上年增长 8.5%,占全国经济总量的 6.4%,按年平均汇率折算约合 1.14 万亿美元,占全球的 1.2%。分产业看,第一、二、三产业增加值分别为 2209 亿元、31189 亿元和 40118 亿元,比上年分别增长 2.2%、10.2%和 7.6%。浙江省深化农业供给侧结构性改革,推动现代农业发展,农业现代化水平居全国第 3。浙江省推动全球先进制造业基地建设,专精特新"小巨人"企业和单项冠军企业数量均居全国第 1,是工业大省、制造业大省。浙江省推动商贸与

现代服务业发展,新兴服务业营业收入年均增长 23.7%,占全部规模以上服务业的 71.3%。民营经济是浙江省发展的"金名片"。2021 年,全省民营经济实现增加值 4.92 万亿元,创造了 66.9% 的经济总量和 73.4% 的税收,提供了 87.5% 的就业岗位。浙江省的数字经济发展持续居全国前列。2021 年,实现数字经济核心产业增加值 8348.27 亿元,比 2020 年增长 13.3%,高出全省地区生产总值 4.8 个百分点。浙江省高水平推动对外开放,货物进出口总额达到 4.14 万亿元,居全国第 3;服务贸易进出口总额达到 687 亿美元,居全国第 4。中国(浙江)自由贸易试验区在投资贸易便利化自由化、金融服务、市场准入与监管等方面取得明显成效,是全省经济的重要增长极。

(三)社会环境:融合共富,持续改善民生品质

2021 年,中共中央、国务院印发《关于支持浙江高质量发展建设共同富裕示范区的意见》,中共浙江省委、浙江省人民政府发布《浙江高质量发展建设共同富裕示范区实施方案》,探索建设共同富裕美好社会,为全国推动共同富裕提供省域范例。据《2021 年浙江省国民经济和社会发展统计公报》,2021 年浙江省人均地区生产总值为 113032 元,居全国第 6;按年平均汇率折算,达 1.75 万美元,高于世界银行规定的高收入经济体水平,接近中等发达国家水平。全省居民人均可支配收入为 57541 元,居全国第 3;居民人均消费支出为 36668 元,比上年增长 17.2%。浙江省全面推进新型智慧城市建设,推广"城市大脑"杭州经验,推进各设区市"一市一脑"建设,提升城市品质和综合竞争力。浙江省加快城乡融合发展,全面实施以人为核心的新型城镇化发展战略。全省常住人口城镇化率达 72.7%,居全国第 3,城乡居民收入比缩小至 1.94,是我国城乡差距最小的省份之一。浙江省深入推进新时代美丽乡村建设,出台《浙江省深化"千万工程"建设新时代美丽乡村行动计划(2021—2025 年)》,构建"千村未来、万村共富、全域和美"的乡村振兴新格局。2021 年 5 月,浙江省启动未来乡村建设工作。

(四)文化环境:活态传承,不断彰显文化魅力

浙江省历史悠久、人文荟萃,大约 100 万年前就有远古人类活动,良渚文化、河姆渡文化等都是浙江省著名的新石器时代文化。在历史长河中,浙江省在政治、文化、科学等领域都出现了大量杰出人物。浙江省传承吴越文化,又与中原文化多次交融,形成了独特的农耕风俗、海岛风俗、商贸风俗、信仰风俗等。全省有 9 座历史文化名城、20 个中国历史文化名镇、28 个中国历史文化名村,名镇、名村数量居全国第一。浙江省积极推进文化遗产保护工作,启动实施宋韵文化传世工程,成功举办仙都黄帝祭祀大典,新增中国重要农业文化遗产 2 项(累计数量居全国第 1)。开展全省文物安全大排查大整治大提升攻坚行动后,浙江省全国重点文物保护单位达 281 家。浙江省大力打造"浙江有礼"省域文明实践品牌,全国道德模范评选表彰人数居各省(区、市)首位。

(五)创新环境:科技赋能,持续增强发展动能

面对新一轮科技革命,浙江省深入实施人才强省、创新强省首位战略,优化创新生态,为

经济社会发展提供重要动能。2021 年,全省全社会研究与试验发展(R&D)经费投入
2157.7 亿元,比上年增长 16.1%,占地区生产总值的 2.9%;高新技术产业增加值为 1.2 万
亿元,比上年增长 14.0%,对规模以上工业增长的贡献率达 67.4%;高新技术产业新产品产
值为 3.1 万亿元,比上年增长 29.7%;技术交易总额为 2060 亿元,比上年增长 34.8%。浙
江省加大创新主体培育支持力度。2021 年,新增创新型领军企业 10 家,累计 62 家;新增高
新技术企业 7179 家,累计 2.86 万家;新增科技型中小企业 18922 家,累计 8.6 万家;启动实
施产业集群新智造试点 36 个和"未来工厂"试点 33 个。浙江省拥有不少实力强大的科研机
构,科研条件居于全国前列。至 2021 年底,全省拥有国家重点实验室 15 个、国家企业技术
中心 137 个、省重点实验室 383 个、省技术创新中心 6 个、省高新技术企业研发中心 6104 个
以及新型研发机构 68 个。

二、浙江省文化产业发展现状

(一)产业总体发展现状

2021 年,浙江省文化产业呈现稳中有升的态势。文化及相关产业增加值为 4950 亿元,
占全省生产总值的 6.7%,文化产业综合指数居于全国第 2。全省规模以上文化及相关产业
企业实现营业收入 13345 亿元,比上年增长 15.2%。分产业类型看,文化制造业企业实现营
业收入 3164 亿元,比上年增长 19.9%;文化批发和零售业企业实现营业收入 1815 亿元,比
上年增长 19.7%;文化服务业企业实现营业收入 8366 亿元,比上年增长 12.7%。分行业类
别看,行业整体恢复情况良好,9 个文化行业的营业收入实现正增长。其中,8 个文化行业实
现 2 位数增长,分别为新闻信息服务、创意设计服务、文化传播渠道、文化投资运营、文化娱
乐休闲服务、文化辅助生产和中介服务、文化装备生产以及文化消费终端生产,比上年分别
增长 13.2%、21.1%、13.3%、27.0%、31.3%、13.5%、29.0%和 24.0%。分企业控股类型
看,民营企业营业收入的增速最快。国有控股企业实现营业收入 1335 亿元,比上年增长
9.7%;民营企业实现营业收入 5879 亿元,比上年增长 24.0%;港澳台控股企业和外商控股
企业的营业收入分别为 3674 亿元和 2458 亿元,比上年分别增长 9.6%和 8.3%。分企业领
域看,文化产业核心领域企业拉动作用明显。文化产业核心领域企业实现营业收入 9355 亿
元,比上年增长 12.9%,占比为 70.1%,拉动文化产业增长 9.2 个百分点;文化产业相关领
域企业实现营业收入 3990 亿元,比上年增长 21.0%。文化新业态成为文化产业发展的重要
推动力,文化数字化战略得到大力推进。2021 年,全省数字文化企业实现营业收入 7673.4
亿元,占规模以上文化企业营业收入的 57.5%。2021 年前 3 季度,文化新业态特征较为明
显的 16 个行业小类实现营业收入 4771 亿元,比上年增长 20.2%。2021 年,浙江省及各地
市文化产业主要经济指标如表 1 所示。由表 1 可知,浙江省不同地市文化产业发展差距明
显,其中杭州市文化产业发展水平居于全省第 1。

表 1　2021 年浙江省及各地市的文化产业主要经济指标

地区	单位数/个	从业人员/人	资产总额/亿元	营业收入/亿元	利润总额/亿元	应交所得税额/亿元
浙江省	5720	631884	18642.34	13662.80	1297.11	183.50
杭州市	1383	195922	12159.72	8374.16	1048.30	103.96
宁波市	1147	123549	1874.78	2162.94	113.74	20.38
温州市	641	55439	438.65	422.31	11.22	7.34
嘉兴市	513	74131	1181.77	932.60	38.74	11.12
湖州市	254	21120	366.89	184.80	8.18	3.83
绍兴市	497	40570	928.34	517.99	22.86	15.22
金华市	604	53314	998.54	460.13	25.24	9.56
衢州市	97	10066	232.84	168.90	17.59	4.09
舟山市	44	2555	43.37	47.65	−0.17	0.22
台州市	339	34169	272.40	254.86	8.35	4.45
丽水市	201	21049	144.94	136.46	3.07	3.33

数据来源：金华市统计局网站。http://tjj.jinhua.gov.cn/art/2022/10/10/art_1229317892_4022142.html.

　　在文化企业发展方面，浙江省文化企业表现优异，文化产业的上市企业数量达 42 家，整体实力居于全国前列。2021 年，由光明日报社和经济日报社联合发布的第十四届"全国文化企业 30 强"名单中，浙江出版联合集团有限公司、浙报传媒控股集团有限公司、华数数字电视传媒集团有限公司、浙江华策影视股份有限公司等 4 家浙江省文化企业入选；宋城演艺发展股份有限公司、浙江大丰实业股份有限公司等 2 家企业获得提名，总数居全国第 1。宋城演艺发展股份有限公司、杭州网易云音乐科技有限公司、音王电声股份有限公司等 3 家企业入选第四批国家文化和科技融合示范基地，总数居于全国第 2。全省 4 家动漫企业获评"中国文化艺术政府奖第四届动漫奖"，总数居于全国第 1。

　　在文化项目建设方面，浙江省切实推进文化产业重大平台项目建设，取得新突破。2021 年，全省实施重大文化产业项目 307 个，实际投资额达 899.1 亿元。之江文化产业带发展实现提质增效，实现文化产业增加值 1060 亿元，比上年增长 14.8%。横店影视文化产业集聚区发展能级跃上新台阶，申报创建国家级影视文化创新中心区。此外，挂牌成立中国（之江）视听创新创业基地、浙江省音乐产业发展联盟，正式设立中国（浙江）广播电视媒体融合发展创新中心，与中央广播电视总台共同打造的国家（杭州）短视频基地项目正式开工。

　　在文化对外交流方面，浙江省积极开展对外文化贸易与交流，增强文化产业的国际竞争力与影响力。浙江省对外文化贸易规模持续扩大，初步形成高质量发展格局，影视动漫、数字文化、创意设计是主要出口领域。2021 年，全省文化服务贸易实现进出口额 157.06 亿元，比上年增长 10.9%。中国（浙江）影视国际产业合作区获得国家文化出口基地功能区类第 3

位；浙江数字文化国际合作区入选第二批国家文化出口基地；23家企业入选2021—2022年度国家文化出口重点企业。浙江省各类文化交流项目和活动亮点纷呈，受到国内外广泛关注。2021年，全省实施对外及对港澳文化旅游交流项目606个，1515人次参与；引进项目707个，1869人次参与；派出项目3个，30人次参与。全省举办线下活动17场、线上活动逾百场，覆盖70余个国家和地区、6000余万人。

在文化市场管理方面，浙江省文化和旅游厅、浙江省市场监管局等落实工作职能，引领文化产业健康发展。浙江省文化和旅游厅牵头制定《演出经纪机构评价指标》，由浙江省市场监管局发布实施，这是浙江省在文化市场领域制定的第一个行业标准，也是全国第一个演出经纪机构行业标准。浙江省文化和旅游厅持续优化政务服务环境，提升行政审批效能。2021年，受理网络文化经营单位、演出经纪机构事项各类申请844件，同意办结450件，受理涉外、涉港澳台营业性演出申请1050件，同意办结621件，这意味着文化市场监管得到进一步强化。2021年，全省文化市场综合行政执法检查经营企业15.47万家次，查获违规企业3574家次，行政处罚立案调查2333起，办结案件2179起。

（二）产业分类发展现状

1.新闻信息服务

在新闻报纸信息服务方面，浙江省新闻报纸媒体弘扬主旋律，传播正能量，积极发挥传播社会主流价值的主渠道作用，提升影响力和号召力。一是围绕习近平新时代中国特色社会主义思想、中国共产党成立100周年、党史学习教育、共同富裕先行示范、数字化改革等，开展主题宣传。二是做好疫情防控宣传引导，发布疫情相关权威信息，宣传疫情防控中的暖心故事。三是推进媒体融合向纵深发展。2021年，"天目新闻"客户端用户数超过1700万人，入选全国新闻出版深度融合发展创新案例。"中国蓝新闻"客户端下载量达1200万次。"美丽浙江"抖音号关注人数突破700万人，快手号关注人数突破200万人，总点击量超过150亿次。2021年，浙江省出版报纸95种，其中正式报纸64种，教辅类报纸1种，高校校报30种。全省报纸平均期印数达728.83万份，总印张数达51.44亿印张，广告收入额达18.42亿元，发行收入额达19.45亿元。全省报纸出版单位总人数达10932人。全省共有17件作品获得第三十一届中国新闻奖，包括一等奖3件、二等奖5件、三等奖9件。

在广播电视信息服务方面，浙江省广播电视媒体一方面加强频道建设管理，提升广播电视节目质量，开展正面宣传报道，持续提升传播能力，广播电视新闻作品获第三十一届中国新闻奖10件，获中国广播电视大奖5件，获国家广电总局季度新闻奖和创新创优奖10件；另一方面推动深度融合发展，中国（浙江）广播电视媒体融合发展创新中心和"智慧家庭创新研究与应用国家广播电视总局实验室"落户浙江省，入选全国智慧广电、高新视频创新应用等优秀案例20个。2021年，浙江省广播电视业实际收入为561.77亿元，比上年增长12.3％，其中，新媒体业务收入和广告收入比上年分别增长30.3％和21.8％。全省广播电视从业人员数量为6.18万人。浙江省拥有市级电视台12座、电视节目117套、电视发射台及转播台188座，播出时长达724133小时，其中影视剧节目播出时间最长，具体如表2所示。电视人口覆盖率为 99.86%,有线电视实际用户数为 1304.10 万户。浙江省共有市级广播电台 12 座、广播节目 112 套、中短波广播发射台和转播台 36 座、县级广播电视台 66 个,广播人口综合覆盖率达 99.79%,全省公共广播节目播出时长为 772275 小时,具体如表 3 所示。

表 2 2021 年浙江省电视节目播出时长

类别	播出时长/小时
新闻资讯节目	105834
专题服务节目	103435
综艺节目	24289
影视剧节目	307599
广告节目	111348
其他节目	71628

数据来源:《浙江统计年鉴 2022》。

表 3 2021 年浙江省广播节目播出时长

类别	播出时长/小时
新闻资讯节目	153899
专题服务节目	173879
综艺节目	169276
广播剧节目	22035
广告节目	76733
其他节目	176453

数据来源:《浙江统计年鉴 2022》。

2.内容创作生产

在出版服务方面,浙江省出版物发行单位做好主题出版工作,入选 2021 年中央宣传部主题出版重点出版物的数量居全国前列,并积极推动原创精品出版工作,打造具有高辨识度和高影响力的高质量出版物。2021 年浙江省不同领域图书出版情况如表 4 所示。全省出版杂志 236 种,总印数达 6342 万册(万份),比上年下降 1.4%;总印张数达 291821 千印张,比上年下降 2.3%。全省有音像电子出版社 9 家,出版音像制品 64 种,比上年增长 36.2%;出版数量为 51.71 万盒(万张),比上年下降 63.5%。全省出版电子出版物 229 种,比上年下降 22.6%;出版数量为 674.16 万张,比上年下降 4.5%。

表 4　2021 年浙江省不同领域图书出版情况

图书领域	本版图书种数/种	租型图书种数/种	总印数/万册(万份)	总印张/千印张
哲学	127		108	14513
社会科学总论	269		147	19943
文化、科学、教育、体育	8659	389	42598	3103638
文学	2238		3700	340945
艺术	1893		1104	95991
自然科学总论	41		18	3739
不使用《中国标准书号》部分合计	85		61	4360

数据来源:《浙江统计年鉴 2022》。

在影视节目制作服务方面,浙江省拥有较强的影视节目制作能力,在政策的有力引导和扶持之下,影视节目制作成绩斐然。2021 年,全省共生产电视剧 30 部,数量居全国第 2,其中 29 部电视剧在中央广播电视总台、一线卫视和网络平台首播;备案电视纪录片 165 部,其中 6 部纪录片获国家重大理论文献纪录片立项;规划备案网络影视剧 1406 部,通过上线备案 209 部,分别居于全国第 1 和第 2;电影备案 159 部,电影内容审查 67 部。2021 年,横店影视文化产业集聚区实现营业收入 211.24 亿元,比上年增长 36.7%;接待剧组 398 个,比上年增长 8.5%。入区企业联合出品的电影《长津湖》《你好,李焕英》分别获 2021 年全国票房冠、亚军。象山影视城引进落户影视企业 1799 家,比上年增长 50.3%;在册落户的影视企业累计 4646 家,落户影视企业实现营业收入 73.13 亿元,比上年增长 53.9%;接待勘景、拍摄剧组 306 个,比上年增长 18.0%。2021 年,浙江省视听节目和服务出口总额达 1198 万美元。中国(浙江)影视产业国际合作区影视产品云交易平台"华剧场"入选商务部首批国家文化出口基地创新案例。

在创作表演服务方面,浙江省文学创作领域亮点纷呈。4 部作品成为中国作家协会重点作品扶持项目。推动浙江文学馆建设,在嘉兴市乌镇镇和温州市两地举办 2021 年中国国际网络文学周,开展丰富多彩的文学活动。2021 年,在浙中国作家协会会员有 588 人,浙江省作家协会会员有 3051 人。浙江省在音乐、舞蹈、美术、曲艺杂技等方面也都有着丰厚的底蕴,产出了大量优质的创作表演作品,荣获了多项重量级奖项。2021 年,全省有艺术表演团体 1348 个,从业人员达 46443 人,其中公有制艺术表演团队 62 个,从业人员达 4166 人。

在数字内容服务方面,浙江省在游戏、动漫等数字内容领域拥有大量行业领军企业,特别是杭州市的数字内容产业居全国前列。浙江省还拥有杭州高新区国家动画产业基地、宁波国家动漫游戏原创产业基地、中国青年动漫创新创业基地等国家级动漫游戏产业基地,形成了具有国际竞争力的动漫游戏产业集群。2021 年,全省生产电视动画片 45 部,时长达 13055 分钟,数量和时长均居全国第 2,其中 10 部电视动画片获国家广电总局推优(见表 5),占全部推优数量的 25%,数量居全国第 1。

表5 2021年浙江省获国家广电总局推优的电视动画片名单

序号	动画名称	制作公司
1	《下姜村的绿水青山梦》	杭州友诺动漫有限公司
2	《旗旗号巡洋舰》第一季	杭州天雷动漫有限公司
3	《皮皮鲁特工队》第四季	杭州好久不见影视动漫有限公司
4	《海底小纵队》第六季	杭州宝贝王动漫科技有限公司
5	《阿U学科学(3)》	杭州阿优文化科技有限公司
6	《乐比悠悠学成语》	浙江中南卡通股份有限公司
7	《传奇少年刘伯温》	温州嘉景动漫有限公司
8	《舒克贝塔》第三季	杭州好久不见影视动漫有限公司
9	《旗旗号巡洋舰》第二季	杭州天雷动漫有限公司
10	《良渚寻梦夜》	浙江蓝巨星国际传媒有限公司

数据来源:浙江省广播电视局网站,http://gdj.zj.gov.cn/art/2022/3/25/art_1229288072_58458365.html.

在内容保存服务方面,2021 年,全省有博物馆 161 家,藏品达 1170628 件(套),开展陈列、展览 1748 个,参观人次达 2983 万人次;文物保护管理单位 86 家,藏品达 110144 件(套),开展陈列、展览 187 个,参观人次达 1376 万人次;图书馆 103 家,从业人员 3902 人,总藏量达 10619 万册件,总流通人次达 10999 万人次,线上服务人次达 22439 万人次;档案馆 113 家,馆藏档案 2664 万卷(3035 万件)、照片 242 万张、纸质资料 162 万册、电子资料 41845 GB(千兆字节),档案利用次数达 42 万人次、286 万卷件次。

3.创意设计服务

在广告服务方面,浙江省广告产业整体发展水平居于全国前列。2021 年,全省有广告经营单位 9.2 万余户,广告规模以上企业 735 家,从业人员达 43 万人。全省互联网广告服务企业实现营业收入 426 亿元,比上年增长 58.6%。浙江省拥有杭州市、宁波市、温州市 3 大国家广告产业园区,占全国的 10%,如表 6 所示。全省有 16 家省级广告产业园,省级以上广告资质企业总数达 198 家。2021 年 3 月,浙江省市场监督管理局印发的《浙江省广告产业发展"十四五"规划》提出,以争创全国广告产业高质量发展先行省、广告市场省域治理现代化示范区为总目标,到 2025 年,在产业规模、产业结构、产业载体、产业环境等方面形成完善体系,广告经济属性进一步彰显,国民经济"晴雨表"贡献价值进一步提升,全省广告业务收入达 1200 亿元,广告产业增加值占国民生产总值的比重达 1.32%,各项主要发展指标继续稳居全国前列。

表6 浙江省国家广告产业园区概况

园区名称	园区概况
杭州国家广告产业园区	由运河园区、西湖园区组成,运河园区位于拱墅区北部,西湖园区位于西湖区三墩镇。坚持"整合协作、联动发展",打造特色鲜明、强企众多、产业联动的国内外知名综合型智慧广告产业园区

园区名称	园区概况
宁波国家广告产业园区	位于宁波市鄞州区,占地1平方千米,总建筑面积约为350万平方米。借助"创意＋""互联网＋"的东风快速转型,加快打造独具特色的国内外知名综合型广告产业园
温州国家广告产业园区	由浙江创意园、瓯海总部经济园2个园区组成,总占地面积为865亩。以互联网、数字技术为支撑,以互联网广告和广告新业态发展为契机,形成多元化、多业态发展并存的广告产业园区

数据来源:作者整理。

在设计服务方面,浙江省工业设计已成为制造业转型升级、高质量发展的重要驱动力。在建筑设计、时装、包装装潢、多媒体等专业设计服务领域,浙江省也拥有大量优质企业、专业人才。2021年,浙江省拥有各类工业设计企业4000多家、省级工业设计示范基地18个、国家级工业设计中心19个、省级工业设计中心262个以及省级工业设计研究院6个,拥有各类设计人才6万余人、设置工业设计专业的高等院校37所。其中18个省级工业设计示范基地集聚设计企业1026家、专职设计师12259人。

4.文化传播渠道

在出版物发行方面,浙江省出版物发行单位业绩良好。2021年,全省有出版物发行单位8760家,比上年增长1.8%;发行网点13344个,比上年增长4.2%;资产总额2446.34亿元,比上年增长15.4%;出版物销售总额293.80亿元,比上年增长16.2%;营业收入2946.76亿元,比上年增长27.3%;利润总额221.39亿元,比上年增长0.2%;从业人员16.79万人,比上年增长0.3%。

在电影发行放映方面,浙江省电影行业呈现繁荣景象。2021年,全省有参加排片放映影院820家,新增影院58家,新增银幕360块;放映电影925.74万场,观影人次达8636.16万人次;有可统计票房影院810家,票房达357402.68万元,居全国第3,其中国产片票房达29.76亿元,占总票房的83.3%。票房排名前3的城市分别为杭州市(109267.88万元)、宁波市(54927.99万元)和温州市(39700.54万元),如表7所示。6部浙产电影票房超过1亿元,如表8所示。

表7　2021年浙江省11地市影院市场情况

全国排名	地市	影院数/家	银幕数/块	座位数/个	放映场次/万场	观影人次/万人次	票房/万元	平均票价/元
7	杭州市	196	1498	195734	244.88	2533.58	109267.88	43.13
17	宁波市	118	840	121596	130.19	1343.12	54927.99	40.90
26	温州市	99	684	73386	119.60	957.73	39700.54	41.45
30	金华市	77	522	65127	94.00	822.31	34542.42	42.01
37	台州市	72	523	67162	81.89	690.69	27470.46	39.77
38	嘉兴市	72	452	62621	73.08	679.77	26988.86	39.70

全国排名	地市	影院数/家	银幕数/块	座位数/个	放映场次/万场	观影人次/万人次	票房/万元	平均票价/元
40	绍兴市	62	430	56145	69.93	603.66	24595.51	40.74
58	湖州市	42	296	36369	44.94	445.64	17760.93	39.85
115	衢州市	26	165	22423	26.83	234.67	9207.84	39.24
148	丽水市	31	162	20317	25.35	180.91	7431.19	41.08
187	舟山市	19	103	13503	15.05	144.08	5509.06	38.23

数据来源:杭州日报:《2021 浙江电影市场的成绩单来了!》.2022-01-05。https://baijiahao.baidu.com/s? id=17211-01118227095406&wfr=spider&for=pc.

表 8　2021 年票房超过 1 亿元的 6 部浙产电影情况

序号	电影名称	票房/亿元
1	《送你一朵小红花》	14.32
2	《盛夏未来》	3.86
3	《我要我们在一起》	2.87
4	《侍神令》	2.73
5	《秘密访客》	2.14
6	《缉魂》	1.11

数据来源:钱江晚报:《2021 浙江电影交出漂亮成绩单》.2022-01-05。https://baijiahao.baidu.com/s? id=1721077-231102656850&wfr=spider&for=pc.

在艺术表演方面,2021 年,浙江省拥有艺术表演场馆 269 个,从业人员达 8201 人,其中公有制艺术表演场馆 64 个,从业人员达 1249 人。以浙江演艺集团为例,2021 年演出总场次达 2242 场。

5.文化投资运营

在投资与资产管理方面,浙江省积极扩大有效投资,文化产业投资呈现增长态势。2021 年,全省文化、体育和娱乐业项目建成投产率为 13.8%,低于总体以及第三产业的平均水平(分别为 24.1% 和 19.4%);固定资产投资比上年增长 14.5%,高于总体以及第三产业的平均水平(分别为 10.8% 和 9.0%);固定资产交付使用率为 17.3%,低于总体以及第三产业的平均水平(分别为 34.0% 和 32.1%)。具体如表 9 所示。全省文化和旅游在建项目 2857 个,总投资 2.07 万亿元,实际完成投资 2769.7 亿元,指标完成率为 137.1%。在实际完成的投资中,政府投资占比为 33.0%,企业投资占比为 67.0%。文旅项目投资总体上呈现总量高、势头足、进度快的趋势。2021 年,浙江省文化和旅游产业投融资服务平台正式上线,收集汇总招商项目 380 个,并入驻多家金融机构,推出多款金融产品。

表9　2021年浙江省文化、体育和娱乐业固定资产投资情况　　　　单位：%

项目	项目建成投产率	固定资产投资增长率	固定资产交付使用率
新闻和出版业			
广播、电视、电影和影视录音制作业	14.3	20.4	9.9
文化艺术业	13.9	22.7	15.4
体育业	15.8	−3.7	19.9
娱乐业	11.9	28.6	19.7

数据来源：《浙江统计年鉴2022》。

　　在运营管理方面，浙江省拥有160余家文化产业园区，80余个文化创意街区，20余个文化类特色小镇，通过推动落实文化企业入驻园区租金减免、人才补贴、学习培训等专项政策，使文化产业园区发展迈上新台阶。2021年1月，浙江省委宣传部发布《关于拟认定2019—2020年度浙江省重点文化企业（含数字文化示范企业）、2019—2020年度浙江省重点文化产业园区、2020年度浙江省文化创意街区、第五批浙江省成长型文化企业的通知》，认定浙江国际影视中心等40个园区为2019—2020年度浙江省重点文化产业园区，凤凰山南影视街区等40个街区为2020年度浙江省文化创意街区。浙江省重点文化产业园区名单如表10所示。以横店影视文化产业集聚区为例，其不断完善影视产业的配套服务，推出"影视文化大脑"场景应用平台（包括决策分析系统、横影通、云勘景等模块），通过数字赋能推动影视文化产业高质量发展，制定《横店影视文化产业集聚区文娱领域综合治理实施方案》，发布《横店宣言》。2021年，入驻影视企业近2000家，规模以上影视企业营业收入达80亿元，比上年增长48.0%。

表10　浙江省重点文化产业园区名单

序号	名单	序号	名单
1	浙江国际影视中心（浙江广电集团）	1	红连文创园（温州市龙湾区）
2	凤凰御元艺术基地（杭州市上城区）	2	瑞安日报电商文创园（温州市瑞安市）
3	杭州创意设计中心（杭州市钱塘区）	3	洛舍镇钢琴文化产业园（湖州市德清县）
4	新禾联创数字时尚产业园（杭州市钱塘区）	4	嘉兴国际创意文化产业园（嘉兴市南湖区）
5	乐富智汇园（杭州市拱墅区）	5	嘉报集团文化产业园（嘉兴市南湖区）
6	杭州之江文化创意园（杭州市西湖区）	6	中国（浙江）影视产业国际合作实验区海宁基地（嘉兴市海宁市）
7	中国（浙江）影视产业国际合作区（杭州市西湖区）	7	海宁中国皮革城品牌风尚中心（嘉兴市海宁市）
8	杭州市西溪创意产业园（杭州市西湖区）	8	凤岐茶社数字经济产业园（嘉兴市桐乡市）
9	大美创意园（杭州市西湖区）	9	中国轻纺城创意园（绍兴市柯桥区）
10	杭州智慧产业创业园（杭州市西湖区）	10	浙中网络经济中心（金华市婺城区）

序号	名单	序号	名单
11	杭州白马湖生态创意城(杭州市滨江区)	11	金华CRC文化创意园(金华市婺城区)
12	宁波市国家大学科技园(宁波市镇海区)	12	金华清大创新科技园(金华市婺城区)
13	宁波国家广告产业园(宁波市鄞州区)	13	横店影视文化产业集聚区(金华市东阳市)
14	集盒文创产业园(宁波市鄞州区)	14	开化根缘小镇(衢州市开化县)
15	宁波和丰创意广场(宁波市鄞州区)	15	舟山市定海伍玖文化创意中心(舟山市定海区)
16	明月湖文化创意产业园(宁波市慈溪市)	16	台州老粮坊文化创意产业园(台州市椒江区)
17	宁波市影视文化产业区(宁波市象山县)	17	台州市路桥区广告创意印刷产业园区(台州市路桥区)
18	宁波民和文化产业园(宁波市高新区)	18	仙居中国工艺礼品文化创意产业园(台州市仙居县)
19	甬港现代创意园(宁波市高新区)	19	云和县木玩文化产业园(丽水市云和县)
20	浙江创意园(温州市鹿城区)		
21	温州智慧谷文化创意园(温州市鹿城区)		

6. 文化娱乐休闲

浙江省拥有丰富的文化娱乐休闲资源。2021年,认定国家4A级旅游景区11个,推出诗路精品旅游线路33条。浙江省旅游资源情况如表11所示。累计建成省级及以上全域旅游示范县(市、区)66个,占全省的比例为73.3%;景区城、景区乡镇、景区村覆盖率分别达70.0%、56.7%和56.5%。受新冠疫情影响,浙江省在文化娱乐休闲领域发展放缓。2021年,全省接待国内游客4亿人次,比上年增长9.6%;实现旅游收入6171亿元,比上年增长10.5%;国内游客人均花费1545元;接待国内过夜游客2.6亿人次,游客平均停留时间2.1天;接待入境过夜游客42.8万人次,比上年增长14.3%;实现国际旅游(外汇)收入2亿美元,比上年增长28.7%;入境过夜游客人均花费476.7美元,平均停留时间2.7天。2021年5月,浙江省发展和改革委员会、浙江省文化和旅游厅联合发布《浙江省旅游业发展"十四五"规划》,提出"建成全国文化和旅游融合发展样板地。文化和旅游融合发展的制度体系和工作机制更加完善,文化和旅游在更广范围、更深层次、更高水平上实现深度融合发展。到2025年,高质量完成'四条诗路'黄金旅游带和十大海岛公园、十大名山公园建设,建设2个以上富有文化底蕴的世界级旅游景区和度假、10条以上国内外知名的旅游精品线路,打造文化特色明显的国家级旅游休闲城市3—5个、街区10—15个"。

表11　浙江省旅游资源情况

资源类型	资源情况
景区资源	国家5A级旅游景区19个,A级景区村11531个,A级景区镇774个,A级景区城63个,其中4A级以上景区城26个,5A级景区镇13个

资源类型	资源情况
红色旅游资源	浙江省文化和旅游厅、浙江省教育厅、浙江省妇女联合会联合发布全省52个红色根脉打卡地,浙江省级红色旅游教育基地已建5批
海岛旅游资源	10个海岛公园所在县(市、区)中,国家5A级旅游景区1个,浙江省级旅游度假区5个,全国红色旅游经典景区2个,全国乡村旅游重点村2个,浙江省全域旅游示范县(市、区)8个,县(市、区)3A级及以上景区城8个
乡村旅游资源	A级景区村11531个,覆盖率达56.5%。全国乡村旅游重点村47个、重点镇4个,数量均居全国第1

数据来源:《浙江统计年鉴2022》。

7.文化辅助生产和中介

在印刷复制服务方面,2021年,全省有印刷企业15487家,通过年检印刷企业13702家,其中出版物印刷企业378家,包装装潢印刷企业9436家,其他印刷品印刷企业3650家,排版、制作、装订专项印刷企业10家,数字印刷企业228家,印刷园区10个。印刷企业资产总额达2499.63亿元,销售收入达1878.23亿元,总产出达1899.79亿元,增加值达299.6亿元,比上年分别增长4.2%、8.5%、6.4%和4.5%。

在会议展览服务方面,2021年,浙江省举办各类展览390场,比上年下降13.9%,展览总面积达481.55万平方米,比上年增长1.0%;举办全省50人以上专业会议3.1万场,比上年增长8.0%;举办万人以上节庆活动263场,比上年增长6.5%,提供社会就业岗位119.1万个,比上年增长1.1%。2021年浙江省重要展会情况如表12所示。办展最多的城市是杭州市,展览场数为172场,展览面积为137.29万平方米;其次是宁波市,展览场数为54场,展览面积为95.2万平方米。2021年浙江省文化产业代表性展会情况如表13所示。

表12　2021年浙江省重要展会情况

序号	展会名称	展会时间
1	第四届华侨进口商品博览会暨青田进口葡萄酒交易会	1月13—15日
2	中国(温州)国际工业博览会	3月12—14日
3	中国(宁波)国际文具礼品博览会	4月15—17日
4	柯桥国际纺织品博览会(春季)	5月6—8日
5	第二届中国—中东欧国家博览会	6月8—11日
6	中国义乌国际小商品(标准)博览会	10月21—25日
7	首届世界五金发展大会	11月1日
8	中国义乌国际森林产品博览会	11月1—4日
9	第二届湖州商品交易会	11月5日

数据来源:作者整理。

表 13　2021 年浙江省文化产业代表性展会情况

序号	展会名称	展会时间
1	第七届(2021)中国数字阅读大会	4 月 16—23 日
2	温州国际时尚文化产业博览会	4 月 29 日—5 月 3 日
3	嘉兴文化产业博览会	6 月 11—14 日
4	第十二届浙江·中国非物质文化遗产博览会(杭州工艺周)	9 月 10—30 日
5	第十六届中国义乌文化和旅游产品交易博览会	9 月 25—27 日
6	2021 中国国际网络文学周	9 月 26—27 日
7	第十七届国际动漫节	9 月 29 日—10 月 4 日
8	第十五届杭州文化创意产业博览会	11 月 2—8 日
9	2021 中国(宁波)特色文化产业博览会	11 月 26—30 日
10	2021 第九届杭州网红直播电商及短视频产业博览会	12 月 29—31 日

数据来源:作者整理。

8.文化装备生产、文化消费终端生产

2021 年,浙江省文教、工美、体育和娱乐用品制造业规模以上工业企业总产值为 1662.6 亿元,较上年增长 20.6%。企业数量为 1638 家,资产总计 1417.40 亿元,营业收入总计 1619.43 亿元,利润总额达 82.25 亿元,平均用工人数为 23.54 万人,资产负债率为 58.66%,成本费用利润率为 5.30%,每百元固定资产原值实现利税 23.15 元,每百元营业收入实现利税 7.41 元,新产品产值率为 37.98%。

三、浙江省文化产业发展政策

(一)规划

1.《浙江省文化改革发展"十四五"规划》

2021 年 6 月,浙江省发展和改革委员会、中共浙江省委宣传部发布《浙江省文化改革发展"十四五"规划》,提出"加快文化产业高质量发展",具体包括"优化文化产业发展布局""推进重点文化产业门类高质量发展""健全现代文化市场体系""推进文化和旅游深度融合"等内容。

2.《浙江省广播电视和网络视听发展"十四五"规划》

2021 年 3 月,浙江省发展和改革委员会、浙江省广播电视局发布《浙江省广播电视和网络视听发展"十四五"规划》,提出"做优做强产业生态,打造视听产业高地",具体包括"发展新兴产业,打造产业集群""升级产业平台,壮大产业主体""全面深化改革,优化营商环境"等内容。

(二)政策

1.《关于高质量打造新时代文化高地推进共同富裕示范区建设行动方案(2021—2025年)》

2021年11月,文化和旅游部、浙江省人民政府发布《关于高质量打造新时代文化高地推进共同富裕示范区建设行动方案(2021—2025年)》,部署了"大力弘扬社会主义核心价值观,推动共同富裕理念入脑入心""推进文艺精品创作演出演播,厚植共同富裕文化氛围"等9方面重点任务。

2.《关于加快推进新时代文化浙江工程的意见》

2021年8月,中共浙江省委出台《关于加快推进新时代文化浙江工程的意见》,提出围绕打造与社会主义现代化先行省和共同富裕示范区相适应的新时代文化高地的目标,推进理论立魂、精神立德、人文立身、四治立信、精品立世、树智立新、融合立业、改革立制等"八项举措",实施百年理论创新研究工程、百亿文化设施建设工程、百城万村文化惠民工程、百家文化名企创优工程、百张文化金名片打造工程、百名文化大家引育工程等"六百工程"。

3.《关于推进浙江省文化产业高质量发展的若干意见》

2021年,浙江省委宣传部出台《关于推进浙江省文化产业高质量发展的若干意见》。

4.《关于文化赋能26县同步实现共同富裕的实施意见》

2021年,浙江省委宣传部、浙江省发展和改革委员会联合发布《关于文化赋能26县同步实现共同富裕的实施意见》。

5.《推进文化和旅游高质量发展促进共同富裕示范区建设行动计划(2021—2025年)》

2021年8月,浙江省文化和旅游厅发布《推进文化和旅游高质量发展促进共同富裕示范区建设行动计划(2021—2025年)》,提出8方面重点任务。

6.《关于加快推进数字文化产业高质量发展的实施意见》

2021年12月,浙江省文化和旅游厅出台《关于加快推进数字文化产业高质量发展的实施意见》,提出3方面重点任务。

7.《中国(浙江)自由贸易试验区文化和旅游改革发展工作方案》

2021年10月,浙江省文化和旅游厅、中国(浙江)自由贸易试验区工作领导小组办公室联合发布《中国(浙江)自由贸易试验区文化和旅游改革发展工作方案》,部署4方面工作任务。

8.《浙江省文化和旅游厅文化和旅游数字化改革方案》《浙江省文化和旅游厅2021年文化和旅游数字化改革工作要点》

2021年4月,浙江省文化和旅游厅发布《浙江省文化和旅游厅文化和旅游数字化改革方案》和《浙江省文化和旅游厅2021年文化和旅游数字化改革工作要点》,推进文化和旅游领域数字化改革。

四、浙江省文化产业发展经验

(一)加强统筹部署,引领产业发展方向

浙江省文化产业发展围绕中心、服务大局,为浙江省加快打造新时代文化高地、高质量发展建设共同富裕示范区贡献力量。在浙江省高质量发展建设共同富裕示范区的指引下,积极争取中央政策支持,促成与文化和旅游部联合印发《关于高质量打造新时代文化高地推进共同富裕示范区建设行动方案(2021—2025 年)》,提出"提高文化产业和旅游业发展质量效益,助力共同富裕创新发展",还制定出台《关于加快推进新时代文化浙江工程的意见》《关于推进浙江省文化产业高质量发展的若干意见》《关于文化赋能 26 县同步实现共同富裕的实施意见》《推进文化和旅游高质量发展促进共同富裕示范区建设行动计划(2021—2025年)》《促进共同富裕示范区建设重要抓手清单(第一批)》《浙江省文化和旅游"领航计划"》《关于加快推进数字文化产业高质量发展的实施意见》等政策文件。《推进文化和旅游高质量发展促进共同富裕示范区建设行动计划(2021—2025 年)》提出,到 2025 年,基本建成新时代文化高地、中国最佳旅游目的地、全国文化和旅游融合发展样板地,探索形成文化和旅游高质量发展模式与推动共同富裕的有效路径,数字化改革撬动文化和旅游体制机制创新取得重要突破,文化和旅游促进共同富裕示范区取得实质性进展,文化和旅游产业成为人民群众致富增收的重要渠道,人民群众的文化和旅游权益得到有效保障,共同富裕的内生动力得到有效激发,文化和旅游成为共同富裕示范区建设的牵引性载体和标志性成果。

在"十四五"开局之年,浙江省总结"十三五"发展成绩及问题,统筹部署下一个 5 年文化产业的发展目标和主要任务。《浙江省国民经济和社会发展第十四个五年规划和二〇三五年远景目标纲要》明确提出,加快构建现代文化产业体系,具体包括数字赋能推动文化产业高质量发展、推进旅游经济强省建设、加快构建现代文化产业体系,还将推动文化产业高质量发展政策列入文化繁荣发展重大改革和重大政策,制定出台项目建设、产业园区(基地)建设、企业培育、公共服务平台搭建、品牌打造、人才培养、金融支持等政策。在总体规划的基础上,文化改革发展、广播电视和网络视听发展、旅游消费升级、体育改革发展、国内贸易发展、现代服务业发展、人才发展等"十四五"专项规划中均有推动文化产业发展的相关论述。《浙江省文化改革发展"十四五"规划》提出,"加快文化产业高质量发展""抓住新技术、新业态、新消费带来的重大机遇,完善文化产业规划和政策,加快构建现代文化产业体系,满足人民群众高品质、多样化的文化需求",具体任务包括优化文化产业发展布局,推进重点文化产业门类高质量发展,健全现代文化市场体系,以及推进文化和旅游深度融合。

(二)挖掘文化内涵,释放产业发展潜力

浙江省深入挖掘省内文化资源,保护与传承浙江文化,为文化产业发展提供重要的创意来源。2021 年,浙江省完成文化元素普查入库 31029 个和首批重点文化元素解码工作 1878

项,基本建成"浙江文化基因库",90个县(市、区)、7个功能区和2个单位全部完成《文化基因解码报告》。出台《建设文化标识推进文旅融合行动计划(2021—2025)(试行)》,推进基因解码、遗产保护、产业开发、艺术创作、展览展示、国际交流、文旅融合等10个方面的工作,遴选确定首批"浙江文化标识"项目100个。推动宋韵文化建设,启动宋韵文化传世工程,制订《打造千年宋韵标识实施宋韵文化传世工程工作方案》,提出实施宋韵文化研究、遗址保护、数字展示、品牌塑造、文旅融合、文化传播等"六大行动"。出台并组织实施《阳明文化、和合文化、南孔文化研究、保护和文旅融合发展行动计划(2021—2023)》。出台《浙江省文化和旅游资源分类、调查和评价标准》《浙江省文化和旅游资源普查技术规程》,启动全省文旅资源普查工作。

浙江省加强非物质文化遗产、物质文化遗产保护与传播交流,为开发和利用文化遗产创造有利条件。2021年,评审通过第六批省级非物质文化遗产代表性传承人226名,公布第三批优秀非遗旅游商品100项,入选国务院公布的第五批国家级非物质文化遗产代表性项目名录24项,数量居全国第1。"中国传统制茶技艺及其相关习俗"正式递交联合国教科文组织。发布《浙江省非物质文化遗产保护发展"十四五"规划》,旨在建成高水平的现代非遗保护体系、高质量的非遗传播传承体系、高效能的非遗创新发展体系,打造新时代全国非遗传承发展的示范区和样板地。举办辛丑(2021)年中国仙都祭祀轩辕黄帝大典、第四届中国浙江·全国曲艺传承发展论坛及观摩交流展演、浙江省主场城市系列活动开幕式暨"唱支歌儿给党听"非遗民歌主题展演、第十三届浙江·中国非遗博览会(杭州工艺周)、"浙江好腔调"全省传统戏剧展演系列活动等非遗相关展会活动。浙江省在全国率先实现市、县(市、区)文物局全覆盖,加强大运河世界文化遗产保护,深入挖掘上山遗址、河姆渡遗址、良渚古城遗址等的文化内涵,启动实施革命文物保护利用"三年行动计划"和"五大工程",加大考古研究力度,推进一批重点考古研究项目。

浙江省文化企业积极聚焦浙江文化,推动创新性发展和创造性转化。以浙江出版联合集团为例,2021年,其致力打造以宋韵文化为代表的浙江文化金名片,组织开发宋学研究、宋韵大众生活、宋韵少儿、宋韵文创等多个出版项目,梳理浙江文化根脉,构建浙学、阳明文化、浙东学派、良渚文化、运河文化、唐诗之路、江南文化等重点出版工程项目。

(三)深化数字赋能,提升产业发展动能

浙江省推进实施文化数字化战略,大力发展数字出版、数字阅读、动漫游戏、短视频、电子竞技、网络直播等新型文化业态。2021年,浙江省文化和旅游厅出台《关于加快推进数字文化产业高质量发展的实施意见》,提出到2025年,规模以上数字文化企业营业收入占规模以上文化企业营业收入的65%左右,基本形成结构合理、布局优化、深度融合、产业链全、竞争力强,质量、规模和效益稳居全国前列的数字文化产业发展体系。分层次、分行业、分梯队建立文化和旅游领域数字企业培育梯队,培育50家左右社会效益和经济效益突出、创新能力强、具有影响力的领军型企业,培育100家左右成长性好、竞争力强、技术优势明显的"专精特新"骨干型企业,培育200家左右发展势头强劲、商业模式得到资本和市场初步认可、具有较强自主创新能力和发展潜力的新锐型企业。浙江省积极推动数字技术在文化产业领域的应用，培育数字文化企业，加快传统文化产业数字化转型，支持数字文化产业优势行业以及新兴业态发展，持续优化数字文化产业生态，深化数字文化产业与相关领域融合发展，加强国际交流合作，促进数字文化市场繁荣发展。

浙江省着力推动文化产业领域的数字化改革。2021 年，浙江省文化和旅游厅的文化和旅游数字化改革工作要点包括完善文化和旅游数字化改革顶层设计，出台《浙江省文化和旅游厅文化和旅游数字化改革方案》，迭代升级"浙里好玩"公共服务系统，完善"智慧文化云"服务平台，建设艺术数媒综合服务系统，打造"一件事"集成改革事项，提升文化和旅游数字化监管水平，构建浙江省文化产业和旅游经济运行分析系统，推进"百县千碗"美食数字化综合管理服务，推进长三角居民"一卡通"文化和旅游场景应用，培育数字化改革示范案例。《浙江省文化和旅游厅文化和旅游数字化改革方案》明确，"2021 年底前，基本建成文化和旅游系统政府管理数字驾驶舱；2022 年底前，'智慧文化云'全面上线，文化和旅游数字化标准体系基本建成，基本建成文化和旅游整体智治体系；2025 年底前，在文化和旅游重要领域实现体制机制、组织架构、业务流程的系统性重塑，实现从'数字'到'数治'的新生态，基本实现景区、文化场馆、旅游企业的数字化改造和应用，全面提升群众数字公共服务获得感，打造全国文化和旅游数字化高地"，提出"全面构建'1＋4＋N'的数字化改革总框架"，即 1 个智慧文旅大脑、4 大数字化改革体系（数字政务服务体系、数字公共文化和旅游服务体系、数字文化和旅游产业发展体系、数字文化和旅游治理体系）、N 个应用场景。

（四）深化文旅融合，拓展产业发展空间

浙江省利用丰富的文化资源和旅游资源，深化文化和旅游融合发展，提升旅游的文化内涵，开发高品质的文旅产品和服务，打造具有影响力和吸引力的文旅品牌，同时通过加强文旅市场推广、培育文旅人才、规范文旅市场秩序等途径，为文旅产业创造良好的发展环境。《推进文化和旅游高质量发展促进共同富裕示范区建设行动计划（2021—2025 年）》提出，"探索制定文旅融合评价体系。发布市域文旅融合发展指数。深化省级文化和旅游产业融合试验区建设。打造国家文化和旅游产业融合示范区、国家体育旅游示范区。实施百个文化和旅游 IP 培育工程。实施文化资源转化利用计划，打造文化底蕴深厚、文化特色明显的旅游景区和线路。推进文化和旅游公共服务机构功能融合试点，探索文化场馆景区化建设，重点推动 100 个博物馆、美术馆等创建成为 A 级旅游景区。推进'文化润景'计划，以'微改造、精提升'为手段将文化有机融入现有旅游产品。探索试行重大文化和旅游项目文化评价制度"。2021 年，浙江省推进大运河国家文化公园建设，11 个软项目被写入《大运河文化保护传承利用"十四五"实施方案》，数量位居大运河沿线省（市）第 1。加快推进浙东唐诗之路、大运河文化带、钱塘江诗路、瓯江山水诗路"四条诗路"文化带建设，举办浙东唐诗之路诗画大赛，指导建成柯桥、富阳、宁海等 10 家数字诗路文化体验馆。培育千万级核心大景区 42 个，制定世界级景区创建导则。深化"诗画浙江·百县千碗"工程，实施全省旅游业微改造、精提升"五年行动计划"。绍兴市、湖州市、衢州市入选国家级文旅消费试点城市，杭州市新天地活力街区、宁波市南塘老街、温州市五马历史文化街区、湖州市南浔古镇、湖州市太湖龙之梦乐园、嘉兴市乌镇景区入选国家夜间文旅消费集聚区。

此外,浙江省大力推动文旅IP建设,通过IP化运营,提升文旅价值链。2021年,浙江省文化和旅游厅开展第二批文化和旅游IP创建工作,认定印象西湖、富春山居、象山影视城、永嘉书院、德清洋家乐等15个示范级文化和旅游IP,以及太阳演艺《X绮幻之境》、千鹤乡村、梦想小镇、清河坊、超山、嗨!象山、达人旅业、海上丝路之大航海等44个创建级文化和旅游IP。浙江省文化和旅游IP创意产品设计展在浙江图书馆展厅举办,推出"初·心""塑·新""承·艺""域·记"4大展区。

(五)促进协调共兴,完善产业发展布局

浙江省在推动文化产业发展过程中,积极促进区域、城乡协调发展,在全省层面完善产业发展布局。

一是推动经济相对落后地区和海岛地区文旅产业发展。2021年,浙江省出台《关于加快推动山区26县旅游业高质量发展的意见》《浙江省海洋旅游发展行动计划(2021—2025)》《海岛公园推进办法》,采取积极措施推动山区26县和海岛地区文旅产业高质量发展。2021年,山区26县中,有22个县旅游增加值占生产总值的比重超过8%,其旅游业已成为主导产业。10大海岛公园在建项目229个,总投资1948.5亿元,累计完成投资1112.9亿元。

二是加强乡村文化建设,保护和挖掘乡村文化资源,推动乡村产业和文化振兴。2021年,浙江省建成历史文化(传统)村落名录库2920个,启动43个重点村和202个一般村保护利用工作。开展重要农业文化遗产挖掘保护工作,缙云茭白与麻鸭共生系统、桐乡蚕桑文化系统入选第六批中国重要农业文化遗产名录,全省农业文化遗产数量居全国第1。出台《关于加快推进全省景区村庄文旅运营的实施意见(试行)》,启动《浙江省乡村旅游促进办法》编制工作,大力支持乡村文旅发展。累计建成A级景区村庄11531个。《浙江省文化改革发展"十四五"规划》将"未来乡村旅游"模式列入文旅融合重点项目,提出实施"万村景区化2.0"计划,到"十四五"末,建成A级景区村庄10000个(其中3A级以上景区村庄1000个)。引导乡村旅游集中连片发展,形成乡村旅游集群100个左右。推进乡村民宿转型升级,培育乡村民宿集聚区60个。

(六)强化交流合作,提高产业发展能级

浙江省着力拓展文化领域的对外合作交流渠道,打造对外文化交流平台,开展对外交流合作活动。2021年,推动亚洲之光国际艺术节落户浙江省,在文旅领域与亚组委达成合作项目24项,温州市成功当选"东亚文化之都",举办首届"丝绸之路"国际图书馆联盟大会,在马来西亚、新加坡、越南3个国家发布"云上浙江"万象馆,在日本、韩国、马来西亚设立浙江文化和旅游推广中心。浙江省深入推进国家人文交流基地建设,2021年,浙江省文化和旅游厅认定第二批国际人文交流基地13个,建成体现浙江特色、代表中国形象、具有国际影响

的人文交流基地 20 个。组织 3 批近 60 名"诗画浙江"友好使者走进松阳县、兰溪市、安吉县等地体验浙江省传统文化和乡村建设成果,培育来自 10 个国家和地区的"诗画浙江"友好使者 60 余名。浙江省致力提高中国义乌文化和旅游产品交易博览会、杭州文化创意博览会、国际海岛旅游大会、国际乡村旅游大会、中国国际动漫节、浙江·中国非物质文化遗产博览会等重要展会活动的质量,并扩大义乌的国际影响力。2021 年,第十五届杭州文化创意产业博览会以"创意杭州·联通世界——文化引领美好生活"为主题,采取"线上文博会+线下论坛"与指数发布活动相结合的方式,吸引来自英国、法国、意大利、波兰、日本、韩国、泰国等30 余个国家和地区的 3000 余家文化企业及品牌参展。

浙江省积极推进长三角一体化发展,加强区域协同与战略对接。2021 年,浙江省作为长三角文化和旅游联盟的轮值省份,组织召开长三角文旅联盟联席会议,提出的重点工作包括探索文化和旅游高质量一体化模式及路径,谋划资源共享和优势互补的项目及载体,破除行政壁垒和建立统一规范制度体系,增强国际竞争力和影响力,聚焦示范区建设,等等。浙江省还加强与新疆维吾尔自治区、青海省、四川省等省份在文化领域的合作交流。2021 年,开展文博浙疆、戏曲浙疆等"我爱浙疆"系列文化交流活动。实施新一轮浙江省与四川省文化和旅游交流协作,开展"文旅筑梦·浙有真情"大型文旅公益活动。中国美术学院和横店集团控股有限公司发挥自身优势,与四川省在文创产业发展、影视作品拍摄、资本投入和景区管理等方面开展合作。

(七)实施改革创新,优化产业发展环境

浙江省深化文化产业相关领域的体制机制改革,涉及自由贸易试验区、国有文艺院团、行政审批改革、知识产权保护、网络市场监管等各个方面。通过改革创新,优化产业发展环境,为文化产业发展带来新的增长点。2021 年,出台《中国(浙江)自由贸易试验区文化和旅游改革发展工作方案》,"统筹推进舟山、宁波、杭州、金义四个片区文化和旅游产业联动发展,重点推动四个片区在数字经济、产业融合、消费引领和营商环境等领域改革创新",为全省文化和旅游发展提供可复制、可推广的经验和方法。出台《关于推进全省国有文艺院团深化改革加快发展的实施意见》,围绕演出这一中心环节,进一步深化全省国有文艺院团改革,激发创新创造活力,从精品创作、人才培养、繁荣市场、院团保障、数字化改革等方面提出了一系列扶持和激励政策。深化行政审批改革,提升行政审批服务质量,优化文化产业领域的营商环境。实现文化和旅游市场行政许可事项"告知承诺"全覆盖,全面实现"全省通办"政务服务 103 项。率先建立网络表演内容专家审核机制。出台《关于深入贯彻〈知识产权强国建设纲要(2021—2035 年)〉打造知识产权强国建设先行省的实施意见》,实施知识产权保护全链条集成改革,将其列入浙江省委"牵一发动全身"重大改革,提升知识产权保护水平。发布《关于进一步加强监管促进平台经济规范健康发展的意见》,修订《直播电商管理规范》,提高网络市场监管实效。平台经济数字化监管被列入全省数字化改革第一批"最佳应用",获浙江省改革突破奖金奖。

五、浙江省文化产业发展展望

（一）助力共同富裕示范区的建设

2021年5月，中共中央、国务院印发《关于支持浙江高质量发展建设共同富裕示范区的意见》。2021年6月，浙江省委十四届九次全体（扩大）会议审议并原则通过《浙江高质量发展建设共同富裕示范区实施方案（2021—2025年）》。共同富裕是社会主义的本质要求，是人民群众的共同期盼。浙江省探索建设共同富裕示范区，要为全国推动共同富裕提供省域范例，打造新时代全面展示中国特色社会主义制度优越性的重要窗口。发展社会主义先进文化，实现精神普遍富足，成为与社会主义现代化先行省相适应的新时代文化高地，是浙江省建设共同富裕示范区的重要内容。文化产业应当在其中发挥更为突出的作用。

浙江省级、市县级以及基层政府，均出台了一系列文化产业助力共同富裕示范区建设的相关政策文件，如《关于高质量打造新时代文化高地推进共同富裕示范区建设行动方案（2021—2025年）》《推进文化和旅游高质量发展促进共同富裕示范区建设行动计划（2021—2025年）》等，也开展了大量的相关工作。未来，浙江省要落实现有的决策部署和主要任务，干出实绩，切实达成所制定的发展目标。《关于推进文化和旅游高质量发展促进共同富裕示范区建设行动计划（2021—2025年）》中明确提出，到2025年，文化及相关产业增加值占生产总值的比重达到8%，文化产业发展综合指数居于全国第1。浙江省也要探索创新，先试先行，不断提高文化产业在国民经济中的地位，推动传统业态转型升级，培育新兴文化业态，促进其与旅游等相关产业融合发展，推动其成为经济增长的新引擎，同时不断丰富高质量文化产品和服务供给，传播社会主义先进文化、革命文化，弘扬中华优秀传统文化，提升社会文明程度，满足人民的文化需求，增强人民的精神力量。浙江省文化和旅游厅发布的2022年工作思路中提出如下要求：先行探索文化和旅游促进共同富裕路径，具体包括推动实现精神富有、开展文旅幸福指数研究、探索建立"精神富有"数字化评价指标体系、高标准建设公共文化空间以及建立公共文化服务现代化先行县培育机制。试行"浙江文化保障卡"。开展非遗助力共同富裕试点工作。加大对山区26县公共文化服务的支持力度；促进区域协调发展；促进城乡一体发展。实施文旅赋能乡村振兴计划；促进农民旅游收入增长；加快重大理论研究创新，开展关于公共文化服务现代化、文化基因解码、文化标识建设、乡村旅游富民、山区26县旅游业高质量发展、文化和旅游融合发展、自贸试验区文化和旅游发展、数字文旅赋能共同富裕、旅游富民贡献度、艺术赋能乡村振兴、城乡一体"15分钟品质文化生活圈"建设等方面的理论研究。

（二）以数字赋能驱动产业新发展

数字赋能是当前文化产业发展的核心驱动力，浙江省要推动数字技术全面赋能文化产业各个细分领域以及产业环节，挖掘新潜力，创造新价值。2021年12月，浙江省文化和旅游厅发布《关于加快推进数字文化产业高质量发展的实施意见》，提出"深入实施文化和旅游产业数字化战略,加快发展新型文旅企业、文旅业态、文旅消费,改造提升传统业态,提高质量效益和核心竞争力"。以数字赋能驱动文化产业新发展,可着力从以下 3 个方面推进。

一是加大数字技术应用支持力度。以数字转型、创新驱动为原则,加大对文化产业领域的科技创新支持力度,支持 5G、人工智能、AR/VR、大数据、云计算、区块链、物联网等新一代数字技术在文化产业领域的应用,借助数字技术拓展文化领域数字化应用场景,推动传统文化产业数字化升级,发展数字文化新产品、新服务,提升数字文化消费体验。推动产学研用协同创新,培养既懂得数字科技也熟悉文化产业的专业人才,促进文化企业与科技企业、高校、科研机构等深化交流合作,培育和支持科技型文化企业发展,营造文化产业领域良好的创新创业环境。

二是培育数字文化产业重点业态。培育数字文化产业重点业态,激发创新活力,拓展市场空间。培育和做强动漫、电竞、云演艺、云展览、云交易、网络视听、数字装备等数字文化产业重点业态。加大对数字文化企业的政策支持和引导力度,出台更加积极的政策措施,包括财政扶持、税收优惠、人才引进、科技创新、平台支撑等,助力其发展壮大,培育更多核心竞争力突出、发展势头强劲的数字文化领军企业、骨干企业和新锐企业。

三是优化完善数字文化产业生态。优化完善数字文化产业生态,涉及产业发展平台、数字版权保护、创新创业体系、产业融合发展、区域协调发展以及国际合作交流等各个方面,为数字文化产业高质量发展创造更加有利的环境。加强产业链协同发展,促进数字文化产业链上下游有效对接和合作,推动数字文化产业与相关产业融合发展,在全省范围优化数字文化产业布局,促进区域协调发展,形成优势互补,实现资源优化配置,提高数字文化产业的整体效益。

(三)巩固提升文化产业竞争优势

当前,浙江省文化产业发展综合指数居于全国第 2。浙江省要巩固和提升文化产业竞争优势,保持全国领先地位,同时要提升国际化水平和国际竞争力,在国际文化市场中占据重要地位。

一是推动精品力作创作生产。良好的产品和服务质量是决定竞争优势的重要因素。更加重视文化内容质量,加强对优秀文化作品创作生产的支持,实施文化文艺创作攀峰计划,探索建立重大文艺创新"揭榜挂帅"和全周期文艺精品创作服务机制,打造更多反映浙江文化、讲述浙江故事的优秀文化作品,培育更多具有影响力和认知度的优秀文化作品 IP,支持其改编和全产业链开发。加强文化人才队伍建设,提升创作者的专业技能和知识水平,打造高水平人才队伍。推动优秀文化作品传播和推广,提升全民数字文化素养,让更多的优秀文化作品走进大众视野,为更多人认知和欣赏,带来积极正面的影响。

二是促进文化消费提质升级。推动文化产业发展,还要在需求端发力,促进文化消费提质升级。推进国家级、省级文化和旅游消费试点示范城市建设,推动夜间文化和消费集聚区建设。办好全省文化和旅游消费季、金秋亚运文旅促消费等各类文化和旅游消费活动,支持各地区出台促进文化消费的举措,做大做强文化消费市场。

三是推进文化领域融合创新。在已开展的文化基因解码工程、文旅 IP 评选和培育等工作基础上,进一步推动文化和旅游深度融合,实现更广范围、更深层次、更高水平的文旅融合,加强文化标识建设,加大文旅IP和"金名片"培育力度,支持打造未来景区、未来酒店、未来民宿、未来文博场馆、未来社区等"未来系列"产品与服务,提升文旅消费体验。推动文化产业与其他产业融合发展,包括电子商务、农业、制造业、体育业、时尚业、教育业等,探索新的产业发展机会,特别是推动文化产业与当地的优势产业互相促进、互惠发展。

四是升级文化产业发展平台。在已有的国家级、省级文化产业园区(基地)的基础上,推动文化产业示范基地创建工作,培育更多高质量的文化产业园区(基地),积极争取和试行更多的优惠政策。提升之江数字文化产业园、杭州白马湖生态创意城等重点园区(基地)的建设水平。办好义乌文化和旅游产品交易博览会、杭州文化创意产业博览会等重要节展活动,扩大展会规模,提升展会影响力,更好地发挥其促进行业交流、推动产业发展的重要作用。

五是深化外部文化贸易交流。浙江省文化产业发展不能局限于省内的资源和市场,要加强国际交流和区域合作,提升国际竞争力和影响力。培育更多国际文化交流基地,开展国际文化交流项目,推动文化产品和服务"走出去",扩大国际文化贸易规模,提升国际文化市场份额。进一步推动长三角文化和旅游一体化发展,实现多层次、多方面的深度合作。

(四)着力提升文化产业治理能力

实现浙江省文化产业高质量发展,需要着力提升文化产业治理能力,营造良好的产业发展环境。

一是进一步优化文化产业政策供给。2021年是"十四五"规划的开局之年,浙江省从省级到市县级再到基层政府均制定了一系列文化产业相关的规划,若要达成规划提出的发展目标,需要出台相应的政策。省级层面要加强对文化产业发展的引领和激励,为全省推动文化产业发展指明方向。当前,文化产业处于提质增效期,面临新的问题与挑战,如生成式人工智能(Artifical Intelligence Generated Conent,AIGC)、元宇宙、区块链等对文化产业发展产生了重大影响。同时,文化产业也被寄予了更高的期待,希望其在宣扬主流价值观、推动人民精神富裕、促进经济增长等方面发挥更大的作用,这都要求健全完善文化产业政策体系。此外,由于文化产业突出的经济、社会效益,越来越多的地方政府加大对文化产业的扶持力度,这也要求浙江省调整和优化文化产业政策,以保持和提升其在文化产业领域的竞争优势。

二是进一步推动数字赋能文化治理。2021年,浙江省文化和旅游厅出台了文化和旅游领域的数字化改革方案,通过数字化赋能提升治理效能,高水平推进文化和旅游治理体系与治理能力现代化,提出2025年底前,在文化和旅游重要领域实现体制机制、组织架构、业务流程的系统性重塑,实现从"数字"到"数治"的新生态,基本实现景区、文化场馆、旅游企业的数字化改造和应用,全面提升群众数字公共服务获得感,打造全国文化和旅游数字化高地。在总体改革方案的指引下,浙江省要推动文旅数字驾驶舱建设,实现数据共享,构建数字化治理平台;完善现有的场景应用,开拓新的场景应用,包括"浙江好玩""浙江智慧文化云""浙里参观"等;推动数字政务服务改革,提升政务服务数字化、智能化水平,构建优质的营商环境。

三是进一步加强文化市场综合监管。加强文化市场综合监管,营造公平竞争的市场环境,激发文化产业的活力和创新力,保障文化产业健康发展。加强文化市场综合行政执法队伍建设,提高监管水平,加大执行力度,做好网络监管、知识产权保护等具体工作,同时鼓励社会各界参与监管,完善政府、企业、社会共同参与的监管格局。推动"互联网＋监管"、信用分级分类监管,创新监管方式,提高监管有效性。

参考文献

[1] 浙江省地方志编纂委员会办公室.浙江年鉴 2022[M].北京:方志出版社,2022.

[2] 浙江省统计局,国家统计局浙江调查总队.浙江统计年鉴 2022[M].北京:中国统计出版社,2022.

[3] 浙江省统计局.数看"浙"十年之高质量发展十大高地[EB/OL].(2022-10-13)[2023-07-12].http://tjj.zj.gov.cn/art/2022/10/13/art_1229129214_5007045.html.

[4] 浙江省人民政府.2022 年政府工作报告[EB/OL].(2022-01-24)[2023-07-12].https://www.zj.gov.cn/art/2022/1/24/art_1229019379_4865173.html.

[5] 浙江省统计局.2021 年前三季度全省规模以上文化及相关产业企业营业收入增长21.5%[EB/OL].(2022-01-05)[2023-07-12].http://tjj.zj.gov.cn/art/2022/1/5/art_1229129213_4854611.html.

[6] 浙江省广电局.2021 年浙产动画片推优数量居全国第一[EB/OL].(2022-03-25)[2023-07-12].http://gdj.zj.gov.cn/art/2022/3/25/art_1229288072_58458365.html.

[7] 陆芳.2021 浙江电影交出漂亮成绩单[EB/OL].(2022-01-05)[2023-07-12].https://baijiahao.baidu.com/s?id=1721077231102656850&wfr=spider&for=pc.

[8] 李娇俨.浙江文化和旅游项目 2021 年实际完成投资 2769.7 亿元[EB/OL].(2022-02-14)[2023-07-12].https://baijiahao.baidu.com/s?id=1724705131674841452&wfr=spider&for=pc.

[9] 张益晓.数字赋能横店影视文化产业高质量发展[N].金华日报,2021-12-24(01).

[10] 浙江省文化和旅游厅.浙江省文化和旅游厅 2021 年工作总结和 2022 年工作思路[EB/OL].(2022-04-01)[2023-07-12].http://ct.zj.gov.cn/art/2022/4/1/art_1229678764_4984205.html?eqid=efba693600045b6600000004642c1722.

[11] 沈超,陆遥.浙江国有文艺院团将围绕演出进一步深化改革[EB/OL].(2021-09-16)[2023-07-12].https://baijiahao.baidu.com/s?id=1711061184317682553&wfr=spider&for=pc.

[12] 浙江省文化和旅游厅.凝心聚力谋发展　一纸蓝图绘新篇[EB/OL].(2021-03-11)[2023-07-12].http://ct.zj.gov.cn/art/2021/3/11/art_1688014_59001777.html.

[13] 祝婷兰(摘编).第十五届(2021)杭州文博会圆满落幕[EB/OL].(2021-11-16)[2023-07-12].https://www.hangzhou.gov.cn/art/2021/11/16/art_812262_59044487.html.

第 二 篇

2022 年浙江省文化产业发展区域报告

2022年杭州市文化产业发展报告

余　钧

杭州市文化产业占浙江省文化产业规模总量的40％以上,发展规模居全省第1,发展水平居全国前列。2021年,杭州市完善升级产业政策体系,充分发挥数字赋能效应,推进文旅深度融合,着力加强人才引育创新,构建全链条生态圈,进一步提高文化产业发展水平。《杭州市文化产业"十四五"发展规划》提出,"为杭州市建设社会主义现代化国际大都市和争当浙江高质量发展建设共同富裕示范区城市范例提供文化保障,为打造全省新时代文化高地和建设社会主义文化强国贡献'杭州力量'"。面对新机遇和新挑战,杭州市文化产业未来将全面提升产业能级、创新活力和国际影响力。

一、杭州市文化产业发展环境

(一)区位环境

杭州市是浙江省省会,是长江三角洲核心城市,位于中国东南沿海地区、浙江省北部,地处长江三角洲南翼、杭州湾西端,东邻宁绍平原,西与安徽省交界,南接绍兴、金华,北依湖州、嘉兴,是"丝绸之路经济带"和"21世纪海上丝绸之路"的延伸交点,也是"网上丝绸之路"的战略枢纽城市。杭州市辖上城、拱墅、西湖、滨江、萧山、余杭、临平、钱塘、富阳、临安10个区,建德1个县级市,以及桐庐、淳安2个县。2021年年末,杭州市总面积达16850平方千米,其中市区总面积为8289平方千米;常住人口为1220.4万人,其中城镇人口占常住人口的83.6％。

(二)经济环境

杭州市经济实力雄厚,经济总量位居全国省会城市第4、副省级城市第5、全国大中城市第9。2021年,杭州市实现地区生产总值18109亿元,比上年增长8.5％。分产业看,第一、二、三产业增加值分别为333亿元、5489亿元和12287亿元,比上年分别增长1.8％、8.6％和8.7％。三大产业增加值之比为1.8∶30.3∶67.9。数字经济核心产业增加值为4905亿元,比上年增长11.5％,占地区生产总值的27.1％。工业企业营业收入首次超过2万亿元,规模以上工业增加值自"十三五"以后首次超过地区生产总值。现代服务业发展水平不断提升。全市服务业增加值突破1.2万亿元,杭州市入选国家级服务型制造示范城市。农业生产总体平稳,现代农业蓬勃发展,数字化赋能农业产量提升。此外,杭州市入选国家首批营商环境创新试点城市,营商环境质量居全国前列,获评"营商环境最佳口碑城市"。

（三）社会环境

杭州市拥有优美的自然风光和繁荣的城市景象，城市环境宜居，就业机会丰富，连续 15 年获得"中国最具幸福感城市"桂冠，入选"外籍人才眼中最具吸引力的中国城市"（排名第 3）、"中国人才吸引力 10 强城市"。据《2021 年杭州市国民经济和社会发展统计公报》，2021 年全市人均地区生产总值为 149857 元（按年平均汇率折算为 2.3 万美元），比上年增长 5.8%，按世界银行标准，达到高收入国家水平；全市居民人均可支配收入为 67709 元，比上年增长 9.4%，全市居民人均消费支出为 44609 元，比上年增长 16.7%，均居全国前列。杭州市积极推动城市现代化建设，实施"人才强市"政策，完善公共服务体系，提高社会治理水平，改善生态环境质量，持续提升城市功能品质和市民满意度。

（四）文化环境

杭州市是华夏文明发祥地、中国七大古都之一，自古有"人间天堂"之美誉，13 世纪意大利旅行家马可·波罗赞叹其为"世界上最美丽华贵之天城"。杭州文化以西湖文化、运河文化、钱塘江文化为代表，历史文化博大精深，名人辈出、古迹荟萃，拥有西湖、大运河、良渚古城遗址 3 大世界文化遗产，同时有着丰富的非物质文化遗产资源，其数量居全国前列。2021 年，杭州市推进 3 大世界遗产综合保护利用工作，加快推进大运河国家文化公园建设，实施"宋韵文化传世工程"。杭州市每年开展"书香杭州"系列活动，实施城市文明共建行动，深化公民道德建设，不断增强城市文化软实力。

（五）创新环境

杭州市具有优越的创新环境，拥有浙江大学、西湖大学、之江实验室、阿里达摩院、北京航空航天大学杭州创新研究院、浙江省北大信息技术高等研究院、国防科技大学杭州高等研究院、北京航空航天大学中法航空学院等顶尖高校和科研机构，拥有大量的高科技企业、创新孵化器、众创空间、科技园区等。2021 年，杭州市新增国家高新技术企业 2800 家，总数突破 1 万家。全市 R&D 经费支出达 578.8 亿元，投入强度为 3.6%，在国家创新型城市创新能力评价中位居全国第 2，创新指数排名居全球第 21 位。2021 年，杭州市获批国家新一代人工智能创新应用先导区，建成中国（杭州）知识产权保护中心；发布《杭州城西科创大走廊发展"十四五"规划》，打造具有全球影响力的创新策源地。

二、杭州市文化产业发展现状

（一）产业总体发展现状

杭州市文化产业整体上健康发展，发展水平进一步提高。2021 年，全市文化产业及相关特色产业实现增加值 2586 亿元，比上年增长 8.7%，占地区生产总值的 14.3%。从文化企业来看，全市有规模以上文化企业 1303 家，全年实现主营业务收入 8212 亿元，比上年增长 11.6%，占全省的 61.5%，实现利润 1043.3 亿元。绝地科技、电魂网络等 7 家企业再度入选国家文化出口重点企业，中南卡通的"之江一号"AI 表演数字动画平台入选国家文化出口重点项目。宋城演艺、网易云音乐入选第四批国家文化和科技融合示范基地(单体类),浙江数字文化国际合作区获批国家文化出口基地。中国(浙江)影视产业国际合作区基地在由国家四部委联合开展的国家文化出口基地首轮综合考评中,得分位居功能类基地前3。国家广播电视总局授牌设立浙江省首个国家级视听产业基地——中国(之江)视听创新创业基地,大力推进之江文化产业带建设,落实《之江文化产业带建设规划》和《杭州市之江文化产业带建设推进计划(2018—2022年)》,产业竞争力和影响力进一步提升。全市新增重点项目入库16个,之江文化产业带重点项目增加到84个,比规划数增长170%;重点项目投资额为1296亿元,比第一期项目增长15.7%。其中,投资规模10亿元以上的文化项目有39个,约占项目库总数的46%;投资规模50亿元以上的文化项目有10个,约占项目库总数的12%。

在文化产业服务与管理方面,杭州市加强文化市场秩序监管工作,不断提升执法队伍工作能力和工作水平。2021年,全市文化市场综合执法检查出动11.89万人次,检查经营场所5.78万个(次);落实"随机"抽查监管要求,抽查单位7686个(次);行政处罚立案调查307件,办结案件316件,罚没款175.16万元,没收违法物品1.38万件,查处重大案件8件。

(二)产业分类发展现状

1.新闻信息服务

2021年,在新闻信息服务领域,杭州市推出多项举措。一是深化媒体深度融合发展,探索数字化改革路径,拓展融媒体宣传矩阵。二是开展主题宣传,传播正能量,营造良好的舆论环境,包括中国共产党成立100周年宣传、杭州亚运会宣传、共同富裕主题宣传等。2021年,杭州市委网信办开展第二届杭州市100个网络正能量精品评选活动,推广先进榜样和精品力作。

代表性企业如杭州日报报业集团,拥有包含"八报两刊"以及网站、官微、移动客户端、手机报、音视频、户外广告、广播电视、云视频平台等多种传播终端的全媒体矩阵,总用户数突破2亿人。2021年,实现净利润1.13亿元,"杭州城市大脑市域媒体一体化云平台项目""'橙柿互动'主流都市融媒体传播体系"2个项目入选2021年中国报业深度融合发展创新案例。

杭州文化广播电视集团旗下有杭州人民广播电台综合广播、西湖之声等广播频道,以及杭州电视台综合频道、西湖明珠频道等电视台频道。2021年,该集团及下属单位获中国新闻奖、中国广播电视大奖等6个;获省级奖项100个,其中一等奖13个;拥有100万粉丝的新媒体平台账号15个;建成杭州市国际网络传播中心,海外社交媒体全球关注量超过2亿人次。

2.内容创作生产

2021年,杭州市在数字内容、广播影视节目等领域产出丰硕,数量和质量均居全国前列。2021年,杭州动漫游戏产业实现营业收入328.5亿元,比上年增长26.9%,上缴税金

10.65 亿元,实现游戏境外销售额 99.29 亿元;创作生产动画片 3947 集,总时长达 2.85 万分钟;在电视、网络等平台播出动画片时长达 34.4 万分钟,创作出版漫画 94 部,共 23.46 万册;立项动画电影 8 部,在银幕公映的动画电影 3 部,制作完成各类游戏 897 款。6 部杭产动画作品获得国家广播电视总局季度推优,数量居全国同类城市第 1。在中国文化艺术政府奖第四届动漫奖评选中,动画片《下姜村的绿水青山梦》、漫画《红船故事》入选最佳动漫作品,杭州阿优文化科技有限公司入选最佳动漫团队。在第三十一届浙江电视"牡丹奖"评选中,动画片《下姜村的绿水青山梦》获最佳作品奖,动画片《秦时明月陆沧海横流》《旗旗号巡洋舰》(第一季)获优秀作品奖。2021 年,杭州市出品的电视剧《大浪淘沙》等 26 部作品入选浙江省文化艺术发展基金项目;4 部作品获全国常设性文艺奖项、公认有影响力国际性文艺奖项;杭产电视剧《大浪淘沙》《绝密使命》《风声》等在央视和一线卫视播出,电影《红船》在院线公映,广播剧《红船·初心》在中央人民广播电台文艺之声播出。

在出版、内容保存、创作表演服务等领域,2021 年,杭州有本版图书 16211 种、租型图书 397 种,总印数为 49470.76 万册,总印张为 3795060.83 千印张。杭州市拥有图书馆 14 家,实现满意图书馆全覆盖,还有博物馆 86 家、档案馆 15 家、文化馆 14 家、文化站 179 家。杭州市实现艺术表演场所演出 4957 场,演出收入达 5525.5 万元;实现剧团演出 4753 场,观看人次达 217.13 万人次,演出收入达 161.9 万元。2021 年杭州市分地区主要文化部门机构数如表 1 所示。

表 1　2021 年杭州市分地区主要文化部门机构数

地区	剧场/个	剧团/个	文化馆/家	文化站/家	图书馆/家	博物馆/家	展览馆/家
全市	8	20	14	179	14	86	1
市区	8	18	11	126	11	79	1
萧山区	—	1	1	22	1	9	—
余杭区	—	1	1	12	1	3	—
临平区	—	1	1	8	1	2	—
富阳区	—	1	1	24	1	3	—
临安区	—	1	1	18	1	2	—
桐庐县	—	1	1	14	1	3	—
淳安县	—	1	1	23	1	3	—
建德市	—	1	1	16	1	3	—

数据来源:《杭州统计年鉴 2022》。

在工艺美术品制造领域,2021 年,杭州市拥有规模以上工艺美术品制造企业 59 家、亚太地区手工艺大师 3 名和工艺美术大师 160 名,其中国家级工艺美术大师 7 名、省级工艺美术大师 53 名、市级工艺美术大师 100 名。至 2021 年年末,全市工艺美术行业有 28 位工艺美术工作者获"浙江工匠""杭州工匠"等称号。

3.创意设计服务

在广告领域,2021年,杭州市规模以上企业及事业单位广告经营额达563亿元,较上年增长54.2%。杭州国家广告产业园(包括西湖园区、运河园区)共入驻广告企业及关联企业1099家,广告业务收入达103.6亿元。2021年,第十二届"创意杭州"金水滴奖广告大赛收到参赛作品899件,按照公益和商业两大类,共评选出获奖作品220件。杭州市市场监管局监测全市各平台广告962.66万条(次),发现涉嫌违法广告8518条(次),涉嫌违法率为0.09%。

在设计领域,杭州市集聚了一批优质的建筑设计企业,市级文化产业园如聚落五号创意产业园、中国美院风景建筑设计创意产业园等均以建筑设计为主导产业。2021年,聚落五号创意产业园的营业收入为5.8亿元,中国美院风景建筑设计创意产业园的营业收入为10亿元。杭州市拥有多家国家级、省级工业设计产业基地、工业设计中心和工业设计研究院等。2021年,杭州市新增多个国家级工业设计中心,如新华三技术有限公司"云与智能"工业设计中心、浙江大华技术股份有限公司工业设计中心等。

4.文化传播渠道

在电影放映领域,2021年,杭州市拥有影院196家、银幕1498块和座位195734个,放映场次达244.88万场,观影人数达2533.58万人,实现票房109267.88万元,全国排名第7。杭州萧山德纳国际影城、杭州滨江CGV影城龙湖店的票房均在2000万元以上。

在艺术表演领域,杭州市拥有各种规模的艺术表演场馆。以杭州大剧院为例,其占地面积约为10万平方米,核心演出场所歌剧院有观众席位1600个,2021年上演剧目595场,接待观众约30万人次,公益演出次数占全部演出次数的78%。

5.文化投资运营

在投资与资产管理领域,2021年,杭州市文创产业投资引导基金新增投资项目41个,新增对外投资额11.4亿元。至2021年年末,杭州市文创产业投资引导基金累计规模达70亿元,完成项目投资261个,完成对外投资额41亿元。投资项目中,爱科科技股份有限公司、浙江出版传媒股份有限公司等于2021年上市。

在运营管理领域,杭州市拥有国家级文化产业园区(基地)18家、省级文化产业园区11家、省级文化创意街区4家、市级文化产业园区40家和市级文化创意街区12个,集聚发展效能持续提升。市级文化产业园区规划建筑总面积为935万平方米,集聚各类企业5371家,其中文化企业有4565家,占企业总数的85%以上;文化创意街区规划建筑总面积为84万平方米,集聚各类文化企业44家。杭州市部分文化产业园区(文化创意街区)发展状况如表2所示。

表 2　杭州市部分文化产业园区(文化创意街区)发展状况

园区(街区)名称	发展状况
中国数字音乐谷	位于国家音乐产业基地萧山园区,总建筑面积为 2.02 万平方米。以"音乐科技创新城"为核心定位,打造"一中心四基地"(多业态的城市会客中心,音乐众创基地、音乐研学基地、音乐文旅基地、公共服务基地)。2021 年,实现营业收入 117 亿元和利税 1.5 亿元,入驻企业 23 家
白马湖生态创意城	位于杭州高新区(滨江)南部区块,规划面积为 2050 万平方米。以文化创意、生态旅游为主导产业,打造"宜业、宜居、宜游、宜文"的综合性生态文化创意城。2021 年,白马湖生态创意城实现营业收入 81.75 亿元,税收达 2.45 亿元
元谷创意园	位于拱墅区长乐路 29 号,总建筑面积为 2.6 万平方米。以文化创意产业为主导,打造传统文化与当代艺术交融的文化创意产业平台。2021 年,实现营业收入 1.3 亿元和利税 231 万元,入驻企业 123 家
杭州智慧产业创业园	位于西湖区文一西路 857 号,总建筑面积为 5.5 万平方米。以动漫游戏、信息服务、设计服务等产业为主导,打造综合性文化产业园区。2021 年,实现营业收入 11 亿元和利税 3000 万元,入驻企业 67 家
绿岸文化产业园	位于余杭区文一西路 1382 号,总建筑面积为 1.47 万平方米。以数字内容产业为主导,打造以视频文创行业为核心的孵化器平台。2021 年,实现营业收入 1428 万元和利税 170 万元,入驻企业 23 家
凤凰山南影视文化街区	位于上城区大资福庙前路,总建筑面积为 2.28 万平方米,以影视文化产业为主导,打造资金、IP、制作一体化的影视产业链。2021 年,实现营业收入 17 亿元和利税 1345 万元,入驻文化创意企业 39 家
艺尚小镇时尚文化历史街区	位于余杭区汀兰路,总建设面积为 20 万平方米,以服装设计、时尚产业为主导,打造创新创意汇聚、时尚电商企业、青年创业孵化一体化的综合文创板块。2021 年,实现营业收入 35 亿元和利税 2.47 亿元,入驻企业 126 家
杭州新天地文化创意街区	位于拱墅区东文街 90 号,占地面积为 56.7 万平方米,以工业文化为核心,打造集演艺、会展、休闲、旅游等为一体的新概念文化综合体。2021 年,实现营业收入 24 亿元和利税 1200 万元,入驻企业 291 家

数据来源:作者整理。

6.文化娱乐休闲

2021 年,杭州市文化娱乐休闲服务总体发展良好。至 2021 年年末,杭州市拥有 A 级旅游景区 111 个,其中 5A 级景区 3 个、4A 级景区 44 个、3A 级景区 54 个、2A 级景区 10 个;接待境内外游客 8951.8 万人次,比上年增长 5%,其中接待国内游客 8933.7 万人次,比上年增长 4.9%;实现旅游收入 1524.2 亿元,其中国内旅游收入为 1518.29 亿元,旅游外汇收入为 0.85 亿美元。2010—2021 年杭州市旅游总收入情况如图 1 所示。旅游休闲产业增加值为 1068 亿元,比上年增长 4.5%,占全市地区生产总值的 5.9%。杭州西湖风景区游客量达 1857.01 万人次,门票收入为 22735.69 万元。杭州市实施了"百城千镇万村景区化"工程、文旅赋能乡村"6+X"计划、"百县千碗"工程等项目,开展了杭州文化和旅游消费季、杭州都市圈文旅惠民大联展活动、中国旅游日活动、大学生旅游节、"最忆是杭州"文化旅游推广活动、

"宋韵杭市生活节"雅集活动、"文旅市集·杭州奇妙夜"活动、大运河文化旅游季活动、杭州文旅"新十大"系列活动、杭州文旅海外新媒体营销活动等,提升了杭州市文旅产业的吸引力和影响力。

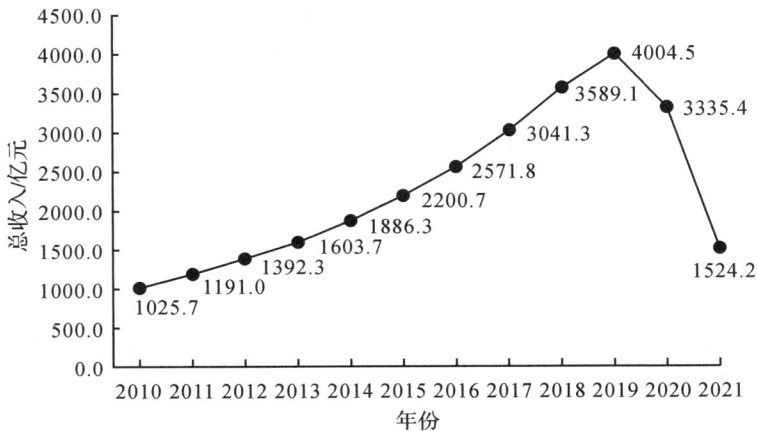

图1　2010—2021年杭州市旅游总收入情况

7. 文化辅助生产和中介

2021年,杭州市成功举办文化创意产业博览会、中国国际动漫节、戛纳电视节·中国(杭州)国际电视内容高峰论坛、中国数字阅读大会、杭州国际工艺周、香港国际影视展(杭州馆)等节展活动,提升了城市文化品牌影响力和知名度。杭州市设在英国、意大利的2个海外文创交流中心,举办了宋韵文化展、"中意你"少儿创意作品巡展等文化交流活动。2021年杭州市部分节展活动情况如表3所示。杭州市文化创意产业发展中心主办、杭州市文化创意协会和杭州文化投资发展有限公司承办文创新势力活动,翻翻动漫、十三余、浩迈科技等10个项目成为2021年度十大文创新势力,花涧影视等10个项目获2021文创新势力创新潜力奖,小影科技、装点文创等34家企业入选2021年"杭州文创青云榜"。

表3　2021年杭州市部分节展活动情况

节展名称	活动情况
第十五届(2021)杭州文化创意产业博览会	第十五届(2021)杭州文化创意产业博览会于2021年11月2—8日举行。以"创意杭州·联通世界——文化引领美好生活"为主题,采取"线上文博会+线下论坛"与指数发布活动相结合的方式举办。来自30余个国家和地区的3000余家文化企业及品牌参展,线上会场展示国内外文化精品20余万件,在线点击量达1.9亿次;线下会场完成现场项目签约及达成融资意向总额48.5亿元
第十七届中国国际动漫节	第十七届中国国际动漫节于2021年9月29日—10月4日举行。以"共富新时代,动漫创未来"为主题,推出会展、论坛、商务、赛事、活动等5大板块、105个项目。来自67个国家和地区的567家中外企业、2305名展商客商与专业人士参加。线上、线下参与人次达1081万人次,现场意向签约金额为14.85亿元

节展名称	活动情况
第五届 MIP China 戛纳电视节·中国(杭州)国际电视内容高峰论坛	第五届 MIP China 戛纳电视节·中国(杭州)国际电视内容高峰论坛于 2021 年 6 月 22—30 日举行。设置论坛培训、一对一商务洽谈、全球电视内容展播以及行业新片推介会等 4 大板块,来自 35 个国家和地区的 359 个影视公司参加。开展一对一洽谈会 4095 场,达成合作意向 826 个,意向金额超过 8200 万美元
第七届中国数字阅读大会	第七届中国数字阅读大会于 2021 年 4 月 16—23 日举行。以"数字赋能新发展,阅读追梦新征程"为主题,开展"重温红色故事""阅读点亮中国"等重点活动。中央、省级 50 多个主流媒体参会,超过 300 个媒体对大会进行全方位报道

数据来源:作者整理。

8.文化装备生产、文化消费终端生产

2021 年,杭州市文教、工美、体育和娱乐用品制造业规模以上工业企业有 105 家,工业总产值为 1612189 万元,新产品产值为 614820 万元,资产合计 937203 万元,营业收入达 1617376 万元,利润总额达 41980 万元;每百元固定资产原值实现利税 17.15 元,每百元营业收入实现利税 4.19 元,新产品产值率为 38.14％。

三、杭州市文化产业发展政策

(一)规划

1.《杭州市文化产业发展"十四五"规划》

2021 年 9 月,中共杭州市委宣传部、杭州市发展和改革委员会联合发布《杭州市文化产业发展"十四五"规划》。该规划提出,"到 2025 年,加快形成创新驱动、优势突出、代表先进文化生产力的现代文化产业体系和市场体系,加快建设具有全球影响力的国际文化创意中心,为争当浙江高质量发展建设共同富裕示范区城市范例提供文化实践样本","强化数智赋能,引领文化行业提升发展","坚持集聚带动,构建文化产业发展新格局","聚焦统筹发展,高质量实施'六大工程'","推进服务创新,打造优越营商环境"。

2.《杭州市文化改革发展"十四五"规划》

2021 年 8 月,中共杭州市委宣传部、杭州市发展和改革委员会联合发布《杭州市文化改革发展"十四五"规划》,提出"实施文化产业高质量推进工程",包括培育文化产业增长新引擎、实施文化产业数字化战略、完善文化产业发展环境、推进文化和旅游深度融合 4 方面任务。

3.《杭州市文化广电旅游发展"十四五"规划》

2021 年 10 月,杭州市文化广电旅游局、杭州市发展和改革委员会联合发布《杭州市文化广电旅游发展"十四五"规划》,提出"建立健全现代文化产业体系",包括推进文化产业带和产业集聚平台建设、持续打造动漫游戏产业、构建现代演艺业发展新格局 3 方面任务。

（二）政策

1.《关于进一步建立健全文化市场综合行政执法工作机制的通知》

2021年3月，杭州市文化广电旅游局、杭州市文化广电新闻出版局、杭州市园林文物局、杭州市体育局联合出台《关于进一步建立健全文化市场综合行政执法工作机制的通知》，从理顺执法层级、明确权责权限、建立协同机制、规范执法行为、强化执法保障等方面进一步加强和规范文化市场综合行政执法工作。

2.《杭州市千年古城复兴试点工作方案》

2021年3月，杭州市人民政府办公厅发布《杭州市千年古城复兴试点工作方案》，提出"依托古城历史文化优势，大力发展文化旅游产业"。

3.《杭州市文化产业信贷融资风险补偿基金管理办法》

2021年8月，杭州市文化创意产业发展中心出台《杭州市文化产业信贷融资风险补偿基金管理办法》，以加强杭州市文化产业信贷融资风险补偿基金的高效规范运行管理。

4.《杭州市市级非物质文化遗产代表性传承人管理办法》《杭州市市级非物质文化遗产代表性项目管理办法》《关于报送2021年度非遗特色酒店（民宿）培育名单的通知》《关于推荐报送第二批杭州市非物质文化遗产体验点培育名单的通知》《关于公布首批杭州市非物质文化遗产体验点名单的通知》《关于征集首批杭州非遗主题旅游线路的通知》《关于开展杭州市非物质文化遗产体验点评估工作的通知》

2021年9—12月，杭州市文化广电旅游局出台了一系列市级非物质文化遗产保护与开发的相关政策文件。

5.《关于推进文化和旅游深度融合高质量发展的实施意见》

2021年10月，杭州市委全面深化改革委员会第十一次会议审议并原则通过了《关于推进文化和旅游深度融合高质量发展的实施意见》，为杭州文旅深度融合高质量发展提出实施路径。

四、杭州市文化产业发展经验

（一）完善升级产业政策体系

杭州市充分发挥产业政策引导作用，为文化产业发展提供良好的政策支撑。2021年是"十四五"开局之年。《杭州市国民经济和社会发展第十四个五年规划和二〇三五年远景目标纲要》提出要"健全现代文化产业体系"，具体包括壮大优势产业、实施文化产业数字化战略、深化融合发展、实施文化产业提升计划等内容。中共杭州市委宣传部、杭州市发展和改革委员会联合出台《杭州市文化产业发展"十四五"规划》，对文化产业做出专项规划和统筹部署，内容包括指导方针、目标定位和主要任务等。此外，文化改革发展、文化广电旅游发展、会展业、数字经济、现代服务业、服务贸易、体育、工业设计、科学技术发展、人工智能等规划中均有涉及文化产业的论述，均将其视为重点领域，提出要加大支持力度。文化产业被充分纳入公共政策体系。根据"十三五"时期取得的成就、"十四五"时期的新形势和新要求，杭州市明确文化产业的发展方向与主要路径,并注重政策的协调性、协同性,不仅将文化产业列入总规划,而且出台专项规划,还在相关规划中明确提出具体要求与任务。在出台的具体政策中,围绕数字化、国际化、融合创新等关键主题,推动文化产业在区域经济社会发展中贡献更大的力量,弘扬区域优秀文化,提升经济发展动能,促进精神生活共富。比如在浙江高质量发展建设共同富裕示范区的背景下,《杭州争当浙江高质量发展建设共同富裕示范区城市范例的行动计划(2021—2025 年)》明确提出,"推动社会全面进步,着力建设文明和谐美丽家园","大力发展数字文化产业,打造具有全球影响力的国际文化创意中心"。此外,不断完善规制型政策,推动产业持续健康发展,如出台《关于进一步建立健全文化市场综合行政执法工作机制的通知》。杭州市在文化市场监管领域一直严格落实监管举措,并不断探索对新兴文化业态有效的监管方式。

除市级层面外,区级层面也积极出台文化产业相关规划与政策,根据发展基础和实际需求,突出发展特色,支持区级文化产业发展。如杭州市西湖区出台《西湖区文化产业和旅游业发展"十四五"规划(2021—2025)》,提出"一核两带五集群"的产业发展空间布局,其中"一核"即之江文化产业带之江发展核,"两带"即环西溪影视文化产业带和环浙大数字文化产业带,"五集群"即影视文化产业集群、数字文化产业集群、创意设计产业集群、文旅演艺产业集群和艺术创作产业集群。再如杭州市高新区(滨江)文化创意产业发展中心发布《杭州高新区(滨江)文化产业发展"十四五"规划》,提出要使"三区一园一地"(国际动漫游戏产业先行区、国际网络文学产业样板区、国际"文化＋科技"融合发展标杆区、白马湖国家文化产业示范园区、创意设计先锋地)的效应引领,成为之江文化产业带最具活力的动力引擎,打造新时期具有重要国际知名度和美誉度的文化创意城区。

(二)充分发挥数字赋能效应

数字赋能是杭州市文化产业发展最为基础和关键的驱动力,也是构筑产业竞争优势的重要来源。在相关规划和政策中,杭州市明确提出"奋力打造'全国数字经济第一城'"。新华三集团数字经济研究院和中国信息通信研究院发布的《中国城市数字经济指数蓝皮书(2021)》、赛迪顾问发布的《2021 数字经济城市发展百强榜》中,杭州市均位列全国第 5。杭州市在软件与信息服务、云计算与大数据、物联网、信息基础、通信服务等数字经济细分领域都具有良好的产业基础和技术优势。数字经济领域的优势为实施文化产业数字化战略、推动数字文化产业发展提供了有力的支撑。

先进的数字科技在文化产业领域加速落地和应用,包括人工智能、AR/VR、区块链、物联网、大数据等新一代数字技术,带来新的产业发展机会,推动文化产业整体转型升级,比如聚焦数字安防、视觉智能、智能物联领域的杭州"中国视谷"。杭州市于 2021 年 7 月发布建设方案,建设国内领先、全球重要的视觉智能产业技术策源地、企业集聚地、人才最优地,数字文娱亦是其重要的产业应用领域。视觉智能的技术进步和产业集聚将催生数字文娱新业态、新模式,提升数字文娱体验,比如 2021 年入选第四批国家文化和科技融合示范基地的宋城演艺与网易云音乐。前者是中国演艺第一股、全球主题公园集团 10 强企业之一,利用

AR/VR、物联网等技术营造虚实结合、沉浸式的体验场景,打造"文化＋旅游＋科技"深度融合的文旅产品;后者于 2021 年 12 月在香港联合交易所主板挂牌上市,其将人工智能、大数据等技术应用于数字音乐产业的创作、生产、传播、消费等环节,打造数字音乐融合创新平台,引领音乐产业向数字化、智能化发展。再比如,入选国家文化出口重点项目、浙江省文化产业优秀创新案例的浙江中南卡通股份有限公司的"之江一号"AI 表演数字动画平台,作为数字文创"新基建",在超写实影视角色动画、3A 级游戏动画、数字虚拟人等领域发力,为动漫 IP 与文创、教育、文旅等产业融合提供了技术平台支撑。

传统文化企业在数字赋能的驱动下,推动数字化改革创新,显著提升产出绩效。比如杭州日报报业集团下属的《都市快报》在 2021 年 6 月上线"橙柿互动"App,基于城市大数据、电商能力技术等,打造以同城社交为用户基础的"优质新闻＋同城社交＋新消费"的都市融媒体模式。数字赋能还体现在政府文化治理数字化上。杭州市委宣传部、杭州市文创产业发展中心创新开发"文创 e 点通"企业服务数智应用,实现"一码直达、两端智联、多场景应用",以"数治"优化文化企业治理体系,有效提高文化金融服务、文化人才服务、文化企业服务等服务质效,助力文化企业高质量发展。

(三)推进文旅深度融合发展

杭州市作为历史名城,文化底蕴深厚,自然风景旖旎,是著名的旅游城市。文化和旅游的融合发展,一直是杭州市文化产业的发展特色和核心竞争力。在旅游业发展过程中,杭州市一直注重挖掘文化内涵和呈现文化元素。以西湖风景名胜景区的文旅开发为例,2021年,该景区接待中外游客 1857 万人次,比上年增长 26.9％;实现门票收入 2.27 亿元,比上年增长 35.4％。杭州西湖西溪管委会推进西湖西溪 6 大文化项目(即"宋韵留芳"项目、"爱情诗路"项目、"苏风流韵"项目、"忠义传奇"项目、"北街梦寻"项目、"金石魅力"项目),实施苏东坡文化公园提升工程,推动劳模工匠文化公园、宋韵文化国际传播园开园,开展了西湖荷花展、菊花精品展、杭州西湖诗词大赛、西溪花朝节、西溪火柿节、西湖"中秋拜月·祈福家园"系列活动、南宋农耕文化艺术节等文化活动,推出实景大戏《今夕共西溪》、新编杭剧《结发缘》,有力提升了文化体验感和旅游吸引力。各类项目和活动均注重文化内核的挖掘和文化元素的呈现,比如西湖荷花展展出的不仅是荷花、碗莲,还有百年党史、书画作品等。西溪花朝节除了花展,还开展"我在西溪学党史"、宋韵汉服游等体验活动,举办汉风巡游、花船巡游、穿汉服放纸鸢以及水乡婚礼、十八般武艺表演等民间传统活动。

杭州市大力支持非物质文化遗产的开发,非遗保护指数居全省首位,旅游是其重要的开发路径。2021 年,杭州市开展非物质文化遗产旅游商品评选,真丝手绣旗袍系列等 19 个推荐商品入选第三批浙江省优秀非物质文化遗产旅游商品。开展首批杭州市非物质文化遗产主题旅游线路征选体验活动,推出 10 条杭州市首批非物质文化遗产主题旅游线路。举办"浙江·中国非物质文化遗产博览会(杭州工艺周)""传承红色基因,坚守红色根脉——礼赞建党百年非遗剪纸艺术展""山花烂漫——杭州民间美术作品展"等活动。杭州市积极培育文旅 IP。良渚文化、宋城千古情、印象西湖等入选浙江省示范级文化和旅游 IP,2021 年 5 月,由"腾讯动漫"独家授权、杭州宏逸投资集团有限公司打造的"狐妖小红娘"景区在杭州市临安区河桥古镇正式开业,以国漫 IP"狐妖小红娘"为主题,采取"动漫＋科技＋夜游"的体验模式。

2021 年,杭州市委全面深化改革委员会第十一次会议审议并原则通过的《关于推进文化和旅游深度融合高质量发展的实施意见》提出,要构建充满活力、优势明显的竞争格局,着力实施宋韵文化传世工程,加快南宋皇城遗址保护利用工程、大运河国家文化公园建设,高水平打造西湖、良渚、大运河等世界文化遗产群落,积极打造"现代东方文化典范之城""博物馆之城",推进"演艺之都"建设和"会展之都"建设。要打造业态融合、特色鲜明的产品架构,着力打造"金名片"重点产品、乡村文旅示范产品、数字经济旅游产品、文化旅游特色街区,构建"文旅＋"产品体系。

(四)着力加强人才引育创新

杭州市着力构筑人才高地,为文化产业发展提供人才支撑。人才是第一资源,文化产业的发展需要大量的文化创意人才。构建良好的人才发展环境,有助于引育文化创意人才。杭州市积极实施人才强市战略,人才吸引力总体上居于全国前列。2021 年,制定出台《杭州市人才发展"十四五"规划》《杭州市关于进一步深化人才发展体制机制改革的若干意见》,创新实施"全球英才杭聚工程""青年人才弄潮工程""百万大学生杭聚工程",聚焦重点领域,引育一大批高质量人才,不断完善人才评价体系,围绕人才关切的子女入学、医疗保障、住房保障等问题完善和优化相关服务。

在文化产业领域,在《杭州市文化人才发展规划(2019—2022 年)》《关于支持文化人才队伍建设的政策意见(试行)》等专项政策指引下,着力加强文化产业领域的人才引育创新,依托杭州市文化创意人才协会、杭州文化创意研究中心等,实施"文化创意企业家孵化工程培训班""成长型文化创意企业家高端培训班""创意力量大讲堂""工艺美术大师带徒学艺"等重点人才项目。至 2021 年末,杭州市举办各类文化产业人才培育课程活动 212 期,覆盖人群 1.71 万人,培养了大量优质的文化产业人才,也显著提升了全市文化产业领域的创新创业氛围。自 2011 年推动杭州市文创企业人才培养工程以来,文化人才特色培训班(由杭州市文化创意产业发展中心、共青团杭州市委主办,杭州文化投资发展有限公司、杭州文化创意产业研究中心、杭州大学生创业联盟承办的政府公益培训项目)的培养体系越来越完善,涵盖不同领域、层次的文化产业人才,课程体系不断优化,培养方式不断丰富,品牌影响力持续提升。2021 年,共开展文创企业新锐人才培养班 2 期、文创企业领军人才班 2 期,"工艺美术大师带徒学艺"项目顺利实施。2021 年 12 月,第二轮活动顺利结束,培养萧山花边、机绣、陶瓷、手绣、铜雕等 5 项杭州地区代表性传统技艺核心传承人 14 名、新匠人 100 名,其中杭州市工艺美术大师 2 名、湖州工匠 1 名、区级"非遗"传承人 1 名。

(五)构建全链条产业生态圈

杭州市文化产业的竞争优势不仅在于政策支持和优越的人才、技术、文旅资源等要素,还在于形成了全链条产业生态圈,不断优化产业结构,推动产业转型升级。"十三五"规划末期,杭州市已基本形成以数字内容、影视生产、动漫游戏、创意设计、现代演艺为优势产业的文化产业发展格局,拥有之江文化产业带、大运河(杭州段)文化产业带等重大产业平台,以及18家国家级文化产业园区(基地)和67家省、市级文化产业园区(文创街区)。《杭州市文化产业发展"十四五"规划》提出,做大做强原有的数字内容、影视生产、动漫游戏、创意设计、现代演艺等优势行业,大力培育数字文化展示、在线艺术教育、数字文化旅游、文化智能制造等新兴业态,构建"'两带'引领、'五廊'支撑、'八组团'联动"的发展布局。其中,"两带"是指之江文化产业带和大运河(杭州段)文化产业带,"五廊"是指之江影视演艺产业走廊、之江动漫游戏产业走廊、运河沿岸创意设计产业走廊、城西文化科技创新产业走廊和"两江一湖"文旅产业走廊,"八组团"是指白马湖湘湖数字内容产业组团、三江汇文化艺术产业组团、西溪影视内容产业组团、九乔数字时尚产业组团、钱塘文化科技融合产业组团、世纪城数字音乐产业组团、临平创意设计产业组团和良渚文化内容创新产业组团。该规划明确了做大做强的优势行业、重点发展的新兴业态以及"两带五廊八组团"的产业发展布局,均契合了杭州市文化产业发展的实际需要,并具有前瞻性。

在文化产业细分产业领域,特别是优势行业,良好的产业生态是其核心竞争力的关键。以动漫游戏为例,杭州市不断引育优质动漫企业。2021年,招引的知名动漫游戏企业包括万达宝贝王有限公司、北京追光动画电影公司、字节跳动有限公司(游戏板块)等,对本地动漫游戏企业一贯予以有力的政策扶持,推动其做大做强,白马湖生态创意城、中国数字音乐谷、杭州智慧产业创业园等产业园区均将动漫游戏作为园区主导产业。每年举办的中国国际动漫节是国际性动漫盛会,动漫游戏商务大会是其主要活动之一。2021年,动漫游戏商务大会举办专业活动16场、"一对一商务洽谈"679场,参加创投大会项目132个,吸引国内动漫游戏企业116家以及国内外电视台、新媒体若干,发行代理买家67个。文娱行业机构代表480多人参加,企业和机构达成合作的意向金额为4.8亿元。此外,动漫游戏与其产业链上下游以及相关产业互相联动,形成深度合作,创造更大的价值,包括网络文学、影视生产、现代演艺、文化旅游等。

五、杭州市文化产业发展展望

杭州市文化产业发展处于提质增效的窗口期,仍存在特色文化资源有待进一步开发、产业发展动能有待进一步提升、社会溢出效益有待进一步放大、产业政策体系有待进一步完善等问题。未来,杭州市文化产业发展应在以下几个方面积极推进。

(一)深度挖掘和开发特色文化资源

特色文化资源是发展文化产业的重要根基和宝贵财富。虽然杭州市对西湖、大运河、良渚古城遗址3大世界文化遗产,宋韵文化、钱塘江文化及其他各级各类物质、非物质文化遗产已进行了大量开发,但仍有巨大的潜力等待发掘。未来,要进一步挖掘并阐释其特色文化资源,深化对这些优质文化资源的IP塑造、开发、运营以及推广,推出更多反映杭州特色文化并具有传播度、辨识度、认可度的文化产品和服务,推广杭州文化,讲好杭州故事。2023

年 9 月,杭州市举办的第 19 届亚运会给杭州文化产业带来了重要的发展机遇。要紧抓杭州亚运会的契机,推动杭州亚运文化 IP 的创新性开发和创造性转化,做好与现有杭州特色文化 IP 之间的联动,提升杭州市的国际影响力和美誉度。

(二)打造世界级数字文化产业集群

数字文化产业是文化产业的主流发展方向,也是经济增长的新动能。当前,杭州市数字文化产业发展城市指数位居全国第 4。要立足已有的发展基础与优势条件,抓住当前数字文化产业发展的窗口期,加快打造世界级数字文化产业集群,不断壮大数字文化产业,提升杭州数字文化国际化水平,在更高层次、更高水平上发挥数字文化产业对城市发展的引领带动作用,在国际竞争中赢得一席之地。深化人工智能、AR/VR、大数据、区块链、云计算等新一代数字技术在文化产业领域的应用,推动科技企业、高校、科研机构等与文化企业加强互动合作,做大做强杭州市在数字文化产业领域的优势行业,培育和发展科技与文化融合催生的新兴业态。当前,AIGC 对文化产业发展可能带来颠覆性的变革,要紧跟数字技术发展前沿,抓住先机,赢得未来竞争主动权。

(三)放大文化产业发展的社会效益

文化产业是将社会效益放在首位,实现社会效益和经济效益相统一的产业。要重视放大文化产业发展的社会效益,在共同富裕、乡村振兴、主流价值传播、公共服务等方面发挥更为突出的作用。《杭州市文化产业发展“十四五”规划》明确提出,打造“共同富裕”城市范例,为文化产业发展赋予新使命。“文化产业作为兼具经济属性和精神文化内涵的产业,不仅要提升产业能级为国民经济提供强大支撑,更要以新时代文化新需求为导向,以高品质的文化供给与服务为满足人民美好生活需要和增强人民精神文化力量做出应有贡献。”

(四)持续完善文化产业的治理体系

文化产业的发展需要良好的治理体系。要持续完善文化产业的治理体系,为文化产业发展保驾护航。针对文化产业领域的人才、技术、重点项目等关键问题,进一步完善现有的文化产业政策,出台具体细则和实施办法,更好地发挥引导和激励作用,加大政策对产业发展的支持力度,优化文化产业领域的营商环境,推动文化产业园区(基地)发展,引育更多优质的文化企业,为其提供便捷、优质、场景化的服务。此外,要加强知识产权保护,做好文化市场综合行政执法工作,以包容审慎为原则推动文化产业新业态发展。

参考文献

[1] 杭州市统计局,国家统计局杭州调查队.2022 年杭州市国民经济和社会发展统计公报[EB/OL].(2023-03-22)[2023-06-12].http://www.hangzhou.gov.cn/art/2023/3/22/art_1229063404_4150909.html.

[2] 杭州市统计局,国家统计局杭州调查队,杭州市社会经济调查队.2022 杭州统计年鉴[M].北京:中国统计出版社,2022.

［3］中共杭州市委党史研究室（杭州市人民政府地方志办公室）.杭州年鉴 2022［M］.北京：方志出版社,2022.

［4］杭州市统计局.2021 年杭州经济运行情况［EB/OL］.（2022-01-22）［2023-06-12］.http://www.hangzhou.gov.cn/art/2022/1/22/art_1229063407_4011975.html.

［5］杭州市人民政府.2022 年杭州市政府工作报告［EB/OL］.（2022-04-15）［2023-06-12］.http://www.hangzhou.gov.cn/art/2022/4/15/art_1229063401_4031050.html.

［6］杭报集团两个项目入选 2021 年中国报业深度融合发展创新案例［EB/OL］.（2021-12-23）［2023-06-12］.https://new.qq.com/rain/a/20211223A01I6T00.

［7］杭州日报报业集团有限公司.杭州日报报业集团有限公司 2021 年年度报告［EB/OL］.（2022-04-28）［2023-06-12］.https://www.chinamoney.com.cn/dqs/cm-s-notice-query/fileDownLoad.do?mode＝open&contentId＝2365481&priority＝0.

［8］文化为共同富裕源源不断注入精神动力［N］.杭州日报,2022-05-26(A04).

［9］杭州市市场监督管理局.第十三届"创意杭州"金水滴奖广告大赛结果来啦［EB/OL］.（2022-11-25）［2023-07-10］.https://mp.weixin.qq.com/s?__biz＝MzA5NTgwMzYzOQ＝＝&mid＝2651492268&idx＝2&sn＝7ab57372a8f45f60d8124d4c55b03349&chksm＝8b47ee34bc306722f90f4aeed117a0d19c55c954b74d123ab245765e3b146f8fbe219b5833-83&scene＝27.

［10］2021 浙江电影市场的成绩单来了！杭州年产票房近 11 亿　排名浙江第一全国城市第七［EB/OL］.（2022-01-05）［2023-07-11］.https://baijiahao.baidu.com/s?id＝172110-1118227095406&wfr＝spider&for＝pc.

［11］杭州市文化和旅游发展中心.数智文旅・共富未来|2021 年度杭州文化和旅游大数据报告全文解读［EB/OL］.（2022-01-23）［2023-07-11］.https://mp.weixin.qq.com/s?__biz＝MjM5MzU4NDgwMA＝＝&mid＝2650501083&idx＝4&sn＝1b7c931c69406-81b12c4c5073e77e194&chksm＝be9b0c1489ec8502adbfafd7b6b6fbfc90efc8478641b49-708a35b83a71244cda55522fed016&scene＝27.

［12］网易云音乐.网易云音乐入选国家文化和科技融合示范基地［EB/OL］.（2021-11-04）［2023-07-11］.https://baijiahao.baidu.com/s?id＝1715478845431086239&wfr＝spider&for＝pc.

［13］中南卡通.喜报！"之江一号"AI 表演动画数字平台入选 2021 年浙江省文化产业优秀创新案例［EB/OL］.（2022-03-23）［2023-07-11］.http://www.zolandanimation.com/newsdot_290.html.

［14］郑晖.至 2025 年,基本形成高质量发展的现代文旅融合产业体系——杭州文旅深度融合锚定目标［EB/OL］.（2022-10-17）［2023-07-11］.https://baijiahao.baidu.com/s?id＝1713878923311765835&wfr＝spider&for＝pc.

2022 年宁波市文化产业发展报告

吴怡频　赵雅婷

2021 年,宁波市文化产业发展取得重要成果,其总营业收入达到 2162.94 亿元。其中,规模以上文化企业营业收入达 2092.86 亿元,比上年增长 22.2％;规模以上文化企业总数达 1045 家,比上年增加 44 家。文化产业结构持续优化,包括文化制造业、文化批发和零售业、文化服务业 3 大门类。从细分业态看,新兴文化业态发展强劲,已成为文化产业发展的新动能和新增长点。宁波市还加快了数字文化产业发展的步伐,以科技创新为引领,促进传统文化产业转型升级,推动新兴文化产业发展。多媒体、动漫游戏、数字出版、互联网广告等文化和互联网融合的生产门类,实现规模以上营业收入 304.89 亿元,比上年增长 26.3％。2021 年,宁波音王股份入选国家文化和科技融合示范基地,大丰实业获"全国文化企业 30 强提名"。同时,全市举办各类会展项目超过 300 个,其中举办展览 54 个,展览总面积达 95.2 万平方米,展览面积在 2 万平方米以上的大型展会达 18 个,举办县级以上商务会议(论坛)超过 200 个,特色节庆活动达 19 个。2021 年年末,全市共有国家级非物质文化遗产代表性项目 28 项,省、市级非物质文化遗产代表性项目 438 项。天一阁古籍修复技艺、红帮裁缝制作技艺、象山竹根雕入围第五批国家级非物质文化遗产代表性项目名录。

一、宁波市文化产业发展环境

(一)良好的区位优势

宁波市是浙江省地级市、副省级市、计划单列市,位于浙江省东部,也是国务院批复确定的中国东南沿海重要的港口城市、长江三角洲南翼经济中心。宁波市位于浙江省东部,地处中国华东地区、大陆海岸线中段、东南沿海杭州湾南岸,东有舟山群岛为天然屏障,北濒杭州湾,西接绍兴市的嵊州、新昌、上虞,南临三门湾,并与台州市的三门、天台相连。宁波市是中国大运河南端出海口、"海上丝绸之路"的东方始发港。宁波港拥有众多国内航运支线和发达的铁路、高速公路网,货物能够快速直达沿海各港口、长江沿岸城市以及江西省、安徽省、湖南省、湖北省等内陆省份的广大区域;杭州湾跨海大桥重塑了长三角南北两翼交通大平台,上海市、南京市、杭州市、宁波市共同构成长三角的菱形城市空间格局,宁波市与上海市形成 2 小时交通圈的同城效应;以宁波为中心的 2 小时交通圈内,有宁波栎社国际机场、杭州萧山国际机场、上海浦东国际机场和上海虹桥国际机场 4 大国际机场,已建成多条高速公路,还在建多条高速铁路。

（二）深厚的文化底蕴

宁波，取自"海定则波宁"，简称"甬"。早在 7000 年前，宁波市就创造了灿烂的河姆渡文化。在唐代，宁波市成为对外贸易的重要港口，也是海上丝绸之路的起点之一。在宋代，宁波市是中国最繁荣的城市之一，也是中国最早的金融中心之一。在清代，宁波市成为著名的纺织品生产基地和海外移民的起点之一。四明学派、姚江学派和浙东学派是宁波文化重要的组成部分。宁波菜以海鲜闻名海内外，一向以蒸、烤、炖见长，别具特色。地处浙东的宁波市在越文化的长期影响下，在优越的自然环境中，形成了别具一格的风俗：八月十六过中秋，舞狮、赛龙舟，冬至吃番薯汤果，等等。此外，在深厚的文化积淀中孕育了宁波传统工艺，如骨木嵌镶、金银彩绣、泥金彩漆、朱金木雕、甬式家具等。这些工艺品选材讲究，手艺精绝，风格独特。在宁波市这片土地上，涌现出了一批又一批名家大师，有：明代哲学家王守仁；清代学者黄宗羲、全祖望，文学家、画家姚燮，书法家梅调鼎；民国文人陈布雷、林汉达，作家殷夫、唐弢，书法家沙孟海，国画大师潘天寿；当代文化学者余秋雨；中国科学院前院长路甬祥，近现代教育家蒋梦麟、地质学家翁文灏、生物学家童第周、遗传学家谈家桢、断手再植之父——骨科学家陈中伟、诺贝尔生理学或医学奖获得者屠呦呦；等等。宁波市拥有国家级非物质文化遗产代表性项目 28 个，省级非物质文化遗产代表性项目 103 个，市级非物质文化遗产代表性项目 372 个，连续多年举办非遗少儿故事大赛、非遗国风文化月、阿拉非遗汇与"非遗进生活"等系列活动，积极开展非遗"薪火计划"中的青年传承人群培养工作。

（三）丰富的文旅资源

宁波市是一个历史悠久的城市，也是中国著名的文化名城之一，有着丰富的传统文化和文化遗产。宁波市内国家 A 级旅游景区共有 69 个，其中，国家 5A 级和 4A 级旅游景区数量分别为 2 个和 34 个。滕头生态旅游区、天一阁月湖景区、象山影视城、中国渔村、松兰山海滨度假区、前童古镇、宁海森林温泉景区、老外滩、梁祝文化公园、宁波海洋世界等景区展示了宁波市悠久的历史文化，吸引了大量的游客。2021 年，在国际多极新格局和风险挑战增加的复杂局面下，宁波市有效应对严峻挑战，实现了旅游业的稳步增长和有序恢复。根据浙江省旅游统计系统数据，2021 年宁波全市累计接待游客 5155.94 万人次（不含同地多景区旅游人次），比上年增长 8.04%，恢复到新冠疫情前 96.59% 的水平；实现旅游收入 838.82 亿元，比上年增长 5.5%，恢复到新冠疫情前 90.52% 的水平。总的来看，2021 年宁波市旅游经济恢复并持续发展，主要经济指标较好完成预期目标，为"十四五"全市文化和旅游产业高质量发展奠定了坚实基础。

（四）丰富的教育资源

改革开放以来，随着经济社会的迅速发展和城市地位的持续提升，宁波市教育事业在不断创新中实现跨越式发展。宁波市已初步形成"人有所教""学有优教""教有所为"的教育发展格局，为促进地方经济发展和人的全面发展做出积极贡献。根据宁波市教育局公布的《宁波市 2021—2022 学年度高等教育基本情况》，全市共有高校 16 所，其中国家"双一流"建设高校 1 所,国家"双高计划"建设院校 1 所,浙江省首批应用型本科建设试点示范建设高校 4 所,浙江省高水平职业院校和专业(群)建设校 6 所。宁波市有国家级一流本科专业建设点 39 个和省级一流本科专业建设点 53 个。全日制普通高校在校生有 18.4 万余人(不含武警海警学院),其中全日制研究生 1 万人左右,本科生 10.3 万人左右,高职高专生 7.1 万人左右;此外有成人高等教育在校生 5.5 万人左右。全市高校共有专任教师 9842 人(不含武警海警学院),其中全职院士 10 人、高级职称 4238 人、博士 3637 人。

二、宁波市文化产业发展现状

(一)产业总体发展现状

"十三五"期间,宁波市文化产业增长较快,2021 年是"十四五"开局之年,全市文化产业增加值为 1252.6 亿元,占全市地区生产总值的比重为 8.6%,实现持续较快增长,如图 1 所示。2021 年,宁波市文化产业单位共有 1147 个,占浙江省的 20.05%;从业人员共计 123549 人,占浙江省的 19.55%;资产总额达 1874.78 亿元,占浙江省的 10.06%;营业收入为 2162.94 亿元,占浙江省的 15.83%;利润总额达到 113.74 亿元,占浙江省的 8.77%。宁波市文化产业各项数据仅次于省会杭州市,发展势头较好,具体如表 1 所示。

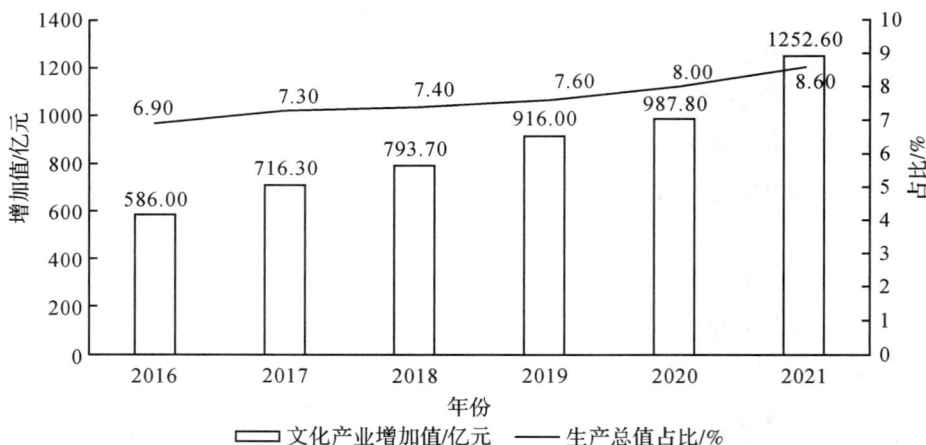

图 1 2016—2021 年宁波市文化产业增加值及在地区生产总值中的占比

数据来源:宁波市统计局。

表 1 2021 年宁波市文化产业主要经济指标

地区	单位数/个	从业人员/人	资产总额/亿元	营业收入/亿元	利润总额/亿元
浙江省	5720	631884	18642.34	13662.8	1297.11
宁波市	1147	123549	1874.78	2162.94	113.74

数据来源:《"十八大"以来金华市文化产业发展状况分析》附表。

(二)产业分类发展现状

1.文旅产业规模持续提升

在旅游层面,2021年宁波市累计接待游客5155.94万人次,比上年增长8.04%,恢复到新冠疫情前96.59%的水平,其中接待国内游客5151.1万人次;实现旅游收入838.82亿元,比上年增长5.5%,恢复到新冠疫情前90.52%的水平。2021年年末,全市共有星级酒店80家,其中五星级酒店21家;共有4A级以上景区36个,其中5A级景区2个;共有省级以上旅游度假区7个,其中国家级旅游度假区1个。

在文化产业高质量发展过程中,产业主体不断壮大。宁波日报报业集团、宁波广电集团等国有文化集团通过深化改革和融合发展,加速向综合性新型文化传媒集团转变。得力集团有限公司、音王电声股份有限公司、浙江大丰实业股份有限公司、海伦钢琴(宁波)有限公司、贝发集团股份有限公司等一批重点民营文化企业的实力和影响力不断上升。全市拥有国家级文化出口重点企业11家。浙江大丰实业股份有限公司(以下简称"大丰实业")更是多年提名"全国文化企业30强",是宁波市唯一从事文化装备生产的企业。大丰实业连续25年创制央视春晚舞台系统,并参与G20峰会、北京冬奥会等国际舞台项目。大丰实业是国内领先的文体旅产业整体集成方案解决商,也是集文体旅创新科技和赋能服务于一体的平台企业。2021年,宁波市还印发了《宁波市文化产业发展"十四五"规划》,提出将宁波市建设为全球文化智造中心、全国一流影视产业基地、国家文化出口基地、全国文化与金融合作示范区、全国数字文化产业新兴聚集区和长三角文旅融合先行区,打造与社会主义现代化先行市相适应的新时代文化产业高地。

2.市场主体培育成效显著

截至2021年底,宁波市文化与旅游企业数量维持在3万家左右,与新冠疫情前基本持平。宁波市规模以上文创企业数量达到1045家,其中省级以上文化出口重点企业26家,国家级制造业单项冠军示范企业3家,省级隐形冠军企业(含培育)6家。2021年,宁波市规模以上文创企业营业收入达到2092.9亿元,比上年增长22.1%。此外,宁波市有10家重点文化企业入选2021年浙江省新一轮省重点文化企业(含数字文化示范企业)名单,如表2所示。值得一提的是,与2021年文化产业相关的得力集团有限公司、广博控股集团有限公司以及宁波滕头集团有限公司,分别以4028383万元、1715619万元和1156790万元的营业收入入选2022宁波市综合企业百强榜。2022年9月20号,《2022浙江省综合百强企业》和《2022浙江省制造业百强企业》榜单发布,宁波市企业分别上榜18家和26家。

表2　2021年浙江省新一轮省重点文化企业(含数字文化示范企业)名单(宁波部分)

序号	企业名称	所属类别
1	海伦钢琴股份有限公司	重点文化企业
2	音王电声股份有限公司	重点文化企业
3	宁波创源文化发展股份有限公司	重点文化企业

续　表

序号	企业名称	所属类别
4	宁波卡酷动画制作有限公司	重点文化企业
5	宁波酷乐潮玩文化创意有限公司	重点文化企业
6	得力集团有限公司	数字文化示范企业
7	浙江大丰实业股份有限公司	数字文化示范企业
8	贝发集团股份有限公司	数字文化示范企业
9	宁波甬派传媒股份有限公司	数字文化示范企业
10	浙江字节跳动科技有限公司	数字文化示范企业

数据来源：浙江省委宣传部，https://www.163.com/dy/article/GIU6GUNM0550DIMU.html。

3. 文化出口规模保持增长

2021 年宁波市文化产品出口额达到 242.4 亿元，2019—2021 年年均增长率为 9.0%；2021 年宁波市文化服务出口额达到 25.5 亿元，2019—2021 年年均增长率为 18.4%，如图 2 所示。

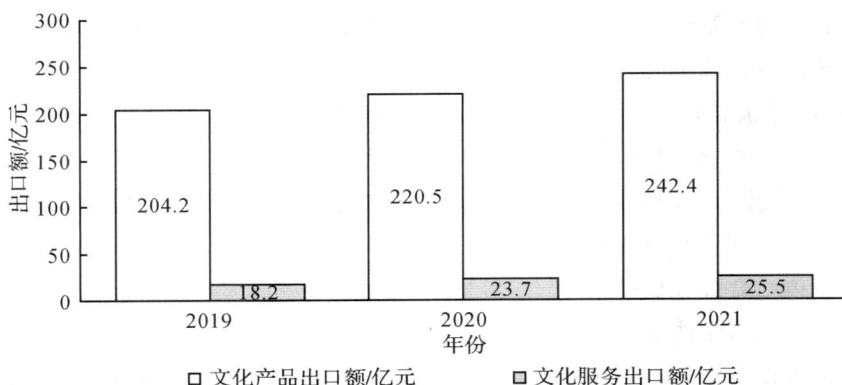

图 2　2019—2021 年宁波市文化产业与文化服务出口额

数据来源：《中国文化金融发展报告（2022）》，社会科学文献出版社 2022 年版。

三、宁波市文化产业发展政策

根据宁波市"十四五"总体规划要求，宁波市发展和改革委员会、中共宁波市委宣传部、宁波市文化广电旅游局等部门协同攻关，先后出台了《宁波市文化产业发展"十四五"规划》和《宁波市文化和旅游发展"十四五"规划》2 大专项规划，对"十四五"时期的文化产业发展提出了更高的要求。

（一）《宁波市文化产业发展"十四五"规划》

"十三五"期间，宁波市文化产业持续较快增长，已发展成为地区经济支柱性产业。宁波市力争至 2025 年，建设成为"一心两地三区"，即全球文化智造中心、全国一流影视产业基地、国家文化出口基地、全国文化与金融合作示范区、全国数字文化产业新兴集聚区和长三角文旅融合先行区，打造与社会主义现代化先行市相适应的新时代文化产业高地。

（二）《宁波市文化和旅游发展"十四五"规划》

《宁波市文化和旅游发展"十四五"规划》中明确，宁波市将按照"山海统筹、城乡兼顾、重点引领、区域协调"的布局理念，构筑以"一带三区"为主的总体空间布局，重点布局大运河（宁波段）国家文化公园、宁波史前遗址保护利用示范区等 6 大板块，串珠成线，连片成面。到 2025 年，宁波市初步建成独具魅力的文化强市，文化事业更加繁荣，文化产业和旅游业的整体实力和竞争力显著提升，成为辐射宁波都市圈、服务长三角、面向全国的新时代文化高地和现代化滨海旅游名城。

（三）规划协同分析

通过对 2 大专项规划的比较分析可以发现，发展文化金融的核心目标是完全一致的，即文化金融的各项工作应始终围绕推进国家文化与金融合作示范区创建的目标，共同推动文化事业、文化产业和旅游产业的高质量发展。从文化金融产业链构建层面看，要不断优化财政、金融的投入结构，支持各类文化金融供给侧结构性改革；从文旅生态优化层面看，则要确保各类文化金融资源的共建共享、文化金融业态的共生共荣、文化金融产出的共创共赢。因此，2 大专项规划内容虽然有所重叠，但着眼点和施政点均有所侧重，具有较强的政策引导性和可操作性，很好地体现了宁波市文化金融发展顶层设计中的统一性、协同性和整全性。宁波市 2 大专项规划"文化与金融合作"工作协同情况如图 3 所示。

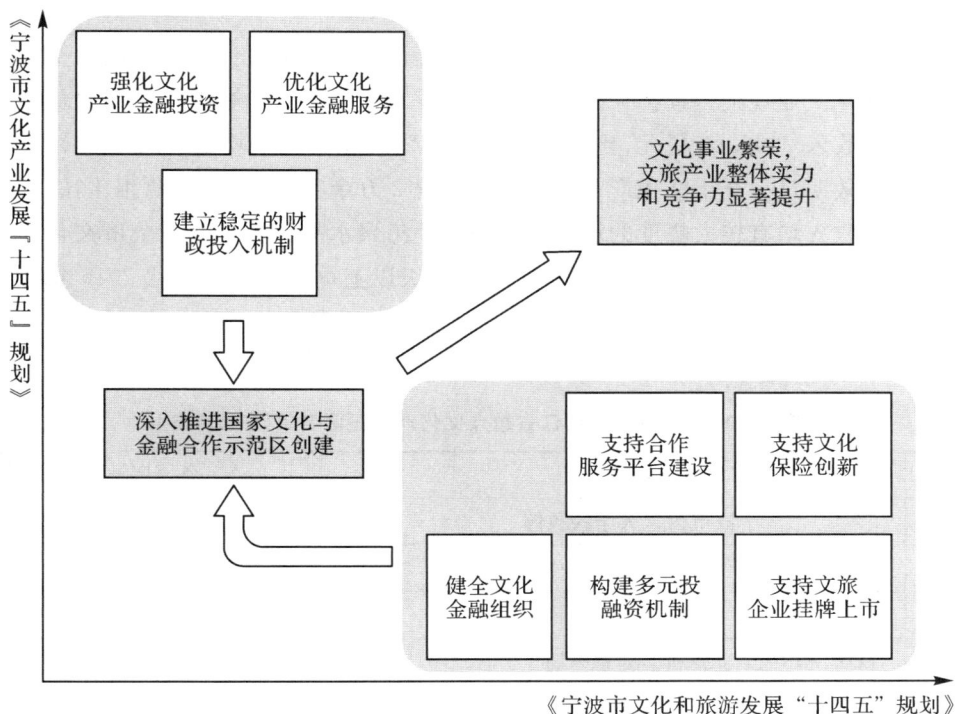

图 3　宁波市 2 大专项规划"文化与金融合作"工作协同情况

数据来源：《中国文化金融发展报告（2022）》，社会科学文献出版社 2022 年版。

四、宁波市文化产业发展经验

(一)持续提升文旅公共服务质量

一是创排红色文艺精品。以"百年礼赞·一心向党"为主题组织 10 大系列庆祝活动,线上观众看人次千万人次;话剧《张人亚》和姚剧《童小姐的战场》入选浙江省文化和旅游厅庆祝建党 100 周年百场舞台艺术作品展演名单;《信仰的力量》入围第十二届中国舞蹈荷花奖终评。二是举办文艺展演赛事。"一人一艺"全民艺术普及促进群众精神富裕案例被评为首批浙江省文化和旅游促进共同富裕最佳实践案例,"一人一艺"全民艺术普及工程入选首批浙江省公共文化服务现代化领航项目;宁波市交响乐团品牌初显,赴北京市、杭州市、深圳市等副省级以上城市巡演,展现宁波文化魅力。三是夯实公共服务基础。全市 150 个文化站参加第七次乡镇(街道)综合文化站比例定级,省评一级以上文化站比例超过 86.6%;鄞州区入选首批浙江省公共文化服务现代化先行县;慈溪市长河镇、宁海县、奉化区等被评为省级民间文化艺术之乡,宁海县还被评为中国民间艺术之乡;43 个家庭被评为浙江省级文化示范户,88 人入选省级文化能人,数量均居全省第 1。四是提升公共服务效能。宁波图书馆入围 2021 年度国际图书馆协会联合会公共图书馆奖。全市 11 家公共图书馆获评浙江省"满意图书馆",达标率居全省第 1。

(二)不断提升文化产业发展水平

近年来,全市文化产业发展呈现出良好态势,已成为宁波市国民经济发展的支柱性产业之一。一是文化产业规模持续扩大。根据初步核算,2021 年全市规模以上文化及相关产业企业实现营业收入 2092.86 亿元,比上年增长 22.15%,比国家平均水平高 6.15%。二是市场主体培育成效明显。全市文化产业共有法人单位 2 万余家,与上年同期相比,2021 年前 3 季度企业营业收入均有较大幅度的增长。三是产业集聚水平稳步提升。全市文化产业园区从 2015 年的 31 个增加到 2021 年的 79 个,其中市级以上重点产业园区从 2015 年的 5 个增加到 2021 年的 69 个。2021 年,宁波市 8 个重点文化产业园区入选新一轮浙江省重点文化产业园区,如表 3 所示。

表 3 2019—2020 年浙江省重点文化产业园区名单(宁波部分)

序号	园区名称	所属区域
1	宁波市国家大学科技园	镇海区
2	宁波国家广告产业园	鄞州区
3	集盒文创产业园	鄞州区
4	宁波和丰创意广场	鄞州区
5	明月湖文化创意产业园	慈溪市
6	宁波市影视文化产业区	象山县

序号	园区名称	所属区域
7	宁波民和文化产业园	高新区
8	甬港现代创意园	高新区

数据来源:浙江省委宣传部,https://www.163.com/dy/article/GIU6GUNM0550DIMU.html。

(三)不断推进文化与金融合作发展

自从 2019 年在国内率先启动创建国家文化与金融合作示范区工作以来,宁波市文化广电旅游局大力推动文化与金融合作,推进专营机构创设、信贷产品升级,促进文化直接融资,增强文旅企业抗风险能力。2021 年年底,宁波市顺利通过国家文化与金融合作示范区创建中期检查,打造了一批颇具宁波辨识度的改革示范样板。截至 2021 年年底,全市文旅产业贷款余额连续 2 年超过 1000 亿元,规模以上文旅企业实现营业收入近 2100 亿元,比上年增长 22%;文旅企业数量维持在 3 万家左右,与新冠疫情前的数量基本持平,其中在各类资本市场挂牌的文旅企业超过 300 家。2022 年 11 月,《宁波市文化金融白皮书》正式发布。该白皮书围绕宁波市"十四五"时期的发展目标,从发挥金融的"造血、活血、补血"3 大功能和"培育、提振、专业"3 大作用出发,提出了 18 条具体建议,助推宁波市创建国家文化与金融合作示范区。

(四)创新文旅产业融合发展

2021 年,在常态化疫情防控之下,文旅产业表现出敏感性与脆弱性,但沉浸式体验文旅项目却仍维持着一定的热度。2021 年国庆期间,大型实景 360 度全沉浸互动演出、宁波首个"感官沉浸+入戏沉浸"的超沉浸文化体验剧目《入戏·老外滩》引起了热烈反响;大型红色文化高科技主题公园——宁波方特东方欲晓通过运用 AR、VR、高清巨幕、球幕等多种技术形式,将经久不衰的红色经典和英雄事迹打造为《致远致远》《巾帼》《东方欲晓》《铁道游击》《岁月如歌》等一系列沉浸式互动体验项目,让游客以参与、互动的方式,全方位感受和体验红色文化。不难发现,新奇、参与感强、互动性高的沉浸式体验,正在成为备受瞩目的文旅新业态之一,在丰富游客体验的同时,也让文旅产业再次迎来了新的风口。因此,宁波市持续深化"文旅+沉浸式"融合发展,探索推进文旅融合 IP 工程,打造具有丰富文化内涵的文旅融合品牌。

(五)科技文化融合成果丰富

近年来,宁波国家高新技术产业开发区以"科技的文化化"和"文化的科技化"为主线,积极培育文化科技新业态,取得显著成效。宁波市文化广电旅游局以天一阁月湖景区为试点,利用现代信息技术打造"数字孪生"应用场景。2021 年天一阁月湖景区成功入选浙江省大数据发展管理局和浙江省文化和旅游厅联合公布的"数字孪生"应用试点,建成后将成为科技与文化融合的新一代数字景区典型样板;"宁波市文旅数据仓协同建设"项目成功入选浙江省文化和旅游厅数字化改革试点名单;"文化云宁波站"通过前期大量信息数据整合,为全省公共文化服务提供"宁波经验";"社保一卡通"率先在长三角文旅场景使用,并与"浙里好玩"实现对接。此外,"文旅信用通"被列入省厅试点项目,"艺培通"场景上架"浙里办","亲子游"场景初步完成驾驶舱建设,"甬游 144"场景成功参加市数字文化系统应用路演。

五、宁波市文化产业发展展望

当前,宁波文化产业发展仍存在一些问题,包括文化产业园区成立时间短,招商引资、产业链、配套服务等各方面的汇聚和连接有待加强;文化和旅游人才总量较小,结构不够均衡合理,发展环境尚待优化;文化和旅游供给侧结构水平有待优化,文旅产业核心地位不够突出;等等。展望未来,宁波市文化产业将推动以下几方面的发展。

(一)提升文化产业园区质量

宁波市文化产业园区已经进入快速发展的时期,但除了少数头部园区达到要求,大部分园区还未能满足时代和社会的发展需求。在这个阶段,宁波市文化产业园区要想呈现出最好的效果,还需从内外部入手。首先,管理上需由粗放式向精细化转变,将中小微企业纳入关注范畴,深入分析文化产业的各个细分领域,实现数字化管理。其次,经济上需由补贴式向市场化转变。文化产业园区的健康持续发展不能仅靠政府补贴,而要实现自身持续盈利。文化产业园区运营者要有服务意识,提高管理专业水平,改善经营模式,要从推动宁波市总体发展的战略高度思考问题,推动文化产业健康发展。文化产业园区和企业要发挥自身能动性,寻找市场,寻找机遇,寻找新的增长点。

(二)增加文化金融创新投入

健全小微企业财务制度,明确盈利模式,深入分析企业的经营管理和财务状况,合理判断风险收益;加快完善宁波市文化旅游"创意—生产—销售—衍生品开发"的完整产业链,为金融创新手段的应用打下坚实基础;转变以银行为主导的间接融资,更多采用具有较长期限的风险投资;不断增加文化领域的专业中介机构数量,推动文化金融中介机构的数字化发展。

(三)打造文化人才汇聚地

任何时期、任何行业的发展都离不开人才,但不同城市、不同行业对人才的需求是不同的。比如,通过人口流向可以发现,杭州市吸引的是与数字经济相关的高科技产业人才,而2021 年宁波市常住人口数量增幅最高的 2 个区——北仑区和鄞州区,则分别侧重制造业人才和教育人才。宁波市仍存在文化产业人才总量较小的问题,因此要打造文化人才汇聚地,加强高端和紧缺人才引进,推进"文化艺术新秀"人才工程,实施"青年文旅优才"培养计划等。同时,要做好宁波市"甬江引才工程"文化体育领域创业创新人才(团队)引进和服务保障工作;加强基础文化人才培育,全面提高基层公共文化队伍水平;优化人才发展环境,制定宣传文化队伍建设中长期规划,完善文化人才的评定标准及办法,创新文化产业人才引进政策。

(四)加强科技智造优势

宁波市位于具有不断优化的创新环境的浙江省,这为其发展文化产业提供了一定的地域优势。浙江省凭借高新技术的研发和转化以及浓厚的创新氛围,在文化产业领域创新方面走在了全国前列;良好的创新环境是文化产业健康快速发展的土壤;发达的制造业创造了大量就业机会,也是人口增长的关键。这些都是宁波市发展文化产业的独特优势。宁波市在科创人才、科创活力和科创绩效方面显著提升,未来的发展方向就是打造全球文化智造中心,做大做强重点制造行业,并逐步向高端化、智能化和品牌化发展。文化产业的发展不仅能在功能上全面契合城市发展的需要,还能有效地吸引人才、留住人才。

参考文献

[1] 宁波市互联网发展联合会.三个维度看宁波数字文化长夜发展新政[EB/OL].(2022-06-06)[2023-09-04].https://baijiahao.baidu.com/s? id=17348710820763389742&wfr=spider&for=pc.

[2] 宁波市文化广电旅游局.2021年宁波市旅游接待数据新鲜出炉啦[EB/OL].(2022-01-29)[2023-07-12].https://mp.weixin.qq.com/s? src=11&timestamp=1693653109&ver=4750&signature=BNoNjyYDL1L7rzlHOto8aCZqyLlI7lBDyPOIB63p8ROmnZ-*vBYRt1HFUkwiDgl4eYTwaVVbJcdc9ZkmRDbAa4uImdOTil*IEytcgymX3p1aBKNI-LrcSThDdW3VPWden&new=1.

[3] 宁波市教育局.宁波市2021—2022学年度高等教育基本情况[EB/OL].(2022-08-18)[2023-07-13].http://jyj.ningbo.gov.cn/art/2022/8/18/art_1229167044_4023524.html.

[4] 文化宁波,感恩有你——2021宁波文化产业重要事件大盘点[EB/OL].(2021-12-30)[2023-07-13].https://www.sohu.com/a/513257461_121123723.

[5] 2022年宁波文化产业重要事件大盘点[EB/OL].(2023-01-18)[2023-07-13].https://www.sohu.com/a/631883007_121123723.

[6] "十八大"以来金华市文化产业发展状况分析[EB/OL].(2022-10-10)[2023-07-13].http://tjj.jinhua.gov.cn/art/2022/10/10/art_1229317892_4022142.html.

[7] 张灵.2022浙江省百强企业榜单发布[EB/OL].(2022-09-20)[2023-07-13].http://app.xinhuanet.com/news/article.html? articleled=c2575ecc18dbd69f628b0ee51d42fee9.

[8] 宁波市人民政府.2022年宁波市国民经济和社会发展统计公报[EB/OL].(2023-02-28)[2023-07-13].http://tjj.ningbo.gov.cn/art/2023/2/28/art_1229042825_58918051.html.

2022 年温州市文化产业发展报告

宋 雪

2021 年,面对错综复杂的外部环境、交织叠加的风险挑战,温州市坚持以习近平新时代中国特色社会主义思想为指导,坚决贯彻习近平总书记寄予温州的"续写创新史"的殷殷嘱托和对温州工作的重要指示批示精神,不断厚植城市文化底蕴,不断提升城市人文精神,不断塑造城市特质品格,进一步激发新时代温州发展的不竭动力和澎湃活力,使文化温州成为忠实践行"八八战略"、奋力打造"重要窗口"的标志性成果,努力在中国式现代化进程中续写温州创新史。

一、温州市文化产业发展环境

(一)区位环境:长三角南大门

温州市简称"瓯",是长江三角洲中心区城市,是国务院批复确定的东南沿海地区重要的商贸城市和区域中心城市,是中国民营经济发展的先发地区与改革开放的前沿阵地。温州市地处浙江省东南部,东濒东海,南毗福建省,西及西北部与丽水市相连,北和东北部与台州市接壤。截至 2021 年年底,全市有 4 个市辖区、5 个县,代管 3 个县级市,陆地面积为 12103 平方千米,海域面积为 8649 平方千米,常住人口为 964.5 万人。温州市明确长三角南大门区域中心城市的定位,获批全国性综合交通枢纽城市。"戏曲故里""百工之乡""歌舞之都""书画名城""中国数学家之乡""中国山水诗发源地""中国最具幸福感城市"等城市"金名片"熠熠生辉,温州市在国家区域发展格局中的地位显著提升。

(二)产业环境:全省第三极

据《2021 年温州市国民经济和社会发展统计公报》,2021 年全市实现地区生产总值 7585 亿元,比上年增长 7.7%;人均地区生产总值为 78879 元,比上年增长 7.2%,为全省水平的69.3%。从产业结构看,第一、二、三产业增加值分别为 164.3 亿元、3191.3 亿元和 4229.4 亿元,分别比上年增长 3.7%、9.2% 和 6.8%,三次产业增加值之比为 2.2:42.1:55.8。

2021 年,温州市把做大做强"全省第三极"作为战略定位,聚焦"55"产业链,通过城市更新、腾笼换鸟、规划引领,打造特色产业园区,重塑 5 大特色优势制造业,培育 5 大战略性新兴产业,推动现代产业体系建设"加速跑"。具体而言,战略产业培育进步明显,高新技术产业增加值占规模以上工业的比重达到 64.7%,全省排名上升 2 位;服务业主引擎地位不断提升,服务业发展综合评价连续 2 年获全省第 2,温州商贸服务型国家物流枢纽成功入选"十四

"五"首批国家物流枢纽建设名单;实施科技强农、机械强农行动,农林牧渔业增加值增速居全省第1,获评"粮食安全责任制考核优秀市"。

(三)文化环境:新时代文化温州

温州市拥有5000年文明史、2200多年建城史,孕育了多元开放、富有特色的瓯越文化,支撑和引领全市人民搏击改革开放的时代浪潮,锻造了"敢为人先,特别能创业创新"的温州人精神,创造了举世瞩目的"温州模式"。创业、创新、创富已深深融入温州市砥砺奋进的发展史,成为温州市极具辨识度的文化特征。2021年,温州市锚定"打造在全国具有较强影响力的文化高地"这一战略目标,以政策为引领,持续深化文化领域的"放管服"改革与技术赋能下的数字化治理,推进文化市场环境持续优化,先后获评"东亚文化之都""国家公共文化服务体系示范区"以及全国首个"全民阅读示范城"等称号。

制度环境进一步优化,出台《温州市宣传文化领域数字化改革实施方案》《温州市文化广电旅游局文化和旅游数字化改革工作方案》等政策文件,为推进文化温州建设谋篇布局。文旅营商环境进一步优化,在文成县开展文化和旅游行业信用体系建设试点,构建文化旅游企业和从业人员事前信用承诺、事中信用分类监管、事后信用联合奖惩的闭环监管模式;出台《温州市旅游领域遏制重大生产安全事故整治攻坚实施方案》,为全市旅游新业态构建了一道全过程、全方位的安全保护屏障。

二、温州市文化产业发展现状

(一)产业总体发展现状

1.文化产业规模持续扩大

2021年,温州市文化及相关产业增加值为397.45亿元,比上年增长1.92%,占全市生产总值的5.24%;文化产业总产出约为1100亿元,正式迈入千亿级产业大关,初步形成门类齐全、形式多样、体制多元的发展格局。全市641家规模以上文化及相关产业企业实现营业收入422.31亿元,居全省第6;资产总计438.65亿元,居全省第6;利润总额达11.22亿元,居全省第7。

2.文艺精品创作成果丰硕

2021年,温州市开展"文艺高峰"铸造行动,统筹规划未来3—5年的重大题材创作,谋划"三地一窗口"主题文艺创作。移植创排越剧《杀狗记》《荆钗记》、瓯剧《张协状元》、昆剧《红拂记》等传统剧目,复排瓯剧《高机与吴三春》《双金印》,启动温州市首部戏曲电影《荆钗记》拍摄工作。推进省地合作、市县协同创演,合作推出话剧《刘伯温·霜台忠魂》《俯仰两青空——我的五星红旗》、音乐剧《一抹红》、越剧实验剧《光明歌行》等一批紧贴时代脉搏的艺术作品,使其走上全省竞技舞台,得到专家的高度评价。

3.公共文化全国示范引领

温州市城市公共文化空间建设工作经验在全国示范推广,成功创建"国家公共文化服务体系示范区"。温州市成为全国唯一获评"全民阅读示范城"的城市,连续 2 年被评为"中国最具幸福感城市"。推进城乡公共文化设施提档升级,建成城市书房 10 家、文化驿站 31 家。12 家文化馆获评"国家一级文化馆";12 家公共图书馆全部获评"满意图书馆",满意度均达 100％;8 个文化空间获评长三角及全国部分城市"最美公共文化空间"。围绕庆祝建党百年的主题,高水平承办文化和旅游部红色旅游宣讲和展示活动 2 场,推出红色主题旅游线路 13 条和党史胜迹推荐打卡点 100 个。加强永嘉昆曲调研保护,开展首届"戏曲寻根—南戏文化季"活动,持续打响"戏曲故里"文化品牌。《温州通史》正式首发面世,成为温州市有史以来第一部官方编修通史。

4.文化遗产保护利用亮点纷呈

推进瓯江山水诗路文化带建设,实施"文化基因解码"工程,推进 265 个文化基因成果转化利用。积极指导筹建博物馆联盟,启动池上楼展陈提升工作,着力打造"中国民办博物馆之城"。"实施文化赋能提升工程,激发历史街区经济活力"与"创新实施文物安全三色图作战,破解基层文物监管保护难题"被列入浙江省文旅系统改革基层典型案例。深入推进"非遗在社区"国家试点,超额建成"非遗在社区"示范点 50 个,完成率达 166.67％;率先开展"非遗百家坊"建设,着力打造"非遗在社区"国家试点的温州样板。加强非遗保护传承,市级非遗保护发展指数连续 4 年位列全省第 1。

(二)产业分类发展现状

1.新闻信息服务

(1)报纸信息服务

2021 年,温州市报纸期发份数从 2017 年的 13 万份增加到 37 万份,年均增速为 29.9％;订销报纸累计份数为 8723 万份,比上年减少 542 万份;杂志期发份数从 2017 年的 8 万份增加到 49 万份,年均增速为 57.3％;订销杂志累计份数为 331 万份,比上年增加 66 万份;报刊流转额从 2017 年的 4312 万元增长到 14008 万元,年均增速达到 34.3％,如表 1 所示。

表 1　2017—2021 年温州市报纸和杂志出版情况

年份	报纸期发份数/万份	订销报纸累计份数/万份	杂志期发份数/万份	订销杂志累计份数/万份	报刊流转额/万元
2017	13	13941	8	523	4312
2018	37	9367	27	360	12431
2019	36	9595	17	319	12916
2020	35	9265	18	265	12561
2021	37	8723	49	331	14008

数据来源:《温州统计年鉴 2022》。

2021 年,温州日报报业集团(以下简称"温报集团")总收入为 3.41 亿元(不含税),比上年增长 8％,其中版外经济收入为 1.05 亿元,比上年增长 19％,集团综合实力和经营规模居全国地市报业集团前列。在媒体融合方面,温报集团联动温州智媒信息港建设,深化"三环"汇智,建设"中央厨房"3.0,构建党报、都市、财经 3 大融媒体矩阵,推出"温州新闻"等"50W＋"新媒体平台 22 个,集聚有效读者用户 2550 多万人,年阅读量超过 25 亿次。在数字化改革方面,温报集团运用 H5、AI、VR、AR 等新媒体技术,推出直播 690 多场,制作短视频等新媒体产品 8800 多件;《温州日报》《温州晚报》《温州都市报》《温州商报》的抖音粉丝有710 多万人,点赞数超过 3.34 亿次。

(2)广播电影电视服务

2021 年,温州市广播人口综合覆盖率为 98.8％,电视人口综合覆盖率为 99.2％,均比上年增加 0.1 个百分点,如表 2 所示。其中,温州广播电影电视集团组织开展重大主题宣传活动,紧扣中心、服务大局,获中央、省级主流媒体刊(播)的正面宣传温州市的新闻报道 16000多篇(条),连续 3 年获"全省重大主题报道组织奖";被国家广电总局《中国广播电视信息》期刊专门撰文推介,获评"浙江新闻奖重大主题策划创新奖",在 TV 地标"中国电视和网络试听综合实力大型调研"中被评为"全国综合实力城市台"。加强舆论监督,深化《媒体问政》《新政聚焦》《温广新闻调查》《有话直说》等舆论监督品牌栏目建设;《温州市构建"4＋1＋N"舆论监督体系助推中心工作》被省委办公厅列为"充分发挥舆论监督在推动省委重大任务落实、遏制重大事故方面的作用"推广的唯一地级市案例;持续推进"三为"专题实践活动,为群众办实事 725 件,惠及群众 37008 人。持续推进媒体融合发展,迭代升级温州广电融媒体中心,建设"客户端、融媒号、温州广电 MCN 机构"3 大融媒体平台,优化提升"1＋3＋X"传播矩阵,与 16 个国家级权威头部媒体平台深度合作,实现一键到底、全网覆盖;全方位探索 5G应用新场景,已有取得国家知识产权局软件著作权的项目 14 个,《红动中国—5G 全景三位一体党建平台》《"全景温州"5G 沉浸式文旅体验》2 个项目获工信部全国 5G 应用大赛一等奖。

表 2 2021 年温州市广播电视事业发展情况

年份	广播人口综合覆盖率/％	电视人口综合覆盖率/％
2017	98.7	99.0
2018	98.8	99.1
2019	98.7	99.1
2020	98.7	99.1
2021	98.8	99.2

数据来源:《温州统计年鉴 2022》。

(3)互联网信息服务

2021 年,温州市规模以上互联网和相关服务企业数量为 10 家,资产总额达 66656 万元,比上年增长 23.3％;实现营业收入 35077 万元,比上年下降 65.1％;利润总额为－4507 万元,比上年下降 59.8％。如表 3 所示。

表3　2021年温州市规模以上互联网和相关服务企业情况

企业数/家	资产总额/万元	营业收入/万元	利润总额/万元
10	66656	35077	−4507

数据来源:《温州统计年鉴2022》。

2.内容创作生产

(1)内容保存服务

温州市通过多种途径推动文化设施建设提档升级,全面形成"布局均衡、种类齐全、设施成网、互联互通"的公共文化设施网络,获评"国家公共文化服务体系示范区"。2021年,全市共有文化站185家、文化馆13家、博物馆57家、公共图书馆12家、城市书房112家、百姓书屋80家和文化驿站241家,如表4所示。其中,第三方机构开展的温州市公共文化服务公众满意度评价与需求调查结果显示,公众对"城市书房""文化礼堂""文化驿站"等特色文化项目满意度为98.19分,文化活动满意度达到94分。

表4　2018—2021年温州市文化事业主要发展指标

指标	2018	2019	2020	2021
文化馆/家	12	12	13	13
文化站/家	185	185	184	185
图书馆/家	13	13	12	12
图书馆藏书量/千册	12444	13774	14281	15008
博物馆/家	47	53	54	57
博物馆藏量/件	98063	119943	119953	122793
文物保护管理机构/个	12	12	12	9
文物馆藏量/件	2299	2329	2383	2383

数据来源:《温州统计年鉴2022》。

在公共图书馆领域,2021年,全市公共图书馆藏书量由2018年的12444千册增加到15008千册,年均增速为6.4%;人均占有藏书1.55册,平均每册藏书流通率为0.76次,人均到馆1.72次;全年举办线上、线下活动5047场,参与人次达139.9万人次;温州学、永嘉学派研究得到深化,永嘉学派馆、中国寓言文学馆开馆。

在博物馆领域,以打造温州市新时代文化高地为目标,实施多举措让文物"活起来",推动文物工作更好地融入温州市经济社会发展。2021年,博物馆由2018年的47家增加到57家,年均增速为6.6%;博物馆藏量由2018年的98063件增加到122793件,年均增速为7.8%;全市举办展览7场,输出展览8场,举办社会教育活动195场,开展文物点阅46场,接待各类团队726场,线下参观人次达94.6万人次,网上数字展览参观人次达18.6万人次;完成数字展览进乡村文化礼堂、非遗传承点、党群社区活动100场。

在文物保护利用领域,2021 年,全市共有文化保护管理机构 9 个,比 2018 年减少 3 个;文物馆藏量略有增加,由 2018 年的 2299 件增加到 2021 年的 2383 件,年均增速为 1.2%。强化文物安全三色智慧监管在全市的推广,持续推进文物安全大排查、大整治、大提升工作并取得扎实成效;《泰顺廊桥保护管理条例》于 2021 年 8 月 1 日正式实施,成为温州市取得地方立法权后通过的首部历史文化领域的法规。

在非遗保护传承领域,温州市有丰富的文化遗产,其中包括入选联合国教科文组织非遗名录的项目 4 项(永嘉昆剧、乐清细纹刻纸、瑞安东源木活字印刷术、泰顺编梁木拱桥营造技艺)、国家级非遗代表性项目 35 项、省级非遗代表性项目 145 项以及市级非遗代表性项目 779 项(保护单位 966 个);现有国家级代表性传承人 37 人、省级代表性传承人 206 人和市级代表性传承人 930 人,以及代表性传承团体 14 个、代表性传承群体 20 个。

(2)广播影视节目制作

2021 年,电视连续剧《温州三家人》在央视播出 5 轮,形成"温州家人"系列电视剧现象,在中国电视剧历史上具有里程碑意义,被评为"2021 年浙江省宣传思想文化工作创新项目";纪录片《新海霞》获"第二十七届中国纪录片短片十佳作品奖";46 件作品获"浙江新闻奖"和"广电政府奖",其中一等奖 12 件;聚焦百年党史,提高党史题材电视创作展播的组织化程度,纪录片《复兴路上·中国温州篇》在全国 39 个城市台联动播出。

(3)数字内容服务

2021 年上半年,温州市数字生活新服务指数为 134.9,居杭州市、湖州市、金华市之后,列全省第 4,处于第二梯队,如表 5 所示。其中,温州市数字金融、数字生活就业、数字出行、数字文旅等多项二级指数均已跻身全省前 3。从增速来看,温州市以 48.9% 的增速位列全省第 5,与增速位列全省第 4 的杭州市相差 5 个百分点,高于全省平均增速 2.5 个百分点;从维度来看,"数字生活基础设施"和"新服务带动新消费"这 2 项一级指数已跃居全省第 2,只有"生活服务数字化"这项一级指数仍居全省第 5,在一定程度上影响了总指数的排名。

表 5 2021 年上半年温州市数字生活新服务指数及各维度情况

总指数	全省排名	增速/%	数字生活基础设施指数	生活服务数字化指数	新服务带动新消费指数
134.9	4	48.9	106.9	172.3	91.2

资料来源:浙江省电子商务促进中心官网。

3.创意设计服务

文化创意产业是以版权为核心的精神产品生产和服务的产业。2021 年,温州市版权产业的行业增加值为 446.5 亿元,占全市生产总值的 5.9%,比上年提高 0.13 个百分点,在全国同类城市中位于前列,创建全国版权示范城市获国家版权局批准同意;作品版权登记数量达 23228 件,其中一般作品登记数量居全省第 1;建成全国首家"一站式"版权服务综合平台——温州版权馆。

创意设计与本地特色产业深度融合,带动鞋服、印刷、礼品、文具、教玩具等传统产业转型升级的作用十分明显。积极引导时尚创意设计企业集群发展,举办温州国际时尚文博会、"市长杯"中国(温州)工业设计大赛、温州国际设计双年展等活动,打造具有国际影响力的"时尚创意设计之城";全市已建成国家工业设计研究院 1 家、国家级工业设计中心 2 个、省级工业设计中心 49 个、市级工业设计中心 260 个,国家级和省级工业设计中心数量均位列全省第 3。作为"中国工艺美术之都",温州市近年来组织参加国家级展览 15 次,荣获特等奖 15 项;"中誉杯"工艺美术全国性大赛、全国性的"手工艺 50 人"论坛已永久落户温州市;加快建设温州国家广告产业园、木活字印刷小镇、南戏文化园、青灯市集等平台,多点推动文化产业园区、文化特色小镇建设,走差异化、特色化的发展之路。

4.文化传播渠道

(1)广播影视发行放映

2021 年,温州市全力以赴确保影院的疫情常态化防控和日常管理,并促进影院行业复苏发展。2021 年,全市共有影院 108 家,与 2019 年相比变化不大;电影放映场次为 1115496场,电影观看人次为 1658 万人次,电影票房收入为 3.48 亿元,均居全省第 3,分别比 2019 年下降 18.7%、19.4%、29.3%,如表 6 所示。其中,农村数字电影放映 51400 场,观看人次达 700 万人次,均居全省第 1;举办"建党百年光影铸魂"温州市"红七月"电影展映活动,吸引全市 58 万多人次参与,掀起红色电影观影热潮。

表 6　2019—2021 年温州市影院行业发展情况

指标	2019	2020	2021
影院数量/家	108	113	108
放映场次/场	1372503	643093	1115496
电影观看人次/万人次	2058	1089	1658

数据来源:《温州统计年鉴 2022》。

(2)艺术表演

受新冠疫情冲击及外部环境影响,艺术表演行业持续承压,但呈现"韧性强、弹性大、潜力足"的增长特点。2021 年,温州市艺术表演团体共计 134 个,演出场次达 13729 场,演出观看人次达到 1282 万人次,如表 7 所示。与 2019 年相比,这 3 项指标均有所下降,分别下降了 17.8%、54.9%、55.5%。

表 7　2019—2021 年温州市艺术表演行业发展情况

指标	2019	2020	2021
团体数量/个	163	116	134
演出场次/场	30430	11220	13729
演出观看人次/万人次	2880	622	1282

数据来源:《温州统计年鉴 2022》。

（3）文化交流平台

通过创新开展温州艺术节、市民文化节等活动，温州市搭建了一批文化产业交流互动平台。2021年，举办2021温州国际时尚文化产业博览会，总参观人次达69.22万人次，现场成交及意向交易额达5.12亿元；举办2021中国国际网络文学周系列活动。推动文化企业参加重要文化节展和对接活动，组织温州文化企业及项目参展第17届中国（深圳）国际文化产业博览交易会，文化企业参展2021成都文化创意周，推动温州文化企业走出去。

5.文化投资运营

（1）文化资金投入

2021年，温州市文化、体育和娱乐业固定资产投资为162.2亿元，是2017年的2.73倍，比上年增长39.8%，如表8所示。温州市持续加大文化领域的财政投入，2021年投入扶持资金1.1亿元，有力撬动社会力量办文化，全面擦亮文化驿站、城市书房、非遗社区等文化"金名片"；投入1250万元加强基层体育场地设施建设，发放市民健身消费补贴1378万元，助力打造城市社区"10分钟健身圈"，有力推动文化领域蓬勃发展，支撑"文化温州"建设。

表8　2017—2021年温州市文化、体育和娱乐业固定资产投资情况

年份	固定资产投资/亿元	同比增长率/%
2017	59.4	−6.2
2018	114.8	93.1
2019	122.3	6.5
2020	116.0	−5.1
2021	162.2	39.8

数据来源：《温州统计年鉴2022》。

（2）文化市场运营

2021年，温州市共有规模以上文化企业641家，居全省第3；期末从业人员有5.54万人，居全省第4。其中，中胤时尚在创业板上市，挂牌新三板文化企业10家，入选浙江省重点文化企业4家，入选浙江省级文化出口重点企业7家，入选浙江省文化成长型企业85家。

（3）文化产业园

文化产业园区是文化产业发展的重要平台。近年来，温州市文化产业园数量激增，2021年认定市级文化产业园区15个、市级文化创意街区22个、市级重点文化企业116家和成长型文化企业43家。其中，浙川文化产业园工作作为温州市的唯一案例，成功入选国家乡村振兴局发布的"社会帮扶助力巩固拓展脱贫攻坚成果同乡村振兴有效衔接典型案例（第一批）"，其经验获得全国推广。

6.文化娱乐休闲服务

2021年，温州市接待国内外游客4957.8万人次，比上年增长11.4%；实现旅游收入

657.1 亿元,比上年增长 16.0%。其中接待国内游客 4956.6 万人次,实现国内旅游收入 656.8 亿元,分别比上年增长 11.4%、16.2%,分别恢复至 2019 年的 93.1%、93.6%,增长情况和恢复程度均居全省前 2;入境旅游市场受境外新冠疫情影响较大,入境游客数量和入境旅游收入进一步下降,全市接待入境游客 1.2 万人次,实现入境旅游收入 472.9 万美元,分别比上年下降 58.6% 和 63.4%。具体如表 9 所示。

表 9　22021 年温州市旅游业综合情况

指标	数值
总游客量/万人次	4957.8
国内游客量/万人次	4956.6
国内旅游收入/亿元	656.8
海外游客量/万人次	1.2
入境旅游收入/万美元	472.9

数据来源:《温州统计年鉴 2022》。

休闲旅游品质大幅提升。温州市洞头半屏山成功创建省级旅游度假区;泰顺县、苍南县、平阳县均成功创建省级全域旅游示范区;温州市鹿城区塘河夜画成功创建省级示范级文化和旅游 IP;新增国家 4A 级旅游景区 2 个、省级国际人文交流基地 3 个。深入实施旅游业"微改造、精提升"工程,拥有省级试点县(区)6 个、省级试点单位 13 个。坚持"项目为王"的理念,推动中青旅、华侨城等头部企业项目落地温州市,2021 年 1—12 月完成实际投资 310.31 亿元,综合评价指数居全省前列。以文赋能推进"千村百镇＋城景区化"工程,建成景区镇 62 个(其中文城县铜铃山获评 5A 级景区镇,永嘉县岩头镇入选首批全国乡村旅游重点镇);新增景区村 268 个(其中 3A 级景区村 31 个);新增龙湾区、瓯海区、瑞安市等 3 个 3A 级景区城,洞头区获评"4A 级景区城"。举办全国百家旅行商温州文旅采购大会;温州市鹿城区南塘景区入选首批国家级夜间文旅消费集聚区,温州市鹿城区五马街入选首批省级文旅消费集聚区、旅游休闲街区。

7.文化辅助生产和中介服务

(1)文化辅助用品制造

文化产品生产的辅助生产是实现文化产品生产所必需的辅助生产活动。近年来,温州市版权服务、文化辅助用品制造、印刷复制服务、文化经济代理服务等产业取得了长足的发展,文化产品生产的辅助生产市场规模保持着较稳定的增长。从机制纸及纸板产量来看,2021 年,全市拥有规模以上机制纸企业 13 家,全省排名第 6;机制纸及纸板产量达 8.12 万吨,比上年增长 1.5%,占全省总产量的 2.58%,如表 10 所示。

表 10　2021 年温州市机制纸及纸板产量和排名情况

企业数量		机制纸及纸板产量		同比增速		占全省产量比例	
数量/家	排名	产量/万吨	排名	增速/%	排名	占比/%	排名
13	6	38.12	9	1.5	7	2.58	9

资料来源:《浙江省造纸工业 2021 年运行报告及 2022 年展望》。

（2）版权服务

自 2021 年 4 月国家版权局正式批复同意温州市创建全国版权示范城市以来,温州市出台了《温州市创建全国版权示范城市工作实施方案》,着力部署实施版权创造、运用、保护、管理等 4 大工程,打造版权发展保护全链条,赋能温州市民营经济创新发展。全国首个集版权展览展示、版权宣传教育、版权登记服务、版权保护维权、版权信息交流、版权转化交易于一体的“一站式”版权服务综合平台——温州版权馆开馆,已接待 36 个参观团队、2600 多人次,成为温州市新的网红打卡地。组织 18 家企业参加中国国际版权博览会,温州版权馆作为浙江展区第二大展馆,举办“版权助力民营经济发展论坛”,受到中宣部和浙江省委宣传部的点赞。

（3）会议展览服务

2021 年 10 月,《2020 年度中国城市会展业竞争力指数报告》发布,温州市荣获“2020 年度中国最具竞争力会展城市”称号,在全国主要地级市中排名第 10,首次进入会展城市先进梯队。发布首个会展业扶持政策,出台实施《温州市会展经济培育实施方案（2021—2023 年）》;正式启动温州国际博览中心项目,打造一座总用地面积 766 亩、总建筑面积 83.31 万平方米、总投资 85 亿元的大型会展综合体;与会展机构合作方面取得突破,先后对接中国机械工业联合会、中国商业联合会等知名会展机构,加强会展经济合作,签订战略协议,开展多层次、多形式、多领域的合作。2021 年,温州市会展中心举办各类展会 18 个,展览总面积达到 27 万平方米。

8. 文化装备生产

近年来,温州市立足文化制造业的优势,大力推动文化装备制造业数字化、智能化转型,突出发展数字文化制造业,打造技术优势明显、核心竞争力强的数字文化制造集聚区,努力实现文化制造向文化“智造”的飞跃。以印刷装备制造为例,温州市是全国著名的印刷产业生产基地。2021 年,全市有印刷设备制造器材企业 250 家、高新技术企业 3 家,从业人员达 2 万余人,年产值约为 100 亿元,出口交货值达 17 亿元。全行业拥有国际先进的数码“加工中心”200 多个,主要有数码印刷机、商标印刷机、丝网印刷机、凹印印刷机、柔性版印刷机模切机、“天地盖”全自动糊盒机、切纸机、上光机、压痕机、覆膜机、烫金机及 CTP 印刷版材等数十项产品。温州市印刷装备制造业获评“省级装备制造重点区域首台（套）项目”5 项,获国家发明专利 25 项,参与制定国家标准 4 项,参与制定行业标准 15 项,获浙江省科学技术奖三等奖 1 项、中国印刷设备器材科学技术奖 8 项。

9.文化消费终端生产

2021 年,温州市积极探索国家文化和旅游消费试点城市建设的"温州模式",推动形成促进文化和旅游消费的经验模式。出台《温州市国家文化和旅游消费试点城市建设工作方案》,促进城市消费能级和文旅消费品牌提升。精心培育"文旅 IP＋"新业态,推出"全域夜游""侨家乐""青灯市集""山根音乐艺术小村""楠溪江音乐慢都""铁定溜溜"等一批特色文旅 IP,首创"侨家乐"品牌,高标准建成"侨家乐"品牌民宿 30 家,使其成为高品质、国际范的"微旅游目的地",强势带动全市乡村旅游接待人数、经营总收入全年分别同比增长 68.85％、57.54％;坚持"全域夜游"模式,推动温州市鹿城区南塘景区入选首批国家级夜间文化和旅游消费集聚区,温州市鹿城区五马街入选首批国家级旅游休闲街区,并认定市级消费集聚区 22 家、特色文化和旅游消费示范点 50 个;积极打造东方生活美学集群,使"青灯市集"成为影响全国的"流量 IP"。

三、温州市文化产业发展政策

(一)《温州市文物安全工作全面提升三年行动计划(2021—2023 年)》

2021 年,温州市文化广电旅游局出台《温州市文物安全工作全面提升三年行动计划(2021—2023 年)》,聚焦法人违法、盗窃盗掘、火灾事故 3 类风险,健全安全防控体系,筑牢文物安全防线,为温州市文物事业发展提供强有力的安全保障。

(二)《温州市旅游领域遏制重大生产安全事故整治攻坚实施方案》

2021 年,温州市旅游安全专业委员会办公室出台《温州市旅游领域遏制重大生产安全事故整治攻坚实施方案》,进一步明确旅游新业态安全监管权责,为全市旅游新业态构建了一道全过程、全方位的安全保护屏障。

(三)《温州市文化广电旅游局文化和旅游数字化改革工作方案》

2021 年,温州市文化广电旅游局出台《温州市文化广电旅游局文化和旅游数字化改革工作方案》,全面构建温州文广旅系统"1＋5＋X"的数字化改革总框架,高水平推进文化广电旅游治理体系和治理能力现代化。

四、温州市文化产业发展经验

(一)坚持优秀传统文化传承创新,擦亮瓯越文化品牌

实施"文化基因解码"工程,全面推进"温州学"研究,持续深化永嘉学派、瓯江山水诗等传统文化研究,高质量推进《温州大典》研究编纂工作,进一步弘扬"敢为人先、特别能创业创新"的温州人精神。开展"千年古城"复兴计划,深入实施宋韵瓯风文化传世工程,做好文物保护、管理和利用,打造中国民办博物馆之城。放大"非遗在社区"国家试点效应,挖掘传承非物质文化遗产,扶持永嘉昆曲、乐清细纹刻字、中国木拱桥传统营造技艺、东源木活字印

刷、瓯塑瓯绣等非遗项目的传承、发展，推动国家级非物质文化遗产特色化产业发展。坚持立法引领，多路径推动非遗保护传承。

(二)坚持公共服务均衡优质普惠，增强群众文化获得感

锚定"打造在全国具有较强影响力的文化高地"这一战略目标，持续推进国家公共文化服务体系示范区创新发展，加快建设普惠共享、优质均等、高质量的公共文化服务体系，增强群众文化体验感、获得感。一是坚守为民情怀。着眼市民美好生活需求，科学布局公共阅读和艺术分享交流空间，大幅增加优质公共服务资源供给，推动"文化礼堂""城市书房""文化驿站""农家书屋""百姓健身房"等公共文化设施提档升级，构建高水平"10分钟高品质公共文化服务圈"，让群众在家门口就能触及"诗和远方"。二是强化内外兼修。突出公共文化新空间的内涵品质，融合文化导赏、艺术表达、思想交流、生活乐趣制造和体验功能，使公共文化充分融入市民日常生活，文化"粉丝"群体日渐庞大。三是三方联动聚合力。政府主导、专业管理、全社会参与，形成公共文化服务"共建、共享、共赢"的良好局面。

(三)坚持数字赋能文旅融合发展，提升城市文化软实力

强化顶层设计，构建"1＋5＋X"的文化和旅游领域数字化改革总框架。抓好民生重大需求、多跨场景和重大改革突破，开发建设网络生态"数治通"、温州印·智治应用、技艺普及"全民通"和国际传播"侨桥通"等具有温州标识的应用场景。加快构建"城乡艺网"公共文化服务体系，12个县(市、区)文化馆已全部进驻或联通城乡艺网，实现公共文化服务全市域覆盖。延伸数字文化服务触角，拓展文化新基建，建设数字文化场馆矩阵，打造未来景区、未来博物馆，建设数字文化体验园。

(四)坚持推动对外文化交流合作，展现城市精神品格

注重发挥在外温州人"商行天下、侨连世界"的独特优势，进一步拓展对外交流渠道，打造讲好温州故事、展示对外形象的移动视窗。以成功当选"东亚文化之都"为契机，深化"与世界握手""邂逅""遇见"等活动品牌，打造辐射全球的传播窗口，推动温州文化走向世界。坚持市县联动、抱团促销，主动融入长三角，积极拓展珠三角，不断延伸中西部，积极承办重大文旅类节庆活动、群众文化活动。加强与共建"一带一路"国家和地区的文化交流，积极打造"21世纪海上丝绸之路"友好城市群。支持文化企业生产外向型文化产品，在境外投资文创产业，参与国际品牌授权，推动带有鲜明温州印记的艺术作品和文化产品走向国际市场。

五、温州市文化产业发展展望

温州市文化产业仍存在以下问题：文化要素市场配置结构失衡，一些中小企业很难获得所需的文化要素，文化要素价格扭曲，知识产权、技术、数据等核心要素尚未建立完善的市场化价格形成机制；高品质文化和旅游产品供给不足，文化和市场消费环境有待改善，文化旅游消费潜力有待释放；文化产业人才队伍质量不高，高层次人才短缺，稳定性较差，难以形成集聚优势，人才机制有待完善；等等。展望未来，温州市文化产业的主要发展思路如下：

(一)坚定文化自信,提升瓯越文化影响力

聚焦瓯越文化品牌建设所赋予的新时代特质,进一步坚定文化自信,深挖文脉内涵,讲好温州故事,增强城区文旅品牌传播力、影响力,让城市文明生生不息,让瓯越文脉得以传承、彰显。一是擦亮底色,挖掘并用好红色文化资源。深入挖掘革命遗址、遗存、遗迹,整理保护革命文献、实物故事、口述史料,着力形成一批研究成果,全面展现浙南革命史的历史地位和内涵价值,擦亮"红动浙南"品牌。二是彰显特色,做强瓯越文化品牌。创新打造文化基因解码工作的"温州样本",扎实推进"三年百项文化工程",深化温州学、永嘉学派研究,实施宋韵瓯风文化传世工程,做好《温州大典》研究编纂工作。三是提升成色,传承优秀传统文化。打响"非遗之都"品牌,实施"非遗+"战略;坚持立法引领,多路径推动非遗保护传承。健全文物保护管理长效机制,进一步强化部门协同,形成工作合力。

(二)着眼"文化十",构建产业发展新生态

大力实施"文化+"发展战略,不断提升文化的科技含量与经济社会价值,推动文化产业在更广范围、更深程度、更高水平上融入城市经济社会发展。一是推动"文化+"数字网络科技发展。依托数字经济优势,发展网络视听、数字出版、动漫游戏、数字创意等新兴文化业态,力争网络视听基地等重点项目落地。二是推动"文化+"旅游发展。全面开展国家文化和旅游消费试点城市建设,实施"五十百千"工程和千亿旅游投资工程,加快提升温州旅游目的地功能,进一步打响"诗画山水·温润之州"品牌,全面推广"侨家乐",全力打造国际化休闲度假旅游城市。三是推动"文化+"体育发展。借助杭州亚运会举办契机,大力发展体育旅游,延伸产业链条,释放产业活力。

(三)强化示范引领,推进全民精神富裕

深化国家公共文化服务体系示范区建设,健全以需求为导向的公共文化供给机制。优化城乡文化资源配置,提高城乡基本公共服务均等化水平,推动乡村优秀传统文化进城、城市繁荣文化下乡,促进乡村文化与城市文化交流融合,确保文化服务供给"不让一个人掉队"。加强公共文化设施建设,规划建设一批新文化地标,推动"城市书房""文化驿站"等基层文化设施网络向家门口延伸、向农村覆盖、向薄弱环节和重点群体倾斜,全面落实未来社区、未来乡村文化空间规划建设,构建高水平城乡一体的"15 分钟品质文化生活圈"。扩大基层文化惠民工程覆盖面,深化"宣传嘉"文智大脑运用,深入推进"全民技艺普及工程""乡村文艺繁星计划",常态化开展公共文化巡展、巡讲、巡演活动,持续性办好艺术节、市民文化节等活动,发挥平台引领作用,推动商旅文体联动,不断增强人们的文化获得感和幸福感。

(四)提升文旅品质,激活居民消费潜力

文化消费是文化产业发展的动力,应积极培育新兴文化消费业态,充分释放垂直化、圈层化的文化消费需求,推动文化消费市场的繁荣有序和高质量发展。创新消费场景,布局一批文化和旅游消费新地标,推进消费业态集聚。开展新型公共文化空间建设,提升新型公共空间和旅游消费功能。打造"十大市集""十大商圈"等 10 个"十"系列文旅特色消费品牌、

"920 就爱你温州"自驾旅游品牌以及"我爱夜温州"等核心文旅品牌。推进工业旅游创新发展,为温州文旅消费注入新活力。培育夜间文化消费,从供给侧发力,进一步增加夜间经济文化内容有效供给,推动文化元素与其他业态相融合,打造具有文化特色的高品质步行街,加强温州市鹿城区五马街、南塘景区等国家级、省级夜文化消费集聚区的创建,将文化消费嵌入各类消费场所,培养居民夜间文化消费习惯,化"流量"为"留量"。

(五)扩大对外开放,促进文化交流互鉴

以"东亚文化之都"活动年为契机,推动温州文化走向世界。高水平办好"2022 年东亚文化之都·中国温州活动年"活动,进一步提升温州城市品牌的知名度和影响力。加强对外文旅交流品牌建设,提升"遇上""邂逅""中国最美国际山水写生基地"等国际性对外文旅交流品牌质量,持续擦亮温州市文化"金名片"。加快建设国际传播话语体系,加强与共建"一带一路"国家、周边国家和重点交流国家的文化交流。坚持政府引导、民间互动相结合的原则,构建多层次、多形式的文化交流体系,推进图书、影视、文艺演出等领域的文化交流。开展"美丽温州""瓯越文化"等交流活动,办好温州国际时尚文化创意产业博览会、浙江(温州)国际时尚消费暨轻工产品博览会等重大节会,不断提升温州城市的文化传播力和影响力。

参考文献

[1] 温州市统计局,国家统计局温州调查队.2021 年温州市国民经济和社会发展统计公报[EB/OL].(2022-03-18)[2023-08-03].https://www.wenzhou.gov.cn/art/2022/3/18/art_1229445627_4027266.html? eqid=869d320200056f6f00000005642f6cbb.

[2] 温州市人民政府.2022 年温州市政府工作报告[EB/OL].(2022-04-09)[2023-08-03].https://www.wenzhou.gov.cn/art/2022/4/15/art_1217830_59160788.html.

[3] 王文胜,赖晓华.温州年鉴 2022[M].北京:方志出版社,2022.

[4] 温州统计局.温州统计年鉴 2022[M].北京:中国统计出版社,2022.

[5] 温州市文化广电旅游局.温州市文化广电旅游局 2021 年工作总结和 2022 年工作思路[EB/OL].(2022-01-19)[2023-08-03].http://wl.wenzhou.gov.cn/art/2022/1/19/art_1229252348_4016341.html.

2022 年绍兴市文化产业发展报告

吴怡频　　徐奕唯

2021 年,绍兴市全面落实习近平总书记关于"疫情要防住、经济要稳住、发展要安全"的重要指示精神,对标"两个先行",奋进"五个率先"。这一年,绍兴市全面优化营商环境,着力擦亮城市文化"金名片",加快古城申遗步伐,推进文创大走廊建设,进一步彰显绍兴市积淀 2500 多年的文化底蕴。依托绍兴古城,延续古越文明和运河文化的文脉,绍兴市创新性地实施"千年古城"复兴计划,打造集文化旅游、轻纺时尚、诗路文化、黄酒文化、珠宝创意于一体的产业集群。绍兴市精心培育极具价值的数字出版、演艺游乐、游戏动漫、创意设计、文化会展、书画工艺等 6 大产业链,旨在推动绍兴市文化产业高质量发展并撬动文化成为未来绍兴城市发展的新动能。文化是这座城市最独特的印记,近年来,绍兴市做出"重塑城市文化体系"的决策部署,以绍兴市文创大走廊建设为主要载体,明确"一廊三带"发展规划布局,出台"三年行动计划"、文化产业扶持政策等。

一、绍兴市文化产业发展环境

(一)政务环境

绍兴市着力提升政务服务质效,持续深化"15 分钟政务服务圈",将自助服务终端延伸到医院、社区、图书馆、高校等人流密集区,实现"综合受理窗口"涵盖 26 个部门、813 个事项的"一窗"无差别受理,实现"红色代办"100% 全覆盖,不断提升绍兴市群众的满意度和获得感。政务服务事项"一网通办"率达 94.5%。"大综合一体化"改革攻坚突破。构建"1+8"行政执法队伍体系,综合执法事项覆盖率达 70%。全年开展"综合查一次"1.5 万余次,办理案件 2.4 万件,"改革指数""效能指数"居全省第一方阵。深化"放管服"等重大改革,入选首批国家知识产权强国建设试点市,市场主体突破 73.3 万户。柯桥区"共同富裕基本单元——共富星村"项目入选省级第二批共同富裕试点,7 个案例获评全省高质量发展建设共同富裕示范区最佳实践,对口支援和东西部协作取得新成效。

(二)经济环境

据《2021 年绍兴市国民经济和社会发展统计公报》,2021 年绍兴市实现地区生产总值 6795 亿元,比上年增长 8.7%,财政总收入达 954.7 亿元。分产业看,第一产业增加值为 277 亿元,比上年增长 2.5%;第二产业增加值为 3228 亿元,比上年增长 10.7%;第三产业增加值为 3340 亿元,比上年增长 7.4%。人均地区生产总值达 127875 元,比上年增长 7.9%;一般公共预算收入达 604 亿元,比上年增长 11.1%;一般公共预算支出达 714 亿元,比上年增长 7.1%。其中民生支出为 528 亿元,比上年增长 6.1%,占一般公共预算支出的比例为 73.9%。全年新增股份公司 178 家,新增上市公司 9 家。2021 年年末累计上市公司 92 家,其中 A 股上市公司数量达 77 家。全年共实现股权融资 133.53 亿元,比上年增长 12.2%。证券交易额达 66801 亿元,比上年增长 12.1%。2021 年绍兴市文化产业发展取得重大进步,营业收入达 517.99 亿元(见表1),为地方经济社会发展、就业、税收做出重要贡献。

表 1 2021 年绍兴市文化产业主要经济指标

单位数/家	从业人员/人	资产总额/亿元	营业收入/亿元	利润总额/亿元	应交所得税/亿元
497	40570	928.34	517.99	22.86	15.22

数据来源:绍兴市统计局。

(三)文化环境

悠悠鉴湖水,浓浓古越情。绍兴市人文荟萃、名人辈出,鲁迅、陆游等群星璀璨。绍兴市以悠久的历史文化、秀丽的山水风光和独特的民俗风情闻名于世。作为国务院首批公布的 24 个历史文化名城之一,绍兴市被誉为"没有围墙的博物馆"。绍兴市充分发挥文化资源优势,奋力推进文化建设和旅游发展再上新台阶,打造"东亚文化之都"城市"金名片"。厚植文化软实力,越文化、黄酒文化、书法文化、阳明文化,时至今日依旧熠熠生辉;舜禹遗迹、越国古址、书圣故里、鲁迅故里等历史遗存,无不在映射着这座城市丰厚的文化底蕴。同时,绍兴市大力发展公共文化服务,营造高质量的城市文化氛围,为文化产业发展夯实文化基础。2021 年,绍兴市拥有公共图书馆 7 家,所有公共图书馆均被评为全省"满意图书馆"。全民阅读网络不断完善,累计建成精品城市书房 72 家、博物馆 61 家,全市 103 个乡镇(街道)文化分馆普及率、综合文化站面积达标率均达到 100%,公共阅读已融入智慧城市生态圈。2021 年绍兴市图书馆基本情况如表 2 所示。绍兴市持续重视文化内容创作生产,实现文化产业多维度可持续发展。绍兴市已完成提升、修缮、新增农村文化礼堂 234 个、博物馆 5 家。此外,绍兴市共有国家级文保单位 32 处(见表3),分别入选国家级、省级、市级非物质文化遗产代表性项目名录 26 项、97 项、261 项,拥有国家级非遗代表性传承 21 人、省级代表性传承 134 人和市级代表性传承 365 人。

表 2 2021 年绍兴市图书馆基本情况

图书馆总藏量/万册	图书总藏量/万册	古籍总藏量/万册	书刊文献外借人次/万人次
828.83	772.73	25.74	106.25

数据来源:《绍兴统计年鉴 2022》。

表 3 2021 年绍兴市文物事业情况

文保单位/处	国家级文保单位/处	文物藏品/件	一级文物/件	二级文物/件	三级文物/件
428	32	130776	188	814	2948

数据来源:《绍兴统计年鉴 2022》。

2021 年,绍兴市全面推进"浙文惠享"民生实事项目,逐步构建并完善公共文化服务共享体制,取得了阶段性成效。绍兴市提升"绍兴有戏"公共文化服务品牌,"我的艺时光"开设28 门课程,培训近 5000 人次;举办文艺播撒乡镇行活动 4 场,累计服务群众约 11 万人次;举办街艺角活动 300 余场,服务群众近 10 万人次。如表 4 所示,2021 年全年完成送戏下乡1796 场、送书下乡 296054 册、送展览下乡 491 场,实现文化走亲 90 场。开展线上服务 1400场,参与人次达近 815 万人次。绍兴市、县、乡镇、村(社区)4 级公共文化设施网络实现线上、线下全覆盖。在市区范围内建成一级以上文化站 73 家、特级文化站 25 家,一级文化站覆盖率达 70%。绍兴市平均每万人拥有的公共文化设施面积达 1800.03 平方米。

表 4 2021 年绍兴市公共文化服务活动情况

送戏下乡/场	送书下乡/册	送展览下乡/场	文化走亲/场	线上服务/场
1796	296054	491	90	1400

数据来源:《绍兴市文化广电旅游局 2021 年工作总结》。

同时,绍兴市进一步深化公共文化服务数字化、网络化、智慧化,精准满足各类群众文化需求,提供更多动态、便捷的公共文化服务。全市 2000 余家公共文化场馆全部入驻"浙江智慧文化云"绍兴站,实现公共文化服务数据无缝对接。全市公共图书馆、文化馆、非遗馆、博物馆等开展的主题性数字服务项目不少于 200 项,每年线上服务群众不少于 600 万人次。在绍兴,市民们可以并行享受数字图书馆、电视图书馆、移动图书馆所带来的便捷,文化惠民、乐民得以有效实现。

二、绍兴市文化产业发展现状

(一)产业总体发展现状

2021 年,绍兴市持续锚定"重塑城市文化体系,打造最佳旅游目的地,争创文旅融合样板地"3 大目标,全力推进文化和旅游高质量发展再上新台阶,取得了 4 大标志性成果:成为"2021 东亚文化之都",入选"国家文化和旅游消费试点城市",获评"2021 研学旅行十大热门城市",获 2021 年浙江省改革开放创新发展突出贡献奖。绍兴市文化产业总资产已达到 928.34 亿元,总营业收入达 517.99 亿元,利润总额达 22.86 亿元,创造就业岗位 40570 个。

(二)产业分类发展现状

1.文化旅游休闲服务

2021 年,绍兴市文化旅游休闲服务发展态势良好,率先完成全国文旅消费试点市建设年度任务,全市旅游业总收入达 380.8 亿元,比上年增长 15.8%;接待游客 2757.8 万人次,比上年增长 5.1%。全市旅游业投资快速增长,引进、落地了一批重大文旅融合类项目,入库全国文旅项目管理系统的文化和旅游重点项目达 229 个,计划总投资 1832.95 亿元。全年实际完成投资 282.46 亿元,完成省厅年度任务指标(160 亿元)的 176.54%,完成工作任务目标(200 亿元)的 141.23％。绍兴市旅游业"微改造、精提升"项目总数、完成率、问题整改数、县(市、区)综合评价指数均居全省第一。

2. 数字文化产业

绍兴市近年来培育了一系列数字文化企业,使数字文化产业快速发展。浙江越生文化传媒集团是浙江省文化示范 30 强企业之一。该集团是以策划、编纂、设计、印刷、出版、发行、销售、出版数据交易为主业,集文化产业投资、艺术品拍卖于一体的实体企业。其企业矩阵中的浙江越生创意有限公司、越读(浙江)数字科技有限公司是绍兴市数字文化产业发展的新锐力量,推动了"中国近代文献数字化保护工程""传统文化数字应用场景"等经济社会效益俱佳的创新项目的发展。在动漫制作领域,位于绍兴市的浙江特立宙动画影视有限公司是浙江省动漫创作的重要力量,该公司是绍兴市首家专营动画制作、创意策划、影视广告以及动漫衍生产品开发等业务的文化创意公司。浙江特立宙动画影视有限公司成立于 2006 年,坚持中国风、民族风,致力于"讲好中国故事、弘扬中国精神、振兴中国风动画",将中国优秀传统文化推向世界。其精心打造的动画精品有《少年师爷》《汉字小精灵》《水神大禹》。该公司先后被评为国家动漫企业、浙江省文化产业"122"工程企业、浙江省文化重点出口企业等;其作品《少年师爷》曾获得优秀国产动画一等奖、浙江省"五个一工程"奖、中国"美猴奖"等奖项,版权出口美国、法国、吉尔吉斯斯坦、新加坡、新西兰等地。

2021 年绍兴市逐步推进数字化改革项目的建设,具体体现在"绍兴研学游一件事"应用场景和文物保护利用 2 个方面的突破上。场景应用实现全新蜕变,申报省级研学基地(营地)39 家,评定市级基地(营地)13 家,集文旅视频汇聚平台、文旅应急指挥系统、文旅数字驾驶舱、导游导览系统、网络安全服务等多项数字化服务于一体。"绍兴研学游一件事"应用场景已上线"浙里办"和"浙里好玩",并参加了浙江省委宣传部组织的网上路演,取得了实质性的进展。智慧文化云绍兴分站、不可移动文物智慧管理服务系统、"数字＋越剧"浙里好玩品牌馆、"旅游大脑＋智慧旅游"未来社区等 4 个项目入选浙江省文化和旅游厅数字化改革试点项目,争创"一地创新、全省共享"应用项目。绍兴市持续拓展文化传播渠道,打造以"绍兴文旅发布"微信公众号为核心的"两微一端一抖"的高质量文旅新媒体宣传推广矩阵。绍兴市国内文旅新媒体矩阵已累计粉丝超过 185 万人,总传播量超过 2 亿人次;海外新媒体宣传矩阵累计粉丝约 10 万人,总曝光量超过 1206 万人次,总互动量超过 6.8 万人次。

3. 文化产业园区

绍兴市精心培育、打造一批文化产业园区,对产业的支撑和示范带动效应日益凸显。首先,在政策领域,绍兴市各个区政府鼓励文化产业集聚发展,并予以资金扶持。如柯桥区发布的《关于促进柯桥区文化产业高质量发展的二十条扶持政策》,每年安排 1500 万元文化产业专项资金以重点扶持文化产业项目、文化产业园区建设,支持文化产业园区提档升级,对新获得国家级、省级、市级文化产业示范类园区(街区)的产业园区,分别给予 100 万元、50 万元、30 万元的一次性奖励,培育文化发展新动能。其次,绍兴市政府着力推进文创大走廊重点建设项目,全力打造文化产业高地,培育了一批批极具特色的文化产业园。198 文创园作为绍兴市文创大走廊文创平台建设项目,形成了以创意设计、网络传媒、影视艺术、智能科技等业态为主体的文化创意产业链。该园区已入驻文创企业 180 多家,年均营业收入近 2 亿元,成为绍兴文化产业园区的一大标杆。

4. 文化保护与产业化发展

文化遗产与绍兴市一直血脉相连,小黄山遗址、印山越国王陵、宋六陵遗址等丰富的文化遗产诠释了绍兴市悠久的历史文脉。为了更好地传承和发展文化遗产,2021 年绍兴市在全省率先实施《绍兴市名人故居激活三年行动计划(2021—2023 年)》,对全市 107 处名人故居落实保护利用措施,落地资金达 6000 万元,修缮名人故居 10 处,提升名人故居级别 4 处,新增开放名人故居 4 处。同时,绍兴市入选第五批国家级非物质文化遗产代表性项目名录 2个,入选浙江省非遗代表性项目代表性传承人 25 人,入选浙江省第三批优秀非遗旅游商品 8件。绍兴市还公布了乡村非遗体验基地 15 个、非遗研学游基地 20 个、非遗形象门店 10 家,举办了"文化和自然遗产日""闹元宵""祝福·绍兴古城过大年"等活动。

三、绍兴市文化产业发展政策

2021 年,绍兴市文化产业发展政策的出台主要是为了完成文化和旅游"十四五"发展规划与加大运河遗产的保护力度。绍兴市于 2021 年出台了一系列与文化产业相关的重要政策举措,如表 5 所示。

表 5　2021 年绍兴市出台的文化产业政策举措

发文机构	发布时间	政策举措
绍兴市文化广电旅游局	2021 年 2 月	《绍兴市大运河世界文化遗产保护名录》
绍兴市文化广电旅游局	2021 年 4 月	《绍兴市文化广电旅游局重大行政决策事项目录》
绍兴市文化广电旅游局	2021 年 4 月	启动《绍兴水乡社戏丛书》编纂工作
绍兴市人民政府	2021 年 8 月	《绍兴市文化和旅游"十四五"规划》
绍兴市文化广电旅游局	2021 年 10 月	《关于开展首批绍兴市非遗研学游基地申报工作的通知》

数据来源:作者整理。

绍兴市文化和旅游"十四五"规划蓝图正式谋定,明确了"十四五"发展总体目标、文态布局、10 项主要任务,为其文化产业发展提供了纲领性指引。《绍兴市大运河世界文化遗产保护名录》一共包含 158 项遗产要素,其中物质遗产要素 106 项、非物质遗产要素 52 项。物质遗产要素主要是指已被列入国家、省、市级运河保护规划的运河遗产,包括运河遗存的河道、遗产点、与运河相关的各级文物保护单位(点)和普查登录文物、与运河密切相关且保存较好的历史文化名镇等。这一政策旨在明确绍兴市大运河世界文化遗产的保护对象,营造保护运河遗产的良好氛围,全面有效地保护绍兴市运河遗产。

四、绍兴市文化产业发展经验

(一)发挥历史名城优势,树立文化地标

2021年,绍兴市共培育了8个具有绍兴辨识度的"浙江文化标识建设"项目。其中,"阳明文化""黄酒文化"成功入选全省首批文化标识建设创新项目,曹娥庙历史文化街区修复改造建设工程、西施故里"一江两岸"文化旅游项目、天姥山景区3个项目入选首批文化基因解码工程转化利用示范项目。

1.寻迹阳明文化

绍兴市作为阳明文化的核心传播区,一直致力于将阳明心学作为增强文化自信的切入点,不断解码阳明文化基因,带领阳明文化走进千家万户。近年来,绍兴市依托国家图书馆、上海图书馆、浙江图书馆、美国哈佛大学燕京图书馆等全球馆藏资源和民间资源,由专家从160多种古籍、300多种近代研究著作、2000多部现当代出版物中精选300种珍稀文献,重新整理和选编与王阳明有关的古籍珍本、近代稀见史料和权威研究著作,并综合深度数据挖掘技术、智能语义分析、数字内容自动分类标注及动态重组等现代数字技术,致力于打造阳明文化数据库,建立阳明文化数字文献馆,助推阳明文化走进寻常百姓家。同时,遗址重建的王阳明伯府第、阳明纪念馆联袂开放,为中国乃至全世界的阳明文化爱好者瞻仰遗迹、交流学术提供了一个崭新的平台。

2.探源宋韵文脉

绍兴市深度挖掘宋韵文化,积极推动宋韵文化的创造性转化和创新性发展。一方面,绍兴市推进南宋遗址保护项目。宋六陵考古遗址公园入选国家考古遗址公园立项名单,"守望——两宋皇陵考古成果展"中发布了宋六陵最新考古成果。陵园遗址内先后实施重点勘探35万平方米,发掘揭示了一号、二号、三号、四号4组陵园建筑基址,发现帝、后陵攒宫石藏墓葬5处(未发掘)。另一方面,绍兴市一直不遗余力地打造宋韵文化品牌。举办"文旅集市•宋韵杭州奇妙夜"活动,创作"宋韵绍兴"主题剧本杀,展演"宋韵今辉"中国•浙江宋韵文化节系列活动——"绍兴,绍兴"宋韵流芳音乐会,呈现民族管弦乐《越地宋韵》等多部以绍兴为题材的作品。推动以陆游为重点的南宋文化研究,成立宋韵文化研究中心,启动陆游故里建设项目。与杭州市、开封市开展互动交流,举办一系列宋韵文化专题展览及旅游活动,搭建独特的宋韵"文化空间"。

3.品酿黄酒韵味

绍兴黄酒小镇地处省级历史文化名镇——东浦古镇,这是绍兴黄酒的发祥地。依托古镇生态,聚焦黄酒特色,小镇黄酒年产量超过20万吨,占全省市场的1/3以上;聚集"会稽山""塔牌"和"孝贞"老字号企业,提升绍兴黄酒小镇"中国黄酒第一镇"的影响力。绍兴黄酒小镇以文促旅,累计接待游客超200万人次。小镇规划黄酒文化体验、婚庆产业链、水路光影秀、沉浸式演绎秀4大特色业态,重点打造了黄酒会客厅、民国风情街、高端度假酒店等一批重点项目,中国国际黄酒产业博览会也落户绍兴黄酒小镇。为了更好地迎合数字化时代,

绍兴黄酒小镇倾力打造了数字文化延伸产品——绍兴黄酒小镇超级 IP"越小久",以更好匹配年轻化的消费需求,助推绍兴黄酒文化成为典范。

(二)着力建设消费试点,激活文旅市场

2021 年,绍兴市全面贯彻实施《绍兴市创建国家文化和旅游消费试点城市建设三年行动方案(2021—2023 年)》,成功创建"国家文化和旅游消费试点城市",打造"越潮·越好"梦幻文旅消费夜,开展"全国招募百名城市体验官"和"'越惠券'文旅消费补贴发放"等主题活动;举办"'越'动金秋 文旅先行——万人金秋游绍兴"等 6 大主题、100 项文旅消费系列活动。柯岩风景区的"夜鲁镇"景区入选第一批省级夜间文化和旅游消费集聚区。

在激发文旅市场过程中,绍兴市尤为重视营销战略。紧抓杭州亚运会这一重要契机,实施联合营销、高铁地铁营销、智慧营销、节庆营销等 4 大营销行动,不断加大城市形象宣传推介力度与广度,促进文旅消费。

(三)越韵缭绕古城,聚焦文艺精品

绍兴市以建党百年为契机,结合文旅优势和特点,开展"红动绍兴"活动,推出 67 项特色主题,其中"红动绍兴·全城有戏"庆祝中国共产党成立 100 周年优秀艺术作品展览展演,包含了 10 台、1000 余场大戏,成为近年来覆盖范围最广、剧目品质最高的艺术盛会。《核桃树之恋》入选庆祝中国共产党成立 100 周年优秀舞台艺术作品展演名单,系全国唯一进京展演的越剧作品,经典绍剧《孙悟空三打白骨精》入选全国百部优秀剧作典藏;3 个节目获"迎建党百年 享美好生活"浙江省第 11 届群众曲艺大赛金奖,2 部舞台艺术作品、11 个优秀剧目入选浙江省庆祝中国共产党成立 100 周年优秀舞台艺术作品展演名单,数量位居全省前列。同时,绍兴市重视越剧作品精品化发展。绍剧《闹天宫》入选全国地方戏精粹展演参演作品,越剧现代戏《核桃树之恋》、歌曲《故乡》入选浙江省第 15 届精神文明建设"五个一工程"奖公示名单,绍剧现代戏《喀喇昆仑》入选文化和旅游部"艺术数字资源库"等。围绕"浙东唐诗之路""宋韵文化""诗画浙江"等专题,创作推出《醉美绍兴》《梦游天姥》等原创歌曲,让更多文艺佳作走进群众生活。

五、绍兴市文化产业发展展望

(一)聚焦文旅融合发展

绍兴市未来将致力于围绕以下 3 个方面推动文旅融合工作。

一是深化"一廊三带"发展规划布局。"一廊三带",即绍兴文创大走廊和浙东运河文化带、古越文明文化带、浙东唐诗之路文化带。绍兴文创大走廊充分发挥了联结杭甬 2 大都市圈的纽带作用,重点突出黄酒、书法、越剧、水乡等景点文化品牌;"三带"布局强化运河文化研究与传承保护,精心设计诗路线,实现古越文明从学术资源到旅游资源开发的有效转化。

二是持续打响绍兴特色研学品牌。在《2021 中国研学旅行发展报告》《中国研学旅行发展的绍兴实践》中,绍兴市入选 2021 年研学旅行 10 大热门城市。以兰亭书法为例,绍兴市已开设兰亭研学营地。作为全国一流的国家级中小学生研学实践教育营地,该营地以书法文化为主题,以国学为办学特色,以综合实践营地为办学目标。近年来,绍兴市以书法为载体开展国际文化传播。绍兴市已建起 10 个海外"兰亭书法学堂",覆盖海外学生万余人,面向新西兰、瑞士、俄罗斯、加拿大等 10 多个国家的大、中、小学生教授书法课程,已选派 20 余名书法和中文专业教师以及 232 名学生赴海外开展书法文化教学。同时,绍兴市充分发挥智慧教学的优势,利用现代化多媒体数字技术,线上课程"中国书法 Chinese Calligraphy"深受海外学生的喜爱,形成一定关注度的海内外研学热潮。

三是推进承办文旅消费项目。开展"越都宋韵·缤纷四季"绍兴文旅消费年活动,推进文旅消费品牌创建行动,推选多道浙江风味、绍兴特色美食及代表性"百县千碗"体验店,培育省级民宿和文化非遗主题民宿,开发绍兴印记文创伴手礼,创建省级传统工艺工作站、非遗工坊,打造浙派绍兴代表性技艺项目,形成区域特色文旅市集,以小品牌撬动大消费。

(二)引导数字文化产业发展

保持绍兴市在新技术领域的良好势头,建设 5G 工业应用先行区,引导企业数字化制造、行业平台化服务发展,以期在产业数字化中获得新发展。探索文化与科技的深度融合,提升数字科技应用效能,探索先进数字技术应用的新场景。借助数字化的全息影像技术,在室外场景创造更好的景区旅游体验。依托 AI 自然语言翻译、AIGC 等新技术,对绍兴市的传统曲艺、诗歌、民间故事进行改编,通过短视频、音频、影视剧、动漫游戏等多元形式呈现。

(三)聚焦古城复兴计划

未来,绍兴市在古城历史文化街区复兴方面将着力建立完整的保护和利用体系,推进全要素适商旅化改造与老字号复兴,推动全域未来社区创建与民生改善,实施传统居民区微更新和数字化助推公共服务设施提升工程。绍兴古城将各景区串联成片,形成了以阳明故里、书圣故里、鲁迅故里、徐渭故里、八字桥、越子城为核心的历史文化旅游环线,以及绍兴古城环城河生态景观休闲环线,实现古城景区和历史街区内外联动、环城河景观带内外串联,构建了古城全城旅游新格局。未来也将进一步激活"历史+人文""风貌+产业""魅力+活力"的文商旅融合因子,为古城文旅融合发展开拓新境界。

(四)聚焦文化精准供给

高标准建设公共文化空间。高标准布局市有"五馆一院一厅"、县有"四馆一院"、区有"三馆",提升全市文化馆、图书馆一级馆普及率,建成开放绍兴美术馆。高质量完成省、市民生实事,完善"15 分钟品质文化圈",新增建设文化驿站、城市书房、乡村博物馆。在未来社区等建设中推进"文化驿站""旅游驿站"等新业态。柯桥区争创全省首批公共文化服务现代化先行县,柯桥区、诸暨市争创全省广播电视基本公共服务标准化试点县。

高质量提高公共文化服务。实施"三送一走"文化惠民工程,持续组织送戏下乡、送书下乡、送展览下乡、文化走亲等活动,举办基层文艺演出、群众文化活动。深入实施"文艺星火赋美"工程,促使优质文艺资源下沉和全社会资源激活,结合"绍兴有戏"公共文化品牌,开展"文艺下乡""美育村""乡村村晚"等活动。加强新时代精品文艺创作,办好全民艺术普及月、全民艺术节等活动,推动全民艺术普及。深化"满意图书馆""幸福文化馆"建设,高水平办好"全民读书月"等品牌活动。

(五)聚焦文化创新改革

推进数字赋能计划。重点推进智慧文旅 2.0 版,实现"一屏总览、一键直达、一仓汇聚"的整体目标。迭代升级并推广应用"绍兴研学一件事""文物守望者"2 大应用场景,以数字化改革赋能突破工作瓶颈,推动效率变革,形成研学旅一体化的服务模式。实施"越融越便捷"的公共文化服务数智行动,做好浙里文化圈的应用推广,推动数字服务延伸到文化礼堂、社区、景区等公共场所。

参考文献

[1] 绍兴市统计局、国家统计局绍兴调查队. 2021 年绍兴市国民经济和社会发展统计公报[EB/OL]. (2022-04-07)[2023-07-11]. http://tjj.sx.gov.cn/art/2022/4/7/art_122936-2069_3931008.html.

[2] 绍兴市文化广电旅游局(绍兴市文物局).绍兴市文化广电旅游局 2021 年工作总结[EB/OL].(2022-12-13)[2023-07-11]. http://www.sx.gov.cn/art/2022/12/13/art_1229354848_3976616.html.

[3] 绍兴市文化广旅游局(绍兴市文物局).绍兴非遗融古通今 逐梦"诗和远方"[EB/OL].(2023-06-12)[2023-07-11]. http://sxwg.sx.gov.cn/art/2023/6/12/art_1644765_58946081.html.

[4] 绍兴市文化广旅游局(绍兴市文物局)."人文绍兴,筑梦亚运"——2023 绍兴文旅"唐风宋韵"媒体联合推广行动在浙江绍兴启动[EB/OL].(2023-04-14)[2023-07-11]. http://www.ctnews.com.cn/zt/content/202304/14/content_140414.html.

2022 年台州市文化产业发展报告

张云鹤

2021 年,台州市持续深化文化体制机制改革,在加大政策资金支持力度、优化文化产业布局、激发市场主体活力、聚焦人才集聚培养、孵化新型文化业态等方面全面发力,推动台州市现代文化产业体系和市场体系构建阔步前行。台州市站在新的历史起点上,以新旧动能转换的思维推动文化产业的高质量发展,着力构建附加值高、原创性强的新时代文化产业体系。

一、台州市文化产业发展环境

(一)区位环境

台州市地处浙江省沿海中部,东濒东海,南邻温州市、西连丽水市、金华市,北接绍兴市、宁波市;陆地总面积为 9411 平方千米,海域面积为 8 万平方千米。大陆海岸线长约 740 千米,岛屿数量为 928 个,海岛岸线长约 941 千米,海岛陆域面积约为 273.76 平方千米,主要有台州列岛、东矶列岛等。

(二)产业环境

2021 年,全市实现生产总值 5786.19 亿元,按可比价格计算,比上年增长 8.3％。其中,第一产业增加值为 303.94 亿元,比上年增长 2.0％;第二产业增加值为 2543.01 亿元,比上年增长 9.3％;第三产业增加值为 2939.24 亿元,比上年增长 8.1％;三次产业结构为 5.3∶43.9∶50.8。台州市区实现生产总值 2056.28 亿元,比上年增长 7.0％。

2021 年,全市固定资产投资施工项目有 4173 个,其中本年新开工项目有 1364 个。全年固定资产投资比上年增长 7.1％,其中,第一产业固定资产投资比上年增长 48.5％,第二产业固定资产投资比上年增长 12.1％,第三产业固定资产投资比上年增长 5.5％。在固定资产投资中,工业性投资比上年增长 12.1％,工业企业技术改造投资比上年增长 7.8％,公共服务投资比上年增长 18.4％,民间投资比上年增长 3.1％。

2021 年,台州市制造数字赋能中心正式投入使用,全省首个西门子数字化体验中心落地台州市。19 家企业入选国家第三批专精特新"小巨人"企业名单,累计 32 家。吉利科技集团旗下台州星空智联卫星工厂生产的首颗商业卫星在台州市下线。台州市新增上市公司 6 家,累计 65 家;拥有产值超百亿元的产业集群 21 个,国家级产业基地 68 个、上市公司 68 家,307 个产品细分市场占有率居国内外第 1。

(三)文化环境

2021 年,台州市深入打造文化强市,引进朵云书院、大隐书局、钟书阁、三联书店等品牌文化资源,实现新时代文明实践中心(所、站)覆盖率 100%,创成国家公共文化服务体系示范区。2021 年年末,全市有文化馆 10 家、博物馆 62 家、公共图书馆 10 家,总藏书量达 991.78 万册;自办广播节目 9 套,自办电视节目 9 套;有线广播电视覆盖用户达 183.65 万户,其中数字电视实际用户有 115.64 万户;广播节目播出时长达 71574 小时,电视节目播出时长达 58978 小时。广播人口综合覆盖率和电视人口综合覆盖率均为 100%。全市建成农村文化礼堂 2707 个、和合书吧 118 家。全市拥有人类非物质文化遗产 1 项、国家级非物质文化遗产 17 项、省级非物质文化遗产 106 项、市级非物质文化遗产 382 项。

(四)创新环境

台州市成功入选科学技术部支持建设国家创新型城市和中科协"科创中国"试点城市的名单。台州湾科创走廊被纳入省级科创走廊体系,引进了陈十一、许祖彦院士等一批顶尖人才创业项目。全市共有省级企业研究院 151 家、省级高新技术企业研发中心 501 家;新增国家重点扶持的高新技术企业 381 家,累计 1514 家;新增省级科技型中小企业 1199 家,累计 6494 家。台州市共有市级及以上众创空间 104 家,其中国家级 9 家、省级 41 家。2021 年专利授权量达 39269 件,其中发明专利 5282 件,比上年增长 20.0%。全年实现技术交易额 115.81 亿元。

二、台州市文化产业发展现状

(一)产业总体发展现状

2021 年,台州市文化产业发展迅速,其中黄岩区规模以上文化企业营业收入达 43.97 亿元,比上年增长 18.46%。为推动文化产业高质量发展,设立总额达 1600 万元/年的文化产业政策扶持资金。台州市文化创意产业发展亦取得了比较显著的成效,以台州刺绣、玻璃雕刻、翻黄等传统优势文化产业为基础,以培育现代传媒、文化会展、创意设计等新兴文化产业为重点,加快"1+6"现代文化产业体系的建设,这为台州市地区经济发展和经济转型提供了有力支撑。

此外,台州市本级设立了每年 5000 多万元的文化旅游发展资金,大多数县(市、区)均设立了相应的配套资金。椒江区、临海市被列为浙江省文化产业发展专项资金(2019—2021年)扶持对象。将文化产业人才纳入台州市"500 精英计划",出台了《台州社会事业人才发展三十条》,为文化产业等社会事业人才提供针对性的制度保障。

(二)产业分类发展现状

1. 新闻信息服务

2021 年,中央广播电视总台迎新年特别节目《启航 2022》首次走出北京,晚会会场设在临海市台州府城墙兴善门广场。临海市克服筹备时间紧张、防疫任务艰巨、文物保护从严、安保组织复杂、人员数量众多、低温天气持续等困难,精心谋划、严密组织、有力保障、广泛宣传,于 12 月 27 日凌晨完成全部录制,于 12 月 31 日在央视一套和三套黄金时间播出,收视率稳居当天同时段榜首,全网阅读量达 14.7 亿人次。

2021 年,台州移动主导大陈岛海缆建设项目,全长 36 千米的海底光缆与陆地光缆全部对接,为大陈岛铺设了一条海底"信息高速公路",有效改善了岛上的基础网络,助力打造"现代化大陈岛"。

2. 文化内容创作生产

2021 年,台州市路桥十里长街焕新亮相,原汁原味的老街里出现了推理馆、汉服馆,潮流与传统不断碰撞交融;天台县人民政府出台《天台县影视文化产业发展扶持办法(试行)》,打造出动画片《小济公》《济公之降龙降世》等本土文艺精品,吸引了 100 余部影视作品在天台县拍摄取景。

2021 年 4 月 15—16 日,台州市乱弹大型现代戏《我的大陈岛》在国家大剧院演出。该剧从 2016 年开始筹备,于 2019 年 4 月在台州市椒江区首次演出。该剧主要讲述了 1956 年 2 月到 1960 年 7 月,467 名青年登上孤岛垦荒、建设家园的故事。垦荒队员将青春岁月镌刻进历史,生动诠释了"艰苦创业、奋发图强、无私奉献、开拓创新"的大陈岛垦荒精神。该剧于 2018 年入选文化和旅游部戏曲剧本孵化计划项目一类作品,于 2020 年获第 34 届田汉戏剧奖剧本奖一等奖,于 2021 年 7 月入选国家艺术基金大型舞台剧和作品创作资助项目,为台州市首个入选的大型剧目。

2021 年 6 月,台州市椒江区民俗农历二十四节气("送大暑船")入选国家级非物质文化遗产代表性项目名录扩展项目名录。"送大暑船"是指在每年小暑至大暑节气,以椒江区葭沚一带渔村为中心区域举办的集送五圣仪式、民间文艺表演等于一体的综合性民俗活动。

2021 年 6 月 26 日,与上海世纪出版集团合作引进的朵云书院黄岩店建成开业,总投资 1.1 亿元,面积达 3000 平方米。该书店举办"江畔书房分享会""文献中的百年党史图片展""百年潮涌台州湾主题展"等各类文化活动,营造出主题鲜明、内容鲜活的特色场景,成为集红色阅读、文创研学、雅集餐饮于一体的文化新地标。

2021 年 11 月,"稻·源·启明——浙江上山文化考古特展"在国家博物馆展出。台州市仙居县下汤遗址出土的代表性文物炭化稻米、红陶罐、石磨盘等 33 件"宝物"在展览中展出。

3. 文化创意设计服务

2021 年,台州市举行首届文化创意精品展,110 多家企业展出了 270 多个系列的精品展品。大陈岛垦荒青年志愿者形象 IP"阿垦"推出了励志茶具套装、古风蒲扇等文创衍生品;在浙东唐诗之路展区,李白在显示屏上吟诗作赋,观众可"穿越千年"与其"一决高下"。台州市还携手哔哩哔哩网站冲破"次元壁"推出线上文展,共吸引 200 多万名网民观看展览或参与互动。

此外,总投资 1.5 亿元、占地 60 亩、由 18 座老旧粮仓改建的"老粮坊"已成为台州市最大的文化创意聚集地。除了将老粮坊文创园打造成综合性文化创意产业街区,台州市还积极拓展"文化＋工业""文化＋设计"等新兴业态深度融合发展。位于台州市黄岩区的模塑工业设计基地是全省 12 个重点特色工业设计示范基地之一；台州市路桥区的广告创意印刷产业园成为立足台州、辐射全省的广告创意企业集聚地。

4. 文化传播渠道

台州市积极推进文化出"台"，充分利用长三角区域一体化的发展机遇，开展以"追着阳光去台州"为主题的系列活动，取得显著成效。2021 年，投资建设和合小镇 41 亿元，使其成为和合文化国际传播中心，不断提升"和合文化"的品牌影响力。2021 年 12 月 9 日，和合文化全球论坛在天台县举行。来自中、法、日、韩等 10 余个国家的国际组织代表、国外驻华使节、国际汉学家，以及有关智库、高校、研究机构的专家学者等 150 余人通过线上或线下的形式参会。本次会议决定将和合文化全球论坛会址永久落地天台，搭建起中华优秀传统文化走向世界和中西文化互鉴的交流平台。

5. 文化投资运营

台州市持续深化文化体制机制改革，在加大政策资金支持力度、优化文化产业布局、吸引市场文化产业投资、聚焦人才集聚培养、孵化新型文化业态等方面全面发力，推动现代文化产业体系和市场体系构建阔步前行。2021 年 8 月 30 日，台州市人民政府与无锡拈花湾文化投资发展有限公司签订战略合作框架协议，通过开展文旅产业深层次合作，为台州文化润富增添新的动力。同时还成立了文化产业银行，推出文旅行业专属的金融产品"文旅贷"，每年提供 1 亿元专项信贷资金，支持文旅产业发展。

为促进文化事业的进一步繁荣发展，台州市逐步加大文化事业的财政支出。台州市投入建设国家级文化产业示范基地 2 个、浙江省重点文化企业 1 家、浙江省成长型文化企业 16 家、各类文化产业园区（街区）30 个，其中浙江省重点文化产业园区 4 个、浙江省文化创意街区 5 个。台州市黄岩区连续 2 次入选浙江省"文化产业 10 强县（市、区）"。在新冠疫情期间，政府加大政策扶持力度，出台了《台州市应对疫情影响振兴文化和旅游产业发展十一条措施》，专门安排 2000 万元资金用于激活文旅市场，促进文旅产业健康发展。

6. 文化娱乐休闲服务

近年来，依托山水秀色，挖掘先贤胜迹，串联名城古镇，台州市加快推进浙东唐诗之路目的地重要呈现点的建设步伐。台州市总投资 519 亿元，推进天台山景区改造提升，数字诗路文化体验园、台州府城创 5A 级景区、神仙居景区扩容提质等 35 个诗路标志性项目建设，连接起一条多维度、沉浸式的浙东唐诗之路文化体验线。其中，数字诗路文化体验园总投资5000 万元，利用 AI 等数字技术增强游客智慧体验效果。

7. 文化辅助生产和中介服务

立足当地特色，台州市积极建设文化产业功能平台，为行业发展赋能。森林包装集团股份有限公司运用"互联网＋包装印刷"的理念，搭建了宣传推广、研发设计、线上纸箱包装个性化定制的"快印包"平台，并于 2020 年底在上交所上市。森林包装集团的快印包平台配备了一支包含 50 多人的具有多年经验的包装设计团队，并与业内五六家杰出的专业包装设计公司达成战略合作,可以为客户提供从个性化设计、绿色印刷到售后服务的全链条支持,以创意设计创造高附加值,已服务近 1000 家包装印刷企业。台州市黄岩区模塑工业设计基地则成为引领台州市模塑产业转型升级的重要载体,集聚了工业设计企业 30 家、公共服务平台 10 家,每年诞生工业设计成果 2000 多件。2021 年上半年,该基地服务企业 1500 多家次,设计成果转化产值达 42 亿元。

8. 文化装备生产及文化消费终端生产

2021 年,台州市拥有规模以上文教、工美、体育和娱乐用品制造业企业 155 家(见图 1),其中亏损企业数量达 29 家。规模以上文教、工美、体育和娱乐用品制造业增加值达 250569 万元,新产品销售收入为 204636 万元,资产总计 846979 万元。

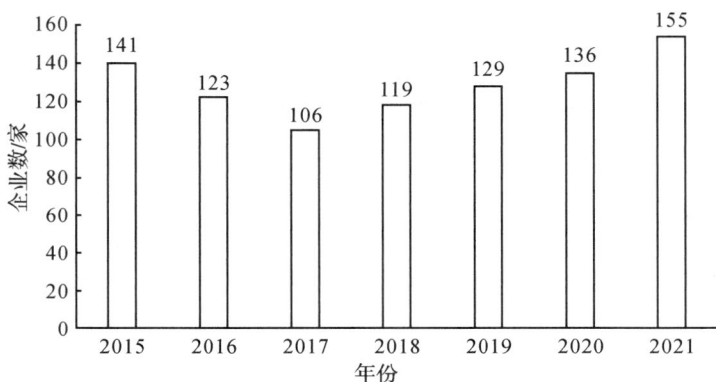

图 1　2015—2021 年台州市规模以上文教、工美、体育和娱乐用品制造业企业数

数据来源:《台州市统计年鉴 2022》。

2021 年,台州市拥有规模以上文化、办公用机械制造业企业 1 家。规模以上文化、办公用机械制造业新产品销售收入达 2228 万元,资产总计 5277 万元。

三、台州市文化产业发展政策

(一)《台州市国民经济和社会发展第十四个五年规划和二〇三五年远景目标纲要》

该纲要于 2021 年发布,重点提出"坚持垦荒精神立心,打造新时代文化高地"的目标。其内容包括:第一,打造红色精神传承弘扬高地;第二,擦亮"和合圣地"文化"金名片";第三,建设公共文化服务示范窗口;第四,打造长三角文旅融合发展样板。

(二)《台州市公共服务体系建设"十四五"规划》

该规划于 2021 年发布,重点提出以设施改善、服务提质为抓手,丰富多元文体产品和服务供给,构建更加便利普及的公共文体服务体系,促进公共文体服务从保障型向高品质转变。其具体内容包括:第一,深化"台州文化年"品牌内涵,举办特色鲜明的"文化四季"活动,持续实施台州市文艺名家(名团)展演工程。第二,丰富文化消费产品,加强对优秀传统文化的保护传承和转化利用,推进对天台山佛宗道源、唐诗之路和大陈岛等文化资源的数字化转化和开发,打造一批原创 IP,扶持一批主题文艺精品创作,开发一批传统文化消费产品。第三,加快推进"文化融消费",培育一批特色文化街区、夜间经济集聚区和文化消费平台,争创国家文化和旅游消费试点城市。第四,完善常态化文化消费促进机制,打造一批标志性文艺大题材,培育音乐会、歌剧、舞剧等文化艺术产品,开发更多适应城乡居民需求的高品质文化产品和服务。第五,全方位、多领域地推进文化和旅游的深度融合,创新开发"红色文化+旅游""非遗文化+旅游""海洋文化+旅游""文化演艺+旅游"等特色产品,打造全省文化和旅游融合发展高地。

(三)《台州市重大建设项目"十四五"规划》

《台州市重大建设项目"十四五"规划》于 2021 年发布,对文化旅游产业提出了发展方向,并制定了投资计划。其具体内容包括:围绕打造长三角最令人向往的山海休闲度假目的地的目标,高品质打造名山公园、海岛公园和浙东唐诗之路目的地,推动天台山、神仙居、台州府城景区提质扩容,建设玉环市海山岛生态旅游开发、三门县滨海旅游开发等项目,安排重大建设项目 84 个,计划投资 686 亿元。

四、台州市文化产业发展经验

(一)"企业培育+园区创建",推进文化产业带建设

"十三五"以来,台州市大力促进文化产业园区规模化发展,全市已拥有各类文化产业园区(街区)30 个。从主体培育到园区开发再到区域集聚,台州市通过串点成线、连片扩面,打造出具有台州特色的和合文化产业带,推进工业创意设计园区、文化创意街区、特色小镇等平台建设,进一步挖掘和赋能文化区域空间价值。

(二)"品牌打造+活动推进",绘就文化繁荣新图景

台州市积极打造"浙东唐诗之路目的地""和合圣地""大陈岛垦荒精神"等一系列鲜亮的名片,塑造了多元的城市文化形象。同时,台州市依托垦荒元素和海岛风情,全力推进大陈岛全岛旅游开发,在上、下大陈岛上修建网红景点、民宿酒店、商业街、游艇帆船基地等新标识,助推大陈岛旅游向高端延伸。

(三)"顶层设计+社会调动",优化产业发展软环境

为了壮大文化产业发展规模,台州市从政策扶持、金融创新、人才支撑、平台建设等方面给予企业全方位支持。台州市本级设立了每年 5000 多万元的文化旅游发展资金,大多数县(市、区)均设立了相应的配套资金。椒江区、临海市被列为浙江省文化产业发展专项资金扶持对象,2019—2021 年每年补助 1000 万元。

五、台州市文化产业发展展望

台州市文化产业发展依然存在一些问题,如:城乡发展不均衡,农村文化设施质量与数量与城区存在较大距离;文化服务内容待优化,文化资源未得到充分挖掘利用,台州文化标

识、优秀文艺作品较少;数字化短板明显,文化产业服务数字化建设体系不够健全;等等。未来,台州市文化产业应着力抓好以下几个方面。

(一)释放文化产业消费需求

未来,台州市将会进一步释放文化消费需求、扩大文化消费市场、拓宽文化消费空间,激发以消费驱动力为主的内生动力,促进文化创意产业的结构调整和转型升级,以工业设计、高端制造、影视传媒、戏剧歌舞、动漫游戏为主导开展文化消费试点工作。

(二)文化产业与科技创新融合发展

台州市未来可持续实施"互联网＋文化产业"战略,推进文化产业的数字化转型,加快推进特色小镇、重点园区、博物馆、风景区等场所的线上服务平台建设,打造开放赋能和资源共享的文化产业展示平台,开发适合多种渠道传输和终端推送的文化创意产品,为文化产业的发展提供新的增长点。

(三)培养引进文化产业专业人才

文化产业的高质量发展离不开充足的人力资源和坚实的智力支持。未来,培养和引进高新技术应用、原创产品开发、企业经营管理等领域的专业人才是推动新旧动能转换的重要环节。

参考文献

[1] 崔圣为,陈忠.台州市文化产业扶持政策的效率评估研究[J].知识经济,2019(06):34-36.

[2] 李弘.新旧动能转换思维下台州文化创意产业发展对策研究:以玉环为例[J].产业与科技论坛,2022,21(04):18-20.

[3] 林君荣.公共文化服务社会化的五大误区及应对措施研究:以台州市公共文化服务社会化实践为例[J].图书馆研究与工作,2018(05):21-24.

[4] 台州市人民政府.台州市人民政府关于印发台州市国民经济和社会发展第十四个五年规划和二〇三五年远景目标纲要的通知[EB/OL].(2021-07-16)[2022-06-08].https://zjjcmspublic.oss-cn-hangzhou-zwynet-d01-a.internet.cloud.zj.gov.cn/jcms_files/jcms1/web2787/site/attach/0/711f690978f54791a7ec0ccb92a60bc8.pdf.

[5] 台州市统计局.台州市2021年国民经济和社会发展统计公报[EB/OL].(2022-04-25)[2022-06-05].http://tjj.zjtz.gov.cn/art/2022/4/25/art_1229020471_58670547.html.

[6] 台州市统计局.台州市年鉴2022[EB/OL].(2022-12-13)[2023-06-06].http://tjj.zjtz.gov.cn/art/2022/12/13/art_1229020475_58671348.html.

[7] 台州市文化和广电旅游体育局.厚植文化沃土　赋能共同富裕|台州文旅产业发展驶入"快车道"[EB/OL].(2021-09-03)[2023-06-07].http://wgltj.zjtz.gov.cn/art/2021/9/3/art_1229568808_58903285.html.

[8] 谢官婕,邵陆芸.文旅融合视域下台州食俗文化的创意设计研究[J].今古文创,2021

（24）：69-70.

［9］浙江省地方志编纂委员会办公室编.浙江年鉴［M］.北京：方志出版社，2022.

［10］浙江省人民政府.激活传统文化　推动经济转型　台州文化产业"破茧成蝶"［EB/OL］.
　　（2021-11-22）［2023-06-08］.https://www. zj. gov. cn/art/2021/11/22/art_1554469_
　　59160234. html.

2022年湖州市文化产业发展报告

宋 雪

2021年,湖州市坚持以习近平新时代中国特色社会主义思想为指导,深入学习贯彻习近平总书记对浙江省和湖州市工作重要指示批示精神,努力提供优秀文化产品和优质旅游产品,高质量打造湖州文化生态新样本,高品质建设"湖光山色 度假之州"旅游目的地,为奋力建设绿色、低碳、共富的社会主义现代化新贡献力量。

一、湖州市文化产业发展环境

(一)区位环境:长三角新势力城市

湖州市地处长三角中心区域,是沪、杭、宁三大城市的共同腹地,是连接长三角南北两翼和东中部地区的节点城市,是"绿水青山就是金山银山"理念的诞生地、美丽乡村发源地、全国首个地级市生态文明先行示范区。湖州市辖吴兴、南浔2区和德清、长兴、安吉3县,面积达5820平方千米,2021年常住人口为340.7万人,比2020年末增加3.5万人。2021年,湖州市充分发挥上海大都市圈、杭州都市圈以及G60科创走廊、宁杭生态经济带等战略叠加优势,坚持全市"一盘棋",加强同以上海市为龙头的长三角各大城市的全方位合作,加快打造长三角绿色发展引领区,展现长三角新势力城市新形象。"轨道上的湖州"建设取得重大突破,建成沪苏湖铁路、湖杭铁路、如通苏湖城际铁路、杭德市域铁路4条铁路,建成湖杭、苏台、德安等6条高速公路,成为长三角承东启西、沟通南北的重要枢纽和上海大都市圈西翼门户。南太湖新区、长三角(湖州)产业合作区和湖州市接轨上海创新合作区,成为长三角区域影响力较强的开放平台。

(二)产业环境:"浙北再崛起"

2021年,湖州市坚持以新发展理念引领高质量赶超发展,经济总量实现跨越,质量效益稳步提高,"浙北再崛起"迈出坚实步伐。据《2021年湖州市国民经济和社会发展统计公报》,全市实现地区生产总值3644.9亿元,比上年增长9.5%;按常住人口计算的人均地区生产总值为107534元,比上年增长8.2%。其中,第一产业增加值为148.6亿元,比上年增长2.9%;第二产业增加值为1865.0亿元,比上年增长10.6%;第三产业增加值为1631.3亿元,比上年增长9.0%。三次产业增加值结构调整为4.1∶51.2∶44.7。2021年,规模以上工业总产值、5年累计有效投资规模均突破10000亿元,财政总收入跨越1000亿元台阶。以制造强市战略为引领,完善"4210"现代产业体系,工业总产值超百亿企业突破 10 家,上市公司总数达到 80 家。培育"八业千亿"乡村产业,农业现代化发展水平保持全省领先。

(三)文化环境:人文新湖州

湖州市是一座有着 100 万年人类活动史、2300 多年建城史的国家历史文化名城,是环太湖地区唯一因湖得名的江南城市,是"战国四公子"之一黄歇春申君的封地,是我国湖笔文化、丝绸文化、茶文化、瓷文化的发源地。湖学是宋韵文化的正脉所在,湖州与海派文化渊源深厚,"两弹一星"元勋等湖州优秀儿女为城市精神谱系注入了强大基因。2021 年,湖州市坚持群众所盼望、未来所向、文旅所能,高品质打造湖州文化生态新样本,高水平建设"湖光山色·度假之州"旅游目的地,加速推动文化产业高质量发展迈出新的步伐。全市人均接受公共文化场所服务次数位居全省第 2,成功入选"东亚文化之都"、国家文化和旅游消费试点城市、全国乡村博物馆建设试点城市,成为全省率先实现全域旅游示范区(县)全覆盖的地市。

二、湖州市文化产业发展现状

(一)产业总体发展现状

2021 年,全市 252 家规模以上文化及相关产业企业实现营业收入 180.1 亿元,比上年同期增长 21.9%,增速高于全省 6.7 个百分点,居全省第 7;利润总额达 8.18 亿元,居全省第 9;期末从业人员数量为 21120 人,居全省第 8。

1. 文化制造业发挥主力军作用

按产业分,2021 年,全市规模以上文化制造业营业收入为 133.9 亿元,比上年增长 26.4%,占规模以上文化企业总营业收入的 74.3%,对产业增长的贡献率达到 86.4%,拉动增长 18.9 个百分点;规模以上文化批发和零售业营业收入为 9.2 亿元,比上年增长 12.3%;规模以上文化服务业营业收入为 37 亿元,比上年增长 10.3%。

2. 文化新业态发展较快

从业态看,2021 年,在文化新业态特征较为明显的 16 个行业小类中,湖州市涉及互联网其他信息服务、互联网游戏服务、互联网广告服务、其他智能文化消费设备制造等 4 个行业小类,实现营业收入 4 亿元,比上年增长 38.4%,高于规模以上文化及相关产业面上增速 16.5 个百分点。

3. 文化产业相关领域占据"半壁江山"

按领域分,2021 年,文化产业核心领域规模以上企业营业收入为 83.4 亿元,比上年增长 15%,低于规模以上文化及相关产业面上增速 6.9 个百分点,对产业增长的贡献率为 33.6%,占规模以上文化企业总营业收入的 46.3%;文化相关领域规模以上企业营业收入为 96.7 亿元,比上年增长 28.6%,对产业增长的贡献率为 66.5%,占规模以上文化企业总营业收入的 53.7%。

（二）产业分类发展现状

1. 新闻信息服务

（1）报纸信息服务

2021年，湖州市出版各类报纸13.9万份，比上年增长0.7%。其中，《湖州日报》发行4.7万份，比上年增长4%；《湖州晚报》发行6.2万份，与上年基本持平；《湖州广电报》发行3万份，比上年下降2.6%。

（2）广播电视信息服务

在广播领域，2021年，湖州市共有广播综合节目6套，平均每日播音时长为85小时，全年制作广播节目18336.6小时，广播人口综合覆盖率为99.8%。在电视领域，2021年末，湖州市有线电视用户达671757户，有线电视入户率为76%，电视人口综合覆盖率为99.8%，平均每周播出674小时，全年制作电视节目15119小时。如表1所示。

表1　2021年湖州市广播、电视基本情况

项目	数量
广播基本情况	
节目套数/套	6
平均每日播音时长/小时	85
全年制作广播节目时长/小时	18336.6
广播人口综合覆盖率/%	99.8
电视基本情况	
年末有线电视用户/户	671757
年末有线电视入户率/%	76
电视人口综合覆盖率/%	99.8
平均每周播出时长/小时	674
全年制作电视节目时长/小时	15119

数据来源：《湖州统计年鉴2022》。

2. 内容创作生产

（1）文艺精品创作

2021年，湖州市充分发挥文化和旅游系统在党史学习教育和献礼建党百年中的主力军作用，隆重举办"不忘初心　砥砺前行"湖州市庆祝中国共产党成立100周年大型交响乐组歌（组曲）文艺演出活动。以湖州籍"两弹一星"元勋屠守锷为原型的原创湖剧现代大戏《国之守锷》成功首演，并开展系列巡演活动。

持续推进文艺精品创作生产，形成报告文学《一片叶子的重量：脱贫攻坚的"黄杜行动"》、话剧《清溪谣》等一批优秀作品，电视剧《爱在平凡》《待到春来化蝶时》等重点项目顺

利推进；湖州三跳《龙腾钱江赋》、评书《香樟树下》分别获浙江省第 11 届群众曲艺大赛金、银奖；民间舞蹈《百叶龙》《金狮呈祥》《叶球灯》获浙江省民间音舞大型广场展演民间音舞精品奖；民间音乐《太湖新渔歌》、民间舞蹈《花龙船》获浙江省民间音舞新作奖金奖。优化文艺创作生态，加大政策保障力度，扶持奖励文艺团队 23 个、文艺项目 32 个、文艺作品 19 件。

（2）内容保存服务

2021 年，湖州市加强重大文化设施建设，文化空间布局持续优化。2021 年末，全市拥有文化馆 6 家，举办展览 913 个，组织文艺活动 3751 场；拥有公共图书馆 6 家，总藏量达 4087 千册；拥有乡镇街道文化站 72 家；拥有博物馆（文化馆）38 家；拥有文物保护单位 422 家，其中国家级 28 家、省级 53 家。湖州市建成"文旅驿站"15 家，覆盖全市 1/3 以上乡镇。公共文化场馆大提升行动进展顺利，德清县和 17 家公共文化场馆分别成为省级公共文化场馆服务功能拓展县域综合试点和先行先试单位，人均接收公共文化场所服务次数位居全省第 2。

在公共图书馆领域，2021 年，全市公共图书馆总藏量达 4088 千册，比上年增长 20.4%；其中图书 3753 千册，比上年增长 31.6%。在博物馆领域，湖州市率先启动乡村博物馆建设项目，印发《中国乡村博物馆建设湖州试点三年行动方案》，全年完成乡村博物馆建设 35 家，成为全省唯一试点市、全国 3 个试点市之一。在文化礼堂领域，制定实施农村文化礼堂"提质增效 10 条"，新建礼堂 98 家，文化礼堂建设比全省提前 1 年实现 500 人以上行政村全覆盖。

在文物保护利用领域，湖州市全面加强文物保护工作，制定《全域开展全市文物安全工作全面提升三年行动的实施方案》，将文物安全工作全面纳入领导班子和领导干部年度考核、高质量发展综合绩效评价等指标体系。深入实施文化基因解码工程，启动活化利用"三年行动计划"，完成示范项目 16 个。

在非遗保护传承领域，湖州市遗产家底持续增厚，"长兴紫笋和安吉白茶制作技艺"申报"中国传统制茶技艺与相关习俗"人类非遗项目，成为全省唯一一个有 2 项制茶技艺入选非遗项目的地级市；三跳成功入选第五批国家级非遗代表性项目名录；18 人入选第六批省级非遗代表性传承人名录；新认定第八批市级非物质文化遗产代表性项目 45 项、第七批市级非遗代表性传承人 19 人。

3.创意设计服务

2021 年，湖州市持续完善金融支持数字文化产业发展政策体系，成立文创银行，统筹设立文创企业专项信贷资金 30 亿元。成功举办第 2 届"在湖州看见美丽中国"文创设计大赛，筹办文享会暨湖州市首届文化产业博览会。南太湖数字文旅创新发展区作为服务业高能级平台成功入选全省首批现代服务业创新发展区名单。湖州市首部本土动画《奇幻水晶晶》入选浙江省特色 IP 项目，并在全球上线。

4.文化传播渠道

2021 年，湖州市艺术表演团体演出机构数量为 84 个。湖州市有剧院 3 个，演出场次达

204 场,演出观看人次达 10 万人次,总收入达 2218.1 万元,如表 2 所示。湖州市、区、县联动举办"全民阅读节""国际博物馆日""文化和自然遗产日"系列活动,全年送戏下乡 1754 场,送书下乡 33.9 万册,送展览、讲座下乡 1441 场,全年放映农村公益电影 1.29 万场、红色电影 4661 场,开展"诗行选方"文化走亲 557 场,开展"城市艺术课堂""运河情""太湖风"等品牌艺术类公益培训 812 班次。

表 2　2021 年湖州市艺术表演基本情况

团体演出机构/个	剧院/个	剧院演出场次/场	剧院观看人次/万人次	剧院总收入/万元
84	3	204	10	2218.1

数据来源:《湖州统计年鉴 2022》。

5.文化投资运营

2021 年,湖州市充分发挥重点企业、重点项目的带动引领作用,全力推进文旅项目"四十百千"工程,建立全市重点文旅项目库,推广运用文旅项目数字地图,亿元以上重点文旅项目增加至 208 个,较 2020 年增加 67 个。按照"竣工运营一批、推进在建一批、开工建设一批、招引入库一批"的思路,全面梳理、完善文化和旅游项目库,统筹推进运河古镇集群建设,入选全省"运河明珠"项目 12 个。联合自然资源与规划、农业农村等部门,推动"坡地村镇、农业标准地"等政策在文旅领域落地,为海亮康养、西塞科学谷等文旅项目争取用地指标近 200 亩,带动项目流转用地 2000 余亩。加快文化产业项目培育和引进,有序推进龙之梦乐园、白茶小镇、大象酒店等一批重大项目建设,项目数量、年度投资额同比均增长 30% 以上,全市所有区县全部进入全省投资评价综合指数第一方阵。

6.文化娱乐休闲服务

2021 年,湖州市接待过夜游客 4335 万人次,实现旅游收入 1390 亿元。旅游业增加值同比增长 10.8%,占地区生产总值的 7.8%,增速和占比均居全省第 2。其中,全市接待国内游客 3631.50 万人次,分别恢复至 2019 年 27.5% 的水平;接待国际游客 42139 人次,恢复至 2019 年 12% 左右的水平。如表 3 所示。

表 3　2021 年湖州市旅游业综合情况

指标	数量
总游客量/万人次	3635.71
国内游客量/万人次	3631.50
国际游客量/人次	42139
星际饭店数/个	28
A 级景区个数/个	89
省级旅游度假区个数/个	7

数据来源:《湖州统计年鉴 2022》。

全域景区化实现突破,"城、镇、村"景区化加速推进,长兴县、安吉县分别创成 4A 级和 3A 级景区城,景区城、景区村庄的覆盖率达到 100%,景区镇的覆盖率达到 88.2%;莫干山景区入选首批国家级文明旅游示范单位;安吉余村入选联合国世界旅游组织评选的首批"世界最佳旅游乡村";南浔区成功创建省级全域旅游示范区,湖州市成为全省首个省级以上全域旅游示范区(县)全覆盖的地级市。2021 年度浙江省旅游业微改造综合评价指数中,湖州市位列全省第 1,下辖 5 个区县在全省 90 个区县排名中均名列前 12。

湖州市大力发展度假产业,创办湖州度假博览会,全国 45 个省级以上旅游度假区、10 大类别度假产品商参展,成立国家级旅游度假区高质量研究中心,发布《国家级度假区高质量发展研究报告》。成功举办长三角乡村文旅创客大会、长三角一体化古镇发展大会等品牌会展。德清洋家乐、浙江百叶龙成功入选省级文旅示范 IP,丁莲芳千张包子等 5 家单位入选省级文旅 IP 创建单位,16 家企业入选省级文旅企业梯度培育名单。乡村民宿数量达到 3088 家(省级民宿 118 家)。

7. 文化辅助生产和中介服务

(1)文化辅助用品制造

从机制纸及纸板产量来看,受市场低迷、纤维原料短缺、能源原料等主要生产成本攀升等因素的影响,造纸企业的生产经营面临较大压力。2021 年,全市拥有规模以上机制纸企业 16 家,居全省第 5;机制纸及纸板产量为 59.19 万吨,同比下降 3.5%,居全省第 8,占全省总产量的比例仅为 4.01%。如表 4 所示。

表 4 2021 年湖州市机制纸及纸板产量情况

企业数量		机制纸及纸板产量		同比增速		占全省产量比例	
数量/家	排名	产量/万吨	排名	增速/%	排名	占比/%	排名
16	5	59.19	8	−3.5	9	4.01	8

数据来源:《浙江省造纸工业 2021 年运行报告及 2022 年展望》。

(2)印刷复制服务

2021 年,湖州市规模以上印刷和记录媒介复制企业营业收入保持较快增速,但利润同比下降。具体而言,全年实现营业收入 21.4 亿元,比上年增长 18.5%;实现利润总额 1.2 亿元,比上年下降 12.9%。如表 5 所示。

表 5 2021 年湖州市规模以上印刷和记录媒介复制企业情况

单位数量/家	营业收入		利润总额	
	金额/亿元	增速/%	金额/亿元	增速/%
29	21.4	18.5	1.2	−12.9

数据来源:《湖州统计年鉴 2022》。

8. 文化装备生产

文化制造业是文化产业的重要支柱。湖州市文化产业制造业以办公用品、乐器、游艺器材、娱乐用品等文化用品的制造为主。以钢琴产业为例,作为长三角地区最大的钢琴制造中心,湖州市年产钢琴超过 5 万架,占全国总产量的 1/7;其中,以"农民造钢琴"闻名的洛舍镇,共有 114 家钢琴制造及配件企业,年产钢琴超过 5 万架,从业人员达 3000 人,产品出口德国、美国、法国、泰国、俄罗斯等 20 多个国家和地区,钢琴产业总产值约为 20 亿元。

9. 文化消费终端生产

2021 年,湖州市文化消费终端生产总体平稳,生产经营规模持续扩大,经济效益有所好转。以文教体育用品制造业为例,规模以上企业实现营业收入 89.8 亿元,同比增长 21.7%;利润总额为 6.0 亿元,同比增长 25.0%。如表 6 所示。

表 6　2021 年湖州市规模以上文教体育用品制造业企业情况

单位数/家	营业收入		利润总额	
	金额/亿元	增速/%	金额/亿元	增速/%
79	89.8	21.7	6.0	25.0

数据来源:《湖州年鉴 2022》。

湖州市围绕优化文化消费环境的目标,大力支持文化消费新业态发展,推动文化元素融入商业业态,积极推动展览、演出、节庆等文化项目与商圈、商街、商场联手,形成一批品牌化文商联动项目,不断激发"夜间经济"活力,在增添文化风景线的同时,也为市民文化消费提供了崭新的空间。2021 年,湖州市居民教育文化娱乐消费支出由负转正,同比增长 33.9%,其中居民人均文化娱乐支出为 1463 元,同比增长 19.5%。

三、湖州市文化产业发展政策

(一)《关于加快推进文化和旅游高质量发展　助力建设共同富裕绿色样本实施方案(2021—2025 年)》

2021 年,中共湖州市委办公室、湖州市人民政府办公室印发了《关于加快推进文化和旅游高质量发展　助力建设共同富裕绿色样本实施方案(2021—2025 年)》,提出以"文化先行、产业引领、品质提升、共建共享"为重点,推动文化和旅游产品与服务的"多元、互补、普惠、共享",助力高质量发展和共同富裕绿色样本建设。

(二)《全域开展全市文物安全工作全面提升三年行动的实施方案》

2021 年,中共湖州市委办公室、湖州市人民政府办公室印发《全域开展全市文物安全工作全面提升三年行动的实施方案》,市、县(区)、乡镇持续签订《文物安全责任书》,将文物安全工作全面纳入领导班子和领导干部年度考核、高质量发展综合绩效评价等指标体系。

(三)《推进旅游业"微改造、精提升"专项行动　高水平建设现代化滨湖花园城市工作方案(2021—2025)》

2021 年,中共湖州市委办公室、湖州市人民政府办公室印发《推进旅游业"微改造、精提升"专项行动　高水平建设现代化滨湖花园城市工作方案(2021—2025 年)》,从生态环境、公共设施、旅游体验、游客服务、运营管理、文化融入、市场营销、品质评价等方面打造"八精工程",增强人民群众的旅游体验感与幸福感。

四、湖州市文化产业发展经验

(一)坚持守正创新,探索文化传承新模式

湖州市深化国家历史文化名城建设,打造一批新时代文化湖州新地标,实施宋韵文化传世工程,传承振兴湖学文化,创新发展丝绸、书画、茶等传统文化,更好地保护、利用文化遗址、古镇、古村落、古建筑,成功入选"东亚文化之都"候选城市。深入实施文化基因解码工程,出台《湖州市文化基因解码活化利用三年行动计划》,建成全市文化基因解码数据库,持续擦亮南浔古镇、太湖龙之梦等十大省市共建文旅"金名片"。充分发挥资源和地缘特色优势,制定科学有效的文化遗产保护利用策略,全面展现文化遗产核心价值,形成了较为成熟完善的文化遗产保护与展示总体格局。深入实施"非遗再造"工程,成立湖剧传习中心(湖剧团),建设湖剧曲牌库,培育建设省级传统工艺工作站、非遗工坊和一批非遗主题旅游线路、省级非遗旅游景区,推出湖州城市文化礼物。

(二)坚守为民情怀,绘就精神共富新图景

加快健全公共文化服务网络,文化馆和图书馆覆盖率、乡镇文化站覆盖率、行政村文化活动室覆盖率均达 100%,城市"15 分钟文化服务圈"和农村"20 分钟文化服务圈"基本形成,在全国公共服务质量监测排名中,湖州市公共文化质量排名跃至全国第 3。持续优化城乡文化空间布局,谋划打造"文化星期天",启动市博物馆新馆片区、南浔区博物馆论证工作,推动市美术馆东馆区、吴兴区文化馆等建成开放。高质量供给文艺作品,聚焦中国共产党百年华诞和共同富裕绿色样本等主题主线,实施文化文艺创作行动,创作一批视觉艺术、舞台艺术作品,策划一系列主题展演、展览、展示活动。文化惠民深入人心,文艺创作出版规模和出版物种类位居全省前列。推进全国文旅公共服务融合综合性试点建设,制定文化和旅游公共服务机构融合体建设、管理和服务地方标准,构建主客共享文旅融合的新空间。推进全国广播电视公共服务试点建设,出台《湖州市广播电视基本公共服务项目指导标准》,促进广播电视公共服务转型升级。

(三)着眼文化赋能,共享绿色共富新成果

湖州市以文化赋能发展,在融合中拓展文化产业发展的广度和深度,从而实现了文化产业的跨越式发展。一是推动"文化＋旅游"发展,打响"湖光山色　度假之州"旅游目的地品牌。开展"微改造、精提升"行动,营造景美人和、主客和谐的旅游氛围。启动长三角

休闲娱乐中心、国家级江南文化展示中心、世界级乡村生活中心建设项目,推进浙北山地度假休闲带和大运河文化体验带建设。实施旅游品质 2.0 版建设计划,推进交通和旅游融合发展综合改革、山地休闲度假、民宿助力乡村振兴等省级试点项目,培育一批未来景区、未来酒店、未来民宿和未来乡村旅游。统筹推进省级文旅消费试点建设,培育"湖州三街"等特色旅游休闲街区。二是推动"文化＋体育"发展,打响"极限之都、户外天堂"品牌。充分利用湖州市丰富的山地资源和滨水资源,大力发展山地自行车、马拉松、极限运动、登山、探险、徒步、定向越野等多种类型的户外运动,打造长三角地区最佳体育旅游目的地。三是推动"文化＋乡村振兴"发展,实现文化传承和共同富裕。实施文旅赋能乡村振兴计划,支持农民利用自有资产发展休闲农业旅游等相关产业,探索发展乡村酒店、创意工坊、乡村米其林等新业态。

(四)强化数智治理,集聚加速发展新动能

全面整合文化和旅游资源,构建"1＋4＋N"文化和旅游数字化改革体系,确定文化和旅游治理迭代的"跑道"。强化顶层设计,出台《湖州市文化和旅游数字化改革工作实施方案》,构建文化和旅游党政整体智治运行体系、数字公共服务体系、数字产业发展体系和数字治理体系。谋深抓实多跨场景应用,完成"数字大脑文旅驾驶舱"建设,上线"度假湖州"总入口,推出"10 秒找空房、15 秒入住"等 6 个特色应用场景。行业治理实现变革,在全国率先出台关于玻璃滑道、骑马等 16 类旅游新业态项目的安全管理规范,落实多部门全过程联合监管机制,湖州市相关做法已在全省被推广;率先制定《湖州市露营营地景区化建设和服务指南(试行)》《湖州市露营营地景区化安全防范要求(试行)》《湖州市露营营地景区化管理办法(试行)》等文件,以部门联动推动营地景区化建设。政务服务 2.0 持续推进,承诺压缩比、即办率等核心指标保持在全省前列。

五、湖州市文化产业发展展望

湖州市文化产业仍存在以下几方面的问题:文化产业结构有待优化,主要集中于文化装备及文化消费终端设备的制造方面,核心领域与文化产业发达地区的差距较大;文化资源优势有待挖掘,区县之间发展不平衡,中心城市旅游凝聚力不够,文旅资源未能得到充分利用,缺乏具有高知名度和影响力的文化企业;文化旅游供需有待匹配,文旅业态不够全面丰富;文旅公共服务的体系化和智能化建设有待推进;文化遗产保护有待加强,文物保护管理机构不够健全,数字化改革对文化遗产保护的支撑度有待提升;等等。展望未来,湖州市文化产业的主要发展思路如下:

(一)传承历史文脉,擦亮城市文化品牌

深入挖掘和释放湖州市文化遗产资源特色和潜能,凸显湖州市文化遗产资源的全面性、地域性、代表性特点和地缘性特色优势,强化典型文化遗产的地位和作用,持续打响国家历史文化名城品牌。传承振兴湖学文化,创新发展丝绸、书画、茶等传统文化,推动湖笔保护和发展条例实施,促进历史经典产业和"老字号"创新发展,努力创建"东亚文化之都"。以传承湖州市传统产业文化基因为切入点,深化研究、优化重组,创造更多体现地方特色的文化产品。健全文化标识建设体系,打造"迈一步人类一百万年""品一道中国文化基因""研一堂江南千年湖学"品牌,全面展示湖州市深厚的历史人文底蕴和独特的文化魅力。深入推进乡村博物馆建设国家试点工作,积极探索建立湖州市乡村博物馆联盟。统筹安全与发展、保护与利用,在严守安全底线前提下创新保护模式、活化利用途径,推动文化遗产保护创新性发展、高质量发展。

(二)强化供需互促,提质人民美好生活

不断满足人民群众对美好生活的需要,大力推动文化供给侧结构性改革,实现需求与供给高水平动态平衡。深入实施文化惠民工程,推进艺术乡建全域行动,新建一批城市书房、文化驿站、乡村博物馆,打造"15 分钟品质文化生活圈"。优化城乡一体的公共文化设施网络布局,推进湖州市美术馆东馆、南浔区博物馆等大型公共文化设施建设,落实居民住宅区公共文化设施配套建设标准,全面实现"市有五馆一院一厅,县有四馆一院,区有三馆,乡镇有综合文化站"。挖掘"城市书房""文化阳台""文化街景""文化联盟"等现有公共文化服务的品牌内涵,融入"丝瓷笔茶"等优秀历史文化和当代城市核心文化,打造具有影响力的城市公共文化品牌。创新"互联网+"公共文化服务模式,深化"湖上云""南太湖智媒云"等公共文化平台建设,开发云上图书馆、云上文博、云上展览、云上音乐厅等数字化文化服务。健全群众公共文化服务需求征集和反馈机制,完善"订单式""菜单式""预约式"等服务模式。

(三)推动文旅融合,释放居民消费潜力

实施全域旅游"微改造、精提升"计划,大力发展乡村旅游、红色旅游、山地旅游、康养旅游等多样化融合产品,实现旅游场所改造全覆盖。统筹推进 15 张省级文旅"金名片"建设,培育建设"百县千碗·湖州味道"等文旅融合 IP 集群,建设一批富有文化底蕴的世界级旅游景区和度假区,打造一批国家级旅游休闲城市和街区。实施文旅高峰塑造工程,加快发展数字文化、创意设计、影视传媒等产业,推动文化智造高端化、品牌化。深入推进国家文化和旅游消费试点建设,发展城市灯光秀、游船夜游、24 小时书房等经济业态,加速推动露营营地景区化,打造都市"八夜"旅游经济,争创国家和省级夜间文旅消费集聚区。进一步强化区位优势,瞄准影视、动漫、游戏、电竞等细分行业,加强文化产业招商引资,大力兴办文化众创空间。围绕"龙之梦""花漾年华"等龙头项目,主动做好配套及增值服务,积极承接区域溢出效应。积极探索文化产业投融资体系建设,有效发动社会资本,有效利用社会资源,建设一大批博物馆、艺术馆、展览馆等民间文化场所,持续深化与携程、小红书、驴妈妈、同程旅游等平台的合作,为全市文化产业集聚、壮大营造氛围、提供支撑。

(四)健全育才体系,构筑文化人才高地

文化产业高质量发展的关键是人才。梳理文旅人才目录,加大高层次文旅人才引育力度。实施文旅铁军提升计划,支持"领军人才+团队+项目"的运作模式,完善文旅干部和人才考核评价奖惩机制,开展"扬长补短"事项比拼,深化"导师帮带制",实施年轻干部项目"首席负责制"。实施文旅能人培育行动,培养一批文化文博英才、文化主理人、村游富农带头人、旅游职业经理人、文旅湖州推介官。加强与湖州师范学院、湖州职业技术学院等高校合作,开展多层次、全方位的职业教育培训。探索民宿职业评价规范,推出民宿管理师等新兴职业,落实导游薪酬和社会保险制度,保障导游的合法权益。继续实行特级、高级和金牌导游(讲解员)评选奖励机制。积极开拓文旅人才培养国际合作与交流,加强文旅研究机构、智库建设,提升未来文旅人才素质。

参考文献

[1] 湖州市文化广电旅游局(湖州市文物局).2021年湖州市文化广电旅游文物工作总结[EB/OL].(2021-02-10)[2023-08-03].http://whgdlyj.huzhou.gov.cn/art/2022/3/7/art_1229513091_3860537.html.

[2] 湖州市人民政府.2022年湖州市政府工作报告[EB/OL].(2022-04-12)[2023-08-03].https://mp.weixin.qq.com/s/_A2B6XpsCgdx0xGzoRnrGw.

[3] 湖州统计局.湖州统计年鉴2022[M].北京:中国统计出版社,2022.

[4] 湖州市文化广电旅游局(湖州市文物局).湖州市文化广电旅游局(文物局)2021年工作要点[EB/OL].(2021-03-16)[2023-08-03].http://whgdlyj.huzhou.gov.cn/art/2021/3/16/art_1229513091_3640662.htm.

[5] 湖州市发展和改革委员会,湖州市文化广电旅游局(湖州市文物局).湖州市旅游业发展"十四五"规划[EB/OL].(2021-11-05)[2023-08-03].http://www.huzhou.gov.cn/hzgov/front/s1/xxgk/sswgh/sswzxgh/zdzxgh/jjfzl/20211105/i3069687.html.

[6] 湖州市发展和改革委员会.湖州市公共服务"十四五"规划[EB/OL].(2021-11-10)[2023-08-03].http://fgw.huzhou.gov.cn/art/2021/11/10/art_1229513465_3840104.html.

[7] 中共湖州市委党史研究室.湖州年鉴2022[M].北京:方志出版社,2022.

2022 年嘉兴市文化产业发展报告

吴怡频　　徐奕唯

自 2021 年以来,嘉兴市坚持围绕打造与社会主义现代化先行市和共同富裕示范区的典范城市相适应的新时代文化强市的目标,依据改革工作部署,奋力谱写嘉兴市文化产业高质量发展新篇章。嘉兴市优化公共文化服务供给,高质量承办中国历代绘画大系嘉兴特展,建成城乡一体"10 分钟品质文化生活圈"899 个。歌剧《红船》获全国"五个一工程"优秀作品奖,红色旅游精品线"重走一大路"航线入选全国 50 条水路旅游客运精品航线,嘉兴市作为红色根脉的辨识度得到进一步彰显。嘉兴市文化和旅游融合发展,以深化禾城文化复兴工程、打响"中国古镇看嘉兴"城市品牌为定位,旨在共筑文化发展高地和不断满足人民群众对高品质文化生活的需求。其中,"迎接中国共产党建党 100 周年——100 本中国主题书在马来西亚、越南、泰国等东南亚国家合作出版项目"成功入列 2021—2022 年度浙江省文化出口重点项目。嘉兴市共有 7 家企业成功入列 2021—2022 年度浙江省文化出口重点企业。

一、嘉兴市文化产业发展环境

(一)区位环境

嘉兴别称"禾城",是浙江省地级市、长三角城市群及上海大都市圈重要城市、环杭州湾大湾区核心城市、杭州都市圈副中心城市、沪嘉杭 G60 科创走廊中心城市,位于浙江省东北部的长江三角洲杭嘉湖平原腹地。嘉兴市处于江河湖海交汇之地,扼太湖南走廊之咽喉。作为沪杭、苏杭交通干线中枢,嘉兴市交通便利,高铁可在 1 小时内直达杭州市、上海市,实现与周边城市的高效联通。同时,借助优越的地理优势,嘉兴市积极融入上海、杭州都市圈,协同共建平湖—金山产城融合发展区等省际毗邻区,张江长三角科技城平湖园、上海漕河泾新兴技术开发区海宁分区等合作平台。加强海宁、桐乡融杭板块协同,大力推进杭海新区建设。积极推动嘉湖一体化、甬嘉一体化和苏嘉一体化。

"十四五"期间,嘉兴市扎实推进枢纽嘉兴建设,加快构筑以"三圈三枢纽"为标志的高水平现代化交通体系,扩大轨道交通对长三角城市的连接,加密沪嘉杭通道,构建苏嘉甬通道,谋划嘉湖通道,为发展旅游业奠定良好的基础。

(二)产业环境

据《2021 年嘉兴市国民经济和社会发展统计公报》,2021 年嘉兴市生产总值为 6355.03 亿元,比上年增长 8.5%;人均生产总值为 116323 元。其中,第一产业增加值为 131.97 亿元,比上年增长 1.7%;第二产业增加值为 3453.75 亿元,比上年增长 10.7%;第三产业增加值为 2769.56 亿元,比上年增长 6.3%。全市财政总收入达 1122.77 亿元,保持全省第 3。全市进一步深化"凤凰行动"和"上市 100"专项行动,新增上市公司 5 家,累计上市公司 70家。全市规模以上工业重点数字经济核心制造业、时尚制造业、文化制造业的营业收入比上年分别增加 514.75 亿元、272.28 亿元、124.04 亿元,新产业、新业态、新模式加速成长。

(三)文化环境

嘉兴市建制始于秦,有 2000 多年的人文历史,自古为繁华富庶之地,素有"鱼米之乡""丝绸之府"的美誉,是一座具有典型江南水乡风情的国家历史文化名城。嘉兴市历代名人辈出,涌现出沈钧儒、茅盾、金庸、徐志摩、王国维、丰子恺、张乐平等名家大师。近年来,嘉兴市积极实施"文化强市"战略,通过打响嘉兴端午民俗文化节、嘉兴国际漫画双年展、乌镇戏剧节等特色品牌,广泛开展市民文化艺术节、乡村文化艺术周、"文化走亲"等群众文化活动,有效丰富了群众的精神文化生活。文化遗产保护不断深入。全市拥有国家级非物质文化遗产代表性项目15 个,以及省级和市级非物质文化遗产代表性项目 394 个。全市还拥有文化艺术表演团体 21个、艺术表演场所 26 个、文物保护单位 1267 家、全国重点文保单位 24 家、省级文保单位 59 家和文物保护点 714 个。连续举办文化和自然"遗产日""服务传承人月"系列活动,扎实开展"非遗暖禾城"等系列爱心公益行动,营造全社会关心和支持非遗保护传承事业的良好氛围。

嘉兴市致力于全面完善品质文化生活圈,推进农村文化礼堂、社区文化家园、智慧书房、文化有约等载体建设。同时,逐步打造城乡一体"10 分钟品质文化生活圈"。嘉兴市连续 8年在全省地市基层公共文化服务评估指标上位列第 1,群众的获得感、幸福感、安全感持续提升。嘉兴市在全国率先探索建立公共图书馆和文化馆总馆体系,构建起具有嘉兴特色、东部地区示范、全国领先的现代公共文化服务体系,城乡公共文化服务均等化水平走在全国前列。南湖革命纪念馆入列国家一级博物馆,成为全省首家革命纪念类国家一级博物馆。全市建成市、县 2 级文化馆 8 家、公共图书馆 8 家、各类博物馆 35 家、文化站 72 个、农村文化礼堂 791 家,文化馆、图书馆均达到部颁一级标准。嘉兴市推进高品质民生优享,深入推进"健心客厅"项目。3 个试点"健心客厅"累计入驻心理顾问 300 人次,开展活动 200 多场,提供心理服务 1.6 万次。嘉兴市在全市公共图书馆体系内,共建集健心、阅读、休闲、育儿于一体的"健心客厅"48 家,逐步实现全方面覆盖。

嘉兴市公共图书馆体系日益完善,依托智慧化技术与手段,积极举办"农民读书会""嘉书房""阅动全家·书香嘉兴"主题阅读活动,构建联络城乡、各街道一体化的公共图书馆服务体系。表 1 和表 2 分别列举了 2021 年嘉兴市图书馆及文化馆的情况。

表 1 2021 年嘉兴市图书馆情况

图书馆数/家	藏书量/万册	发放借书证数量/个	图书馆流通人次/万人次
8	1170	1385611	1346

数据来源:《嘉兴年鉴 2022》。

表 2　2021 年嘉兴市文化馆情况

文化馆数/家	举办展览个数/个	组织文艺活动次数/次	举办训练班次数/次	训练班结业人数/人
8	308	2004	3019	106400

数据来源:《嘉兴年鉴 2022》。

二、嘉兴市文化产业发展现状

(一)文化产业总体发展现状

2021 年,嘉兴市文化产业规模稳步扩大,文化产业总产值快速增长。全市规模(限)以上文化单位产出 796 亿元;产业主体不断壮大,新增文化产业单位 1611 家,新增规模以上文化单位 81 家;实现文化产业投资 196 亿元,从业人员达 74131 人;资产总额达 1181.77 亿元,文化产业成为嘉兴市经济支柱产业。同时,嘉兴市高度重视文化产业的发展,全年全力迎接建党百年,一批先进集体和先进个人获国家文旅部表彰,2 部红色文艺精品登上国家大剧院舞台。基层公共文化服务评估蝉联全省"八连冠",红色旅游列车获央视新闻联播报道 2 次,多项文化工作入选省级试点,为进一步打造"重要窗口"最精彩板块凝聚文旅力量。

(二)文化产业分类发展现状

1. 文物与非遗的保护与利用

作为国家历史名城,嘉兴市全面深入开展文化遗产保护工程。

一是着力加强文物和非遗保护利用。推进"文化基因解码工程"落地见效,全市梳理文化元素 2822 项、重点文化元素清单 144 个,完成基因解码 127 项。加强马家浜、子城、罗家角等历史遗址遗迹的保护和管理,积极承接马家浜考古遗址公园建设第四批国家考古遗址公园的申报工作,持续加快推进乌镇、西塘等江南水乡古镇和"海宁海塘·潮文化景观"申报世界文化遗产工作。嘉兴市南湖区中共"一大"会址、沈钧儒故居入选浙江省第一批革命文物名录以及浙江省文化和旅游厅首批 7 项省法治文化标识培育对象。"海宁潮传说"等 23 个项目入选第七批嘉兴市非物质文化遗产代表性项目,19 位传承人入选第六批省级非物质文化遗产代表性传承人,12 种非物质文化遗产旅游商品入选第三批省优秀非物质文化遗产旅游商品,"红船文化"等 7 个项目被列为全省首批"浙江文化标识"。

二是积极探索文物活化路径。嘉兴市南湖区文化和旅游局启动与嘉兴广电集团联合开展的"跟着文物游嘉兴"融媒体行动,于 2021 年推出 24 期文物宣传视频,详细传播嘉兴丰厚的文化底蕴,实现了社会影响力和全民保护文物意识双提升。征选百位非遗少年拍摄的原创 MV《红船谣》登录"学习强国"平台。举办嘉兴非遗百件红色主题作品展、非遗文艺晚会、元宵非遗戏曲专场活动。

2. 文化娱乐休闲服务

2021 年,嘉兴市扎实推动文化娱乐休闲服务产业高质量发展。2021 年嘉兴市实现旅游收入 503.54 亿元,比上年增长 13.4%;共接待国内外游客 3218.72 万人次,比上年增长 10.0%,入境旅游人次达 3.42 万人次,实现旅游外汇收入 2934.34 万美元,如表 3 所示。以 "百千万"工程为抓手,全年新创建 4A 级景区城 1 个,3A 级景区城 2 个,景区镇 17 个,景区村庄 147 个,其中 3A 级景区村庄 19 个,如表 4 所示。各景区整体具备较为完善的旅游产品体系和服务体系,平均接待游客数、旅游经营总收入、净收入 3 大主要经营指标均超过全省平均水平,在全市乃至全省均起到标杆示范作用。

表 3　2021 年嘉兴市旅游业综合情况

总游客量/万人次	旅游总收入/亿元	入境旅游人次/万人次	旅游外汇收入/万美元
3218.72	503.54	3.42	2934.34

数据来源:《2021 年嘉兴市国民经济和社会发展统计公报》。

表 4　2021 年嘉兴市景区综合情况

4A 级景区城/个	3A 级景区城/个	3A 级景区镇/个	3A 级景区村/个
1	2	17	19

数据来源:《嘉兴年鉴 2022》。

2021 年,嘉兴市以南湖革命纪念馆为旅游主线,赓续红色基因。全年接待参观者 220 余万人次,接待全国各地党政代表团队及全市各级党员干部 2600 余批次、65000 余人次。国内首条纳入铁路运营图的红色旅游列车"南湖·1921"开通,推出新时代"重走一大路"路线。精选"红船精神百年百景",形成"首创之旅""奋斗之旅""奉献之旅"3 大主题的 15 条精品游线。作为嘉兴市文化旅游的传统名片,传统老字号五芳斋在数字时代潮流中创意求新,积极与各大 IP 联名商品,丰富自身的产业矩阵。以 AI 虚拟数字人"五糯糯"俘获年轻人的关注,拥抱具有中国人情味的数字时代,元宇宙影片《锥宇宙》在微博创下了 929 万次播放量的纪录,实现老字号文化传播方式的迭代。始于 1987 年的嘉善县非遗传统糕点食品厂"嘉善申泰"也积极拥抱数字化转型大趋势,通过"主播＋品牌方"的模式促进企业转型,借助文化将匠心味道和破圈创意联结起来,传播老字号承载的文化价值,带动嘉兴传统企业在新时代实现匠心传承下的创意蝶变。

3.新闻出版服务

(1)新闻出版

2021 年,嘉兴市编印《嘉兴日报》358 期、《南湖晚报》361 期,10 件作品获得省级以上新闻奖一等奖,其中 5 件作品获浙江新闻奖一等奖。嘉兴市推出庆祝建党百年系列主题宣传报道,开设《庆建党百年　在红船起航地感受美好中国》《嘉兴蝶变正当红》等专题专栏 20 多个,推出相关报道 8000 余篇(条),策划组织《沿着总书记的踪迹》《根脉永续·重走一大路》等一批大型新闻行动。联合新华社、《人民日报》等央媒,推出新闻作品《2021,送你一张船票》、微视频《中国红色密码|红船启航》等,网上参与人次达 5000 万人次。"七一"前夕,共接

待省媒、央媒、外媒 60 余批次。

（2）电视广播

2021 年，嘉兴市广播电视集团全年总收入为 5.43 亿元，比上年增长 27.01%。嘉广集团有 74 件新闻作品获省级以上奖项（其中一等奖 9 件），获"2021 年度全国广播电视媒体融合典型案例""全国 TV 地标年度综合实力城市台"等荣誉。亮相中央电视台《新闻联播》70条次、《焦点访谈》8 次、其他栏目 180 多条；在中央人民广播电台播出 58 条，在浙江卫视、浙江之声分别播出 598 条、344 条，在人民网、新华网、"学习强国"等全国级新媒体平台推出报道 240 多篇，极力将党的梦想启航地的好声音、好故事传播出去。同时，联合浙江广电集团制作广播剧《红船》，该剧自 2021 年 4 月起在中央人民广播电台《中国之声》、"学习强国"、集团各广播频道等数十个平台进行全媒体展播，并入选中宣部、国家广电总局"庆祝中国共产党成立 100 周年优秀广播剧展播活动推荐剧目"。特别策划《百个支部话初心》大型音视频展播活动，在 FM104.1 广播端、"禾点点"App、市委组织部"红船领航"公众号同步推出 100期，其中在"禾点点"App 上的总点击量超过 400 万次。

（3）图书出版

出版行业以精品出版为核心，推动出版行业持续健康发展。2021 年，嘉兴市出版发行《中国共产党嘉兴历史第三卷（1978—2002）》，该书由浙江人民出版社出版，共有 66 万字，全面记述和深刻反映了 1978 年 12 月中共十一届三中全会到 2002 中共十六大召开期间，嘉兴市改革开放和现代化建设的历史进程、辉煌成就以及蕴含的经验教训。《嘉兴市志（1991—2010）》《红船起航地——嘉兴"百年百忆"系列丛书》由方志出版社出版发行。

4. 文化投资运营

2021 年，嘉兴市加快文化和旅游项目投资建设，全市纳入文旅项目管理平台项目 171个，项目总投资 1385.67 亿元，实际完成投资 207.83 亿元。海盐融创文化城水乐园建成开放，濮院时尚古镇有机更新核心景区基本建成，盐官音乐文旅项目初具雏形。

在运营管理领域，嘉兴市注重积极创建国家级文化产业示范园区，聚集培育一批主业突出、具有核心竞争力的骨干文化产业园。2021 年 5 月，开街的火车头文化创意街集聚文创企业 220 余家。以文化创意为方向，引进引领街区发展、支撑街区形象的优质项目，形成了设计与广告产业群、文化与艺术产业群、报业及传媒产业群、创新型互联网产业群等产业集群。通过"文创＋电商"的产业革新模式，南湖新区文化产业园实现快速发展。2021 年 1—5 月，该园区共引进项目企业 52 家，其中电子商务类企业 47 家、文创企业 3 家。该园区已聚集各类跨境电商企业 70 余家。一季度产值达到 13 亿元，同比增长 50%，创造税收超过 3200 万元。"十四五"期间，南湖新区文化产业园形成以产业汇聚、平台赋能、资源共享为核心的跨境电子商务产业生态圈，同时高质量推进文创产业园的"环河休闲步行带""文化艺术步行街"建设，始终巩固南湖新区在全省文化创意产业中第一梯队的位置。

三、嘉兴市文化产业发展政策

2021 年,嘉兴市着力健全非遗保护体系建设。基于《关于进一步推进非遗馆总分馆体系建设的指导意见》《嘉兴市非物质文化遗产数字化改革方案》,实施数字非遗馆建设工程,强力打造以县级非遗馆为基础的全市统一门户,建立全市互联互通、共建共享的非遗资源库,智能协同,培育具有当地特色的非遗品牌。依据《关于进一步提升公共图书馆总分馆服务体系数智化建设水平的指导意见》,开展以智慧书房为重点的智慧化建设,提档升级已建智慧书房,按新标准建设智慧书房和礼堂书屋,为读者提供无人值守的智慧空间。2021 年嘉兴市文化产业发展政策如表 5 所示。

表 5 2021 年嘉兴市文化产业发展政策

发文机构	发布时间	政策名称
嘉兴市文化广电旅游局	2021 年 1 月	《关于推进社会保障卡在文化旅游领域"一卡通"应用的实施方案》
嘉兴市文化广电旅游局	2021 年 3 月	《关于同意设立平湖玺印篆刻博物馆的批复》
嘉兴市文化广电旅游局	2021 年 4 月	《关于切实做好 2021 年健心客厅建设工作的通知》
嘉兴市财政局	2021 年 4 月	《嘉兴市宣传文化发展专项资金管理办法》
嘉兴市文化广电旅游局	2021 年 9 月	《关于进一步提升公共图书馆总分馆服务体系数智化建设水平的指导意见》
嘉兴市文化广电旅游局	2021 年 9 月	《嘉兴市非物质文化遗产数字化改革方案》
嘉兴市文化广电旅游局	2021 年 9 月	《2021 年"共庆百年 同颂党恩"嘉沙文旅走亲系列活动方案》
嘉兴市文化广电旅游局	2021 年 9 月	《2021 嘉兴市文化和旅游消费季方案》
嘉兴市文化广电旅游局	2021 年 9 月	《开展 2021 年"文化和自然遗产日"嘉兴市系列活动的通知》
嘉兴市文化广电旅游局	2021 年 9 月	《关于开展 2021 年全市 A 级旅游景区复核工作的通知》
嘉兴市文化广电旅游局	2021 年 12 月	《关于进一步推进非遗馆总分馆体系建设的指导意见》

四、嘉兴市文化产业发展经验

(一)建设文化地标,成就千年古城华丽蝶变

2021 年嘉兴市深入提升城市文化品质,着力推进一批标志性工程,打造广大市民和游客流连忘返的时尚新地标。高标准、高品质、高要求地实施了子城遗址公园改造、南湖天地建设、西南湖鸳鸯廊桥修缮、天主教堂修缮、春波门复建、铜官塔复建等一系列文化工程,打造出一批彰显禾城文化、具有嘉兴气质的文化地标项目,嘉兴火车站成为历史与现代交融、沧桑与时尚兼具的"森林中的火车站"。让沉睡千年的遗址真正"活"起来,展现嘉兴 7000 年文化史的马家浜考古遗址公园初具雏形,子城考古遗址公园等文化地标也相应地改造提升或建成开放。

（二）彰显书韵禾城，传承经典文脉

嘉兴市召开"书香满禾城　文化富有路"精品书香线路推介会，开展全省文化和旅游促进人民群众精神富有试点工作，推动各个图书馆、智慧书房、礼堂书屋等阅读阵地与旅游产业相结合，持续营造全民阅读的书香氛围，让阅读成为嘉兴市民的一种生活方式。扎实的全民阅读工作有效提升图书出版与销售产业能力，影响居民文化消费习惯，传承城市历史文脉，营造书香嘉兴。

（三）庆祝建党百年，提升地域文艺精品制作能力

建党百年之际，贯彻落实以"嘉兴之窗"展示百年大党的风华正茂。嘉兴市高质量地完成了南湖革命纪念馆《红船起航》主题展，牵头制作的舞剧《秀水泱泱》、电视剧《大浪淘沙》、电影《红船》、话剧《初心》等精品文艺作品好评连连，歌剧《红船》获全国"五个一工程"优秀作品奖。以市、县、镇、村4级联动多种形式，开展"颂党恩跟党走"主题宣传和群众文化活动1000多场，直接参与人次达120多万人次。

（四）拓展文化传播，聚力文化内外交流窗口

实施文化"走出去"战略，借助"一带一路"和世界互联网大会等有利契机，组织参与中国国际进口博览会、嘉兴文化产业博览会，加强文化传播，讲好嘉兴故事，提升嘉兴旅游的国际影响力。嘉兴市本土企业——浙江博学文化传媒有限公司借助互联网技术面向共建"一带一路"国家和地区推广外文版中国主流文化图书，逐步建立起全球图书市场销售渠道，与国外40多个国家和地区的出版社密切联系、深入洽谈、向其推广销售。

五、嘉兴市文化产业发展展望

（一）推进禾城文化复兴

嘉兴市落实《嘉兴历史文化名城保护规划》《中共嘉兴市委嘉兴市人民政府关于实施禾城文化复兴行动的意见》，实施"一湖一河一城一轴一古一名"6大文化片区框架下的禾城文化复兴行动，解码禾城文化基因。重点实施天籁阁、兰溪会馆等复建展示工程，着力打造天籁阁城市文化品牌。启动冶金厂工业遗产区、城隍庙片区、梅湾名人文化片区等重点区域规划设计工作，编制东塔、子城遗址保护大棚、嘉兴运河文化博物馆、塘浦圩田文化景观等重要工程项目设计方案。积极推进马家浜考古遗址公园二期工程，力争子城遗址保护大棚项目开工。积极破解文物管理体制机制问题，强化文物工作队伍建设。完成《大运河（嘉兴段）世界文化遗产保护规划》，完善大运河遗产监测平台建设，推进大运河国家文化公园建设。推进非遗馆总分馆制建设，构建全市优秀传统文化区域性传承保护体系。

（二）升温全域旅游发展

嘉兴市将进一步推动文化和旅游发展深度融合。围绕景区城、景区镇、景区村庄创建，提升全域旅游发展品质。有序推进村庄景区化创建工作，实施景区村庄提质扩面工程，以丰富美丽乡村旅游业态、支持村民创业致富为重点指导景区村庄转型提升。积极引进乡村新

业态,在传统的田园观光、农耕体验、农家美食的基础上,创新景区村庄运营理念,重点发展农业非遗体验、农产品精加工等"沉浸式体验"活动,增强景区村庄市场吸引力。

(三)大力弘扬红船文化

2021年,嘉兴市将红色文化刻入城市肌理,建设南湖天地,提升南湖革命纪念馆展陈效果。上海市至嘉兴市的"南湖·1921"红色旅游列车恢复运行,嘉兴市在建党百年期间重现"重走一大路"历史场景,弘扬伟大建党精神,成为传承红船精神的红色标杆线。未来将着力推进红船文化和旅游融合发展,继续打造"船游嘉兴""夜游南湖""南湖船宴"等项目。大力推广红船文化背景下的文旅精品游线和红色游线。"十四五"期间推进以"红船古韵"为主题的廊道建设,结合南湖红色旅游文化、马家浜遗址区、罗家角遗址区和乌镇茅盾故居等,打造具有红色文化底蕴的历史人文走廊,改善红色旅游服务设施,塑造红色文化旅游新形象。

(四)深化数智赋能发展

构建文旅智慧大脑,在贯通省厅数字化改革项目的基础上,结合嘉兴市文旅实际,加快推进"互联网+文旅"消费业态的发展,开发云旅游等数字旅游产品,推广沉浸式体验型数字前沿产品。在完成"南湖区智慧文旅 E 站""文娱 e 管家"省文旅厅试点项目的基础上,进一步落实全市 4A 级以上旅游景区和省级以上旅游度假区 5G 网络全覆盖,推出一批数字化乡村和智慧民宿,力争取得新突破。

参考文献

[1] 嘉兴市统计局.2021 年嘉兴市国民经济和社会发展统计公报[EB/OL].(2022-06-27)[2023-07-11]. https://www. jiaxing. gov. cn/art/2022/6/27/art_1536193_59539185. html.

[2] 2022 嘉兴文化产业博览会暨睿抗数字创意全国总决赛今日开幕[EB/OL].(2022-08-05)[2023-07-11]. https://baijiahao. baidu. com/s? id=1740295899191270294&wfr=spider&for=pc.

[3] 嘉兴市卫生健康委员会.线上线下联动为民"健心",嘉心在线 2.0 版正式上线[EB/OL].(2021-08-25)[2023-07-11]. https://www. jiaxing. gov. cn/art/2021/8/25/art_1597752_59389888. html.

[4] 嘉兴市地方志编纂委员会.嘉兴年鉴 2022[EB/OL].(2023-02-13)[2023-07-11]. https://www. jiaxing. gov. cn/col/col1536128/index. html.

[5] 嘉兴日报点赞南湖新区:彰显文化教育事业"新区典范"辨识度[EB/OL].(2021-09-18)[2023-07-11]. http://www. nanhu. gov. cn/art/2021/9/18/art_1584144_59028287. html.

[6] 杨颖慧.扛起守好红色根脉政治担当 推动党史学习教育走深走实[N].嘉兴日报,2021-08-16(02).

2022 年衢州市文化产业发展报告

张云鹤

在双循环新发展格局的背景下,衢州市政府高度重视文化产业推进工作,将其作为加快建设浙、闽、皖、赣四省边际中心城市,打造四省边际共同富裕示范区和文化高地"金名片"的战略支撑。近年来,衢州市坚持以文化产业服务为重要支点,构建新发展格局,探索出了一条依托地域文化带动文化产业发展的可借鉴之路。

一、衢州市文化产业发展环境

(一)区位环境

衢州市是浙江省辖地级市,位于浙江省西部,南接福建南平,西连江西上饶、景德镇,北邻安徽黄山,东与省内金华市、丽水市、杭州市 3 市相交。衢州市总面积为 8844.79 平方千米,辖柯城区、衢江区 2 个区以及龙游县、常山县、开化县 3 个县,代管江山市,常住人口达228.70 万人。衢州市位于金衢盆地西段,属亚热带季风气候区。

衢州市交通十分便捷,陆、水、空交通网四通八达,其文化产业发展环境有着较大的地理优势。公路国道、省道纵横境内,市区到各县(市)的半小时经济圈已经形成,衢州民航已开通北京、深圳、广州等航线;杭(杭州)金(金华)衢(衢州)高速公路衢州段已经全面建成,黄(黄山)衢(衢州)南(南平)高速公路衢州段、杭(杭州)新(新安江)景(景德镇)高速公路衢州段、龙(龙游)新(新安江)高速公路、龙(龙游)丽(丽水)高速公路已经开工,浙赣电气化铁路横贯东西,九(九江)景(景德镇)衢(衢州)铁路的衢州至常山段已经开工建设,衢州到四省边际各中心城市之间已形成 2 小时交通圈,区位优势十分明显。

(二)产业环境

据《2021 年衢州市国民经济和社会发展统计公报》,2021 年全市生产总值为 1875.61 亿元,按可比价格计算,比上年增长 8.7%;与 2019 年相比,平均增长 6.0%。分产业看,第一、二、三产业增加值分别为 87.11 亿元、811.05 亿元和 977.45 亿元,分别比上年增长 2.8%、10.7% 和 7.8%。第三产业中,交通运输、仓储和邮政业增加值比上年增长 21.9%,批发和零售业增加值比上年增长 13.3%,住宿和餐饮业增加值比上年增长 15.5%,金融业增加值比上年增长 8.8%,房地产业增加值比上年增长 2.0%。人均地区生产总值为 82174 元(按年平均汇率折算为 12737 美元),比上年增长 8.1%。

(三)文化环境

2021 年,衢州市共有文化馆 7 家,总面积为 76843 平方米;文化站 100 个,总面积为

145926 平方米;博物馆 8 家,总面积为 45759 平方米;专业艺术表演团体 2 个,艺术表演场所建筑面积为 10000 平方米。衢州市有公共图书馆 7 家、南孔书屋 71 家,总面积为 66840 平方米,藏书量达 475.27 万册;有广播电台 6 座,广播节目综合人口覆盖率达 100%;有电视台 6 座,电视节目综合人口覆盖率达 100%;有数字电视用户 74.7 万户。全市日均发行《衢州日报》6.0 万份、《衢州晚报》4.0 万份。2021 年年末,衢州市有国家综合档案馆 7 家和国家专门档案馆 1 家,总面积为 53797.87 平方米,馆藏档案全宗有 1254 个。

(四)创新环境

2021 年,衢州市高新技术产业增加值为 298.18 亿元,比上年增长 11.6%,增幅位列全省第 2;新材料产业、高技术产业、数字经济核心产业制造业、战略性新兴产业、装备制造业、高新技术产业的增加值分别比上年增长 36.2%、33.3%、30.5%、15.7%、14.0% 和 11.6%,增速均高于其余规模以上工业。衢州市已建立涵盖 1883 家企业的培育库,并按照企业属性量身定制"登高爬坡"方案;已认定省科技型中小企业 702 家,完成省定目标的 468%、市定目标的 251%;新推荐国家高新技术企业 204 家。衢州市基本形成"一产业一研究院一产业联盟"技术创新体系,在四省边际率先成为国家创新型城市,争创国家技术创新中心 1 家、国家科技企业孵化器 1 家、国家企业技术中心 6 家,建成省级技术创新中心 1 家、新型研发机构 5 家,并且在新能源开发与利用、"双碳"与环保技术、现代农业等领域达到全国先进水平,在大数据与信息安全、智能控制与先进技术、新药创制与高端医疗器械、微电子与光电子(集成电路)等领域跨越发展,取得重大标志性成果 30 多项。

二、衢州市文化产业发展现状

(一)产业总体发展现状

2021 年,衢州市文化旅游产业全面发展,拥有 5A 级景区 2 个、4A 级景区 13 个、3A 级景区 38 个、省级旅游度假区 3 个,五星级酒店 1 家、四星级酒店 14 家、金鼎级酒店 1 家、银鼎级酒店 2 家,白金宿级民宿 5 家、金宿级民宿 9 家、银宿级民宿 45 家。衢州市拥有旅游类特色小镇 3 个、省级工业旅游示范基地 9 个、研学实践基地和营地 4 个、中医药文化旅游养生示范基地 5 个,以及农村产业融合发展示范园 7 个。灵鹫山、六春湖被列入全省首批山地休闲度假发展试点,金星村、柯城"一乡千宿"被列入全省首批民宿助力乡村振兴改革试点,江山市、开化县入选全省"百县千碗"工程示范县。

(二)产业分类发展现状

1. 文化内容创作生产

衢州市近年来艺术精品创作成果丰硕,重点打造了一批如《铁面御史赵抃》《江霞的婚事》等具有地方特色的精品剧目,共创作"南孔奖"文艺精品 63 件,获评"香樟奖"文艺人才 40 人。开展文艺精品扶持工程,共签约扶持精品作品 57 项。举办草原音乐会 12 期,现场观看人次达 10 万余人次。新创艺术作品获省级以上奖项 97 项,其中《橘红满山香》和《江霞的婚事》分别获得第 13、14 届浙江省戏剧节新剧目大奖,歌曲《最美是我家》《送你一个钱江源》、婺剧《橘红满山香》、长篇小说《国楮》、电影《烽火芳菲》等一批具有衢州特色的优秀作品获得浙江省"五个一工程"奖,在全国产生了较好影响。

2.文化创意设计服务

2021 年,衢州市着力发展特色文创,提升旅游"购"的品质。衢州市政府鼓励各县(市、区)围绕"南孔圣地·衢州有礼"城市品牌开发具有地域文化特色的衍生产品。深入挖掘南孔文化,打造特色文旅 IP,辐射带动古城印记、三衢有味、南孔非遗、有礼手作等文旅 IP。打造"以赛促创"模式,常态化举办民宿伴手礼、衢创产品营销策划大赛等。拓宽文旅产品营销渠道,借助文旅消费季、文旅嘉年华、文旅推介会等方式,开展推荐活动。

3.文化投资运营

2021 年,衢州市坚持把文化作为地区经济发展的重要增长极,依托美丽乡村文化和诗画风光带建设成果,大力推进旅游业"微改造、精提升",共选取 307 个示范点(见表1)进行特色培育,开展微改造项目全生命周期管理。

表 1   2021—2025 年衢州市旅游业"微改造、精提升"5 年行动示范点   单位:个

县(市、区)	2021	2022	2023	2024	2025
柯城区	52	30	30	30	8
衢江区	49	30	30	30	11
龙游县	45	30	30	30	15
江山市	52	40	40	40	28
常山县	49	30	30	30	11
开化县	60	40	40	40	20

数据来源:衢州市政府门户网站。

衢州市推出"阙里人家"民宿整体营销品牌,2021 年全市新增省高等级民宿 20 家(其中新增白金宿 1 家、金宿 4 家、银宿 15 家),新增省级文化(非遗)主题民宿 5 家。其中,常山村上酒舍民宿被评为全国甲级民宿,是全省上榜的 2 家民宿之一。实施"现代旅游根据地"计划,对乡村闲置资源进行改造升级。截至 2021 年 11 月底,常山金源村试点项目共接待游客 5.2 万人次,旅游总收入达 620 万元,带动农产品销售 220 万元。

自 2021 年以来,衢州市施行"全球免费游衢州"的创新营销方式,在省内外引起了较强烈的反响。该活动自开展以来,受益人数达 1434.9 万人,强烈激发了旅游消费潜力,有效提升了旅游产品的影响力和吸引力,极大拓展了衢州市文化产业市场半径,带动了"衢州＋黄山""衢州＋三清山"等文化旅游产品的人气,有效推动了四省边际地区的文化产业整合,成为"南孔圣地—衢州有礼"文化产业品牌的有力支撑。

4.文化娱乐休闲服务

在提升文化娱乐休闲服务方面,衢州市大力推进公共文化设施建设,并取得突破性进

展。龙游县博物馆、柯城区文化中心建成开放,衢州市文化艺术中心、江山市文化艺术中心二期、开化县公共文化广场即将建成,龙游县公共文化服务中心、常山县慢城文化旅游博览中心、衢江文化艺术中心动工建设。同时,一大批城市人文休闲、运动、康养、度假等新兴业态项目层出不穷,南孔古城、常山慢城、灵鹫山森林运动小镇、六春湖高山运动小镇、江郎山居田园颐养小镇、赛德健康小镇、铜山源休闲度假旅游区、新田铺颐养综合体、常山远山云间度假区等一批文旅重点项目投入建设或已对外运营,行业创新充满活力。

三、衢州市文化产业发展政策

(一)《衢州市文化和旅游发展"十四五"规划》

《衢州市文化和旅游发展"十四五"规划》于2021年发布,立足衢州市文化和旅游发展实际,为贯彻新发展理念、构建新发展格局,推进衢州市文化和旅游高质量发展,明确提出了发展文化产业的指导思想、基本原则和总体目标,并提出一系列有力措施和产业扶持政策,为衢州市文化产业发展指明了方向。

(二)《衢州市文化广电旅游局数字化改革方案》

衢州市政府在2021年出台该改革方案,旨在深入贯彻落实全省文化和旅游系统数字化改革会议精神,结合浙江省文化和旅游厅数字化改革方案,全面推进全市文化广电旅游领域数字化改革。

四、衢州市文化产业发展经验

(一)文化旅游产业全面推进

2021年期间,衢州市文化旅游发展全面快速推进,"文化＋生态"旅游、"文化＋乡村"旅游、"文化＋康养"旅游、"文化＋红色"旅游等产业快速发展,文化旅游持续保持较快的增长,文化旅游综合实力跃上新的台阶。此外,衢州市积极融入浙皖闽赣生态文化旅游协作区、杭州都市圈、杭衢黄世界文化旅游廊道,试图在顶级资源环立的格局中奋力突围,展现衢州市文旅发展的自信。

(二)文化产业与公共文化服务融合

衢州市大力推进文化产业与公共文化服务的融合发展,全市共有省级文化先进县3个、省级文化强镇3个、省级文化示范村(社区)72个、省级公共文化服务体系示范区1个以及省级公共文化服务示范项目3个。市、县、乡、村4级公共文化设施网络不断健全,公共文化服务能力和品质大幅提升,流动文化特色服务成为全国典型。文化惠民深入推进,组织送戏下乡6723场、送书83.71万册、送展览讲座4306场、送电影11.47万场、文化走亲420次,有乡村艺术团1927个,举办文化节和艺术节活动1848场,参与人次达780.21万人次。

（三）文化科技融合发展

衢州市在 2021 年进一步加快推进文旅科技创新。衢州市加强对舞台灯光、机械、计算机控制系统等文化娱乐设施配套设备的研究、开发、设计和生产，加强丝织品文物、古陶瓷、古籍的鉴定、保护、修复、复制等技术研究，研发旅游场所的智能感知与信息协同技术，推进沉浸式体验等技术与装备创新。利用云计算、物联网、AR/VR、全息投影、无人驾驶、航空航天、北斗导航等新技术，发展科技型文化"旅游＋科技"的新业态。推动导航定位、可穿戴设备、遥感卫星等技术和设备在自助文化旅游的运用。探索利用区块链技术，提升文化旅游的商业模式。打造科技支撑的文化主题公园和科技体验旅游点，推动"科技＋文化＋旅游"的协同发展。

五、衢州市文化产业发展展望

衢州市文化产业发展仍存在一些问题，如：文旅产业结合粗放，耦合程度较低，产品同质化，重游率较低；主体意识弱，内生动力不足；等等。未来，衢州市文化产业发展应着力抓好以下几个方面。

（一）积极培育文旅新业态

充分运用"文旅＋"发展模式，构建多元化的旅游产品体系，促进文旅产业全区域、全要素、全产业链发展。发展"文旅＋农业"，推进农文旅融合，实施乡村文旅运营升级计划；发展"文旅＋教育"，策划推出南孔文化、赏石文化、非遗体验等研学旅游精品线路和主题产品，持续举办"南孔圣地·崇贤有礼"开蒙礼活动，不断扩大其影响力；发展"文旅＋工业"，整合工业旅游资源，引导有条件的工业企业，以博物馆、展示馆、体验馆等形式发展工业旅游；发展"文旅＋体育"，持续深化露营、攀岩、拓展等户外休闲旅游新业态。提升市体育中心运营水平，将体育、文旅和生活串联起来，以举办大型体育赛事、演唱会等活动实现商业赋能。

（二）推进特色文化标识建设

以全省山区 26 县"造月工程"为契机，深入实施核心景区打造提升工程。全面建设南孔圣地文化旅游区，打造宋韵（南孔）文化体验地。推动根宫佛国文化旅游区、江郎山—廿八都旅游区国家 5A 级旅游景区品质提升工程，高水平建设灵鹫山、江郎山、钱江源、龙游石窟等一批省级旅游度假区，加快形成以核心景区带动周边发展的良好态势。深入挖掘围棋文化，加快推进烂柯山世界围棋文化园建设，打造世界围棋圣地。深化文化基因解码工程，加快培育衢江姑蔑文化、清漾毛氏文化、龙游商帮文化等 7 个文化基因解码成果转化利用创新项目。提升文化遗产利用水平，打造九华立春祭、西安高腔、常山喝彩等一批国家级非遗"金名片"，形成一批具有影响力、辨识度的非遗主题旅游景区和旅游线路。

（三）实施四省边际区域旅游协作深化工程

深化衢黄南饶"联盟花园"四市合作共建，进一步打响"联盟花园"品牌，拓展乡村游、疗休养、研修学等旅游市场，推动省际经济循环。充分利用四市节会活动平台和融媒体资源，常态化开展四市文旅宣传推广活动。组建四市旅游行业联盟,打造5A级旅游景区联盟,推进大花园集团与黄山股份、上旅集团、武夷山股份等旅游集团合作。针对不同消费主体和需求,整合四省文旅资源,丰富四市文旅产品供给,策划推出特色旅游线路,推进"联盟花园"一码游平台迭代升级。推进长三角文旅一体化,加强跨市域文旅协作,积极参与长三角旅游推广联盟、金丽温衢旅游联合体、杭州都市圈、衢丽大花园共建行动。加强四省四市文化艺术交流,积极推进四省四市图书馆联盟、博物馆联盟。加强文化走亲,推进区域合作共建共享。

参考文献

[1] 邓建平."文化强市"建设视域下孔氏南宗家庙祭孔礼乐传承研究[J].大众文艺,2022(02):86-88.

[2] 洪恒飞,俞奕,王霞君,等.浙江衢州积蓄工业强市创新动能[N].科技日报,2023-01-16(007).

[3] 姜紫薇.乡村文化产业面临的困境及发展路径探析:以浙江省衢州市余东村为例[J].农村·农业·农民(A版),2023(02):60-62.

[4] 衢州市文化广电旅游局.2021年工作总结[EB/OL].(2022-01-10)[2023-06-09].http://www.qz.gov.cn/art/2022/1/10/art_1229038899_4857674.html.

[5] 衢州市统计局.2021年衢州市国民经济和社会发展统计公报[EB/OL].(2022-03-21)[2023-06-12].http://tjj.qz.gov.cn/art/2022/3/21/art_1512010_58918911.html.

[6] 衢州市人民政府办公室.衢州市人民政府办公室关于印发2021年全球免费游衢州活动方案的通知[EB/OL].(2021-04-14)[2023-06-13].http://www.qz.gov.cn/art/2021/4/14/art_1229561563_2268519.html.

[7] 衢州市人民政府办公室.衢州市人民政府办公室关于印发衢州市旅游业"微改造、精提升"五年行动实施方案(2021—2025年)的通知[EB/OL].(2021-06-11)[2023-06-08].http://www.qz.gov.cn/art/2021/6/11/art_1229563913_2302266.html.

[8] 许妍谢.基于耦合模型的文化产业与旅游产业融合态势测度与评价:以浙江省衢州市为例[J].江苏商论,2019(05):66-70.

[9] 叶笑."双循环"背景下的衢州市乡村旅游高质量发展路径研究[J].农村经济与科技,2023,34(01):134-137.

[10] 浙江省地方志编纂委员会办公室编.浙江年鉴[M].北京:方志出版社,2022.

[11] 浙江省科学技术厅.2021年度浙江省科技活动相关数据[EB/OL].(2022-03-14)[2023-06-07].http://kjt.zj.gov.cn/art/2022/3/14/art_1229225176_4892718.html.

2022 年丽水市文化产业发展报告

白效咏

2021 年,丽水市深入学习贯彻习近平新时代中国特色社会主义思想,坚持以"丽水之赞"为引领和动力,坚定厉行"丽水之干",大力弘扬践行浙西南革命精神,在"绿水青山就是金山银山"理念的成功探索中开辟了高质量绿色发展新道路。

一、丽水市文化产业发展环境

(一)地理优势

丽水市位于浙江省西南部,东南与温州市接壤,西南与福建省宁德市、南平市毗邻,西北与衢州市相接,北部与金华市交界,东北与台州市相连。截至 2021 年,全市设 1 个市辖区、7 个县,代管 1 个县级市,市域面积为 1.73 万平方千米,常住人口达 251.4 万人。

丽水市境内旅游资源丰富,是浙江省"大花园建设"的核心地带,海拔在 1000 米以上的山峰有 3573 座,又有瓯江、钱塘江、飞云江、椒江、闽江、赛江,秀丽的山水为丽水市发展文旅产业提供了先天的优势。截至 2021 年,丽水市有国家 5A 级旅游景区 1 个(缙云仙都景区)、4A 级旅游景区 23 个、3A 级景区 38 个、2A 级景区 7 个、省级旅游度假区 6 个、红色景点 22 个。长期以来,丽水市致力于打造良好的文旅环境,先后获评"国家级生态示范区""国家级生态保护与建设示范区""中国优秀旅游城市""中国优秀生态旅游城市""浙江省森林城市""第二批'绿水青山就是金山银山'实践创新基地"等荣誉称号。得天独厚的自然地理条件为丽水市文创产业、文旅产业的发展奠定了优异的基础。

(二)人文底蕴

丽水市古称处州,始建于隋开皇九年(公元 589 年),距今已有 1400 多年的历史,是浙西南政治、经济、文化中心。丽水市境内景观古迹数不胜数,包括龙泉青瓷哥窑遗迹、通济堰、松阳延庆寺斜塔、黄帝祠宇,享誉中外的《牡丹亭》也诞生于丽水市。丽水市是首个地级市级别的"中国民间文化艺术之乡",龙泉青瓷、龙泉宝剑、青田石雕被誉为"丽水三宝",龙泉青瓷传统烧制技艺被正式列入联合国《人类非物质文化遗产代表作名录》,木拱桥传统营造技艺入选《世界急需保护的非物质文化遗产名录》。丽水市还有被誉为"中国最美梯田"的云和梯田。

(三)文化产业

丽水市在工艺美术品制造、文化用品制造、油画、摄影等文化产业领域具有广泛的基础,发展了青瓷、宝剑、石雕、木制玩具、竹制品、农业观光、生物医药等特色产业群。龙泉的青瓷、宝剑和青田石雕,莲都、庆元等地的文具制造,云和、龙泉等地的玩具制造,遂昌的旅游、黑陶和竹炭,缙云的影视产业基地和灯具制造,莲都"古堰画乡"的油画、摄影基地,等等,都已形成具有独特优势的产业。各县(市、区)围绕自己的特色文化资源,举办丽水摄影节、龙泉青瓷·龙泉宝剑文化旅游节、青田石雕文化节、云和木制玩具文化节、庆元香菇文化节、缙云祭祀黄帝典礼、遂昌汤显祖文化节、松阳银猴茶业节、景宁中国畲乡三月三、处州白莲节等节庆活动,并形成一定规模的节庆产业。

(四)社会经济

2021年,丽水市在党委和政府的带领下,全市经济社会发展向好,生产总值达到1710亿元,按可比价格计算,比上年增长8.3%。丽水市实现一般公共预算收入163.97亿元,比上年增长14.0%,加上转移性收入474.45亿元,收入合计638.42亿元。人均可支配收入达42042元,比上年增长11.4%,增幅位居全省第2。据第7次全国人口普查,新增常住人口39万人,常住人口城镇化率达到62.5%,青年人才实现净流入,引进人才数量年均增长36.2%。城市信用监测排名全国第9,机关内部"最多跑一次"改革入选中国改革年度十佳案例。良好的经济社会发展为丽水市文化产业的发展打下了扎实的基础。

二、丽水市文化产业发展现状

2021年,丽水市共有文化企业3900多家,其中规模以上文化企业183家[①],亿元以上文化企业28家,10亿元以上文化企业1家。由于文化市场发展环境持续优化,助企纾困政策措施落实有力,文化及相关产业保持良好的发展态势,全市规模以上文化及相关产业企业营业收入增幅居全省第1,文化产业增加值占生产总值的比重居全省第3。2021年浙江省与丽水市文化产业主要经济指标如表1所示。

表1　2021年浙江省与丽水市文化产业主要经济指标

地区	规模以上企业	从业人员		资产		营业收入		利润	
	总量/家	总量/人	户均/人	总量/亿元	户均/万元	总量/亿元	户均/万元	总量/亿元	户均/万元
浙江省	5720	631884	110	18642.34	32592	13662.8	23886	1297.11	2268
丽水市	183	21049	105	144.94	7211	136.46	6789	3.07	153

数据来源:《"十八大"以来金华市文化产业发展状况分析》附表。

---

① 关于2021年丽水市规模以上文化企业的数量,不同统计数据稍有出入。据丽水市统计局《前三季度全市规上文化及相关产业营业收入增长34.7%》一文的统计,为183家;据《丽水日报》2022年4月12日A03版《"创"出新突破　添彩新丽水》一文的报道,为187家;据金华市统计局公布的《十八大以来金华市文化产业发展状况分析》,为201家。

2021 年,前 3 季度,全市 183 家规模以上文化及相关产业企业的营业收入为 85.89 亿元,按可比价格计算,比上年增长 34.7%,增幅居全省第 3,2 年平均增长 5.8%;114 家文化制造业企业的营业收入为 59.88 亿元,比上年增长 41.7%;41 家文化批发零售业企业的营业收入为 19.71 亿元,比上年增长 23.1%;28 家文化服务业企业的营业收入为 6.3 亿元,比上年增长 14.8%。莲青缙市域发展核心带的营业收入为 33.25 亿元,比上年增长 55.3%,带动作用持续增强;遂松乡村振兴聚落区的营业收入为 7.95 亿元,比上年增长 34.7%;龙庆经典文创聚落区的营业收入为 15.73 亿元,比上年增长 19.4%;云景特色风情聚落区的营业收入为 28.95 亿元,比上年增长 24.4%。

三、丽水市文化产业发展政策

(一)《丽水市文化产业"十四五"发展规划(2021—2025)》

2021 年 5 月,中共丽水市委宣传部、丽水市发展和改革委员会发布《丽水市文化产业"十四五"发展规划(2021—2025)》,提出到 2025 年,"一心两带三区"的文化产业发展布局基本形成,"文化+"新模式和新业态快速发展,世界数字影像产业发展创新区、全国红色文化传承弘扬示范区、长三角文旅融合发展样板区、浙江特色文化制造业集聚区建设取得实质性进展,数字影像、剑瓷、石雕、木玩、文体用品等五大百亿产业集群培育取得实质性突破,争当"两山"文化发展全国标杆。关于"一心两带三区","一心"即全市文化产业发展中心,"两带"即互有侧重、融合相依的海丝之源文创产业带、瓯江山水诗路文化带,"三区"即遂松乡村文化振兴区、云景特色风情展示区、龙庆经典文创区。

(二)《丽水市文化和旅游发展"十四五"规划》

2021 年 11 月,丽水市文广旅体局发布的《丽水市文化和旅游发展"十四五"规划(征求意见稿)》提出,文化和旅游深度融合,文化和旅游业成为全市战略性支柱产业和富民产业,走出文化和旅游塑城兴城、富民惠民的特色道路,打造具有独特韵味、深厚人文内涵、蓬勃生机活力的文化强市和"诗画浙江"鲜活样板。培育壮大文化和旅游产业,实施全域旅游创建工程、旅游产品升级工程、旅游品牌塑造工程、旅游服务提升工程、文化产业育强工程、"旅游+"融合工程、数字文旅创新工程、文旅双招双引工程、文旅开放合作工程、文旅管理优化工程等 10 大工程。

(三)《丽水瓯江山水诗路文化旅游规划》

2021 年 9 月,丽水市文广旅体局发布《丽水瓯江山水诗路文化旅游规划》,提出将"瓯江山水诗路"作为丽水文旅融合发展的符号与名片,统揽丽水瓯江全流域山水文化印象,依托名山胜境、江河湖溪、古城古村、特色非遗等资源空间,开发一系列文旅融合产品,整体提升瓯江流域沿线旅游吸引力和文化影响力,使之成为丽水文化旅游新名片,长三角区域著名、国内知名的文旅新品牌,中国海上丝绸之路国际文化旅游交流新平台。

(四)《关于推动生态旅游业高质量发展的若干意见》

2021 年 1 月,丽水市人民政府出台《关于推动生态旅游业高质量发展的若干意见》,提出要推进生态旅游业高质量发展,不断提升旅游业现代化、集约化、品质化、国际化水平,充分发挥旅游业在扩内需、稳增长、惠民生中的积极作用,更好满足人民日益增长的美好生活需要。为贯彻落实《关于推动生态旅游业高质量发展的若干意见》,出台《〈丽水市人民政府关于推动生态旅游业高质量发展的若干意见〉实施细则(试行)》。

(五)其他政策

丽水市还发布了《丽水市旅游业"微改造、精提升"五年行动方案(2021—2025 年)》《"丽水山景"建设与服务规范》《丽水市研学基地(营地)建设与运营指南》《乡村春晚建设规范》《城区公共文化场馆美化建设规范》《数字文化馆建设与服务规范》等政策。

四、丽水市文化产业发展经验

(一)大力推动文旅产业发展

文化和旅游产业是丽水市的优势所在,经过多年发展,已成为全市重要的城市名片和战略性支柱产业。据《2021 年丽水市国民经济和社会发展统计公报》,2021 年丽水市旅游总收入为 288.4 亿元,按可比价格计算,比上年增长 18.2%。其中,国内旅游收入为 288.4 亿元,比上年增长 18.2%;旅游外汇收入为 25.4 万美元,比上年下降 54.0%。

在 9 个县、市、区中,缙云县和遂昌县的旅游收入增长最快,增幅分别达到 53.9%和45.1%。缙云县旅游业的快速发展与当地政府对文旅产业的重视分不开,在县委、县政府的领导下,2019—2021 年缙云县连续 3 年入选全国旅游百强县。截至 2021 年年末,缙云县不仅成功创建丽水市首个国家 5A 级旅游景区——仙都景区,还建成各类绿道 500 多千米,其中仙都风情绿道、滨江城市绿道被评为"浙江最美绿道";创成 A 级景区镇(乡、街道)11 个;创成 A 级景区村庄 154 个,占全县所有行政村总数的 61%;还有 2 个国家 4A 级景区、386个旅游单体资源。缙云县还加大文旅融合的建设力度,打造黄帝祭祀大典、以河阳古民居九进厅为代表的乡村建筑文化、以大洋千年古道括苍古道为代表的乡村古道文化、以缙云婺剧和缙云剪纸为代表的乡村艺术文化、以献山庙会叠罗汉为代表的乡村民俗文化、以浙西南革命精神为支柱的红色文化等文旅融合 IP。为提高旅游服务质量、提升旅客体验,缙云县大力推进文旅数字化建设,建设"缙云智慧旅游在线""缙云旅游微官网"等数字文旅平台,推出一键找景区、找厕所等服务;在景区提供扫码购票、刷脸入园、语音导览等智慧服务;酒店设置自助入住机,提供优质的人性化服务。这些措施大大提升了游客出行体验感,促进了缙云旅游业的大幅发展。

2021 年,遂昌县同样入选全国旅游百强县,实现旅游人次 359.9 万人次和旅游收入 41亿元,均居丽水市第 3;分别比上年增长 35.0%和 45.1%,增幅均居丽水市第 2,仅次于缙云县。遂昌县紧跟瓯江山水诗路文化带建设,以打造"长三角户外休闲运动生活目的地"为目标,推动文旅体转型发展,全面提升文体场馆数字化服务水平,突出发挥"班春劝农"典礼、越野自驾露营活动、数字绿谷·遂昌仙侠湖首届半程马拉松赛等文旅体活动的引流效应,推出潜水、桨板、高端民宿等中高端消费产品，培育激活"诗画浙江·百县千碗""浙西川藏线"等品牌活力。全年新增 4A 级景区镇 3 个,浙江省乡村旅游重点村 1 个,省金宿级民宿、省文化主题民宿各 1 家,省级非遗代表性项目 4 个、市级非遗代表性项目 9 个,市级研学基地 6 个、市级研学营地 1 个。

如表 2 所示,除缙云县、遂昌县外,青田县、云和县、龙泉市旅游业也得到较快发展,其营业收入增幅分别为 26.1%、26.1%、14.5%。莲都区、松阳县和景宁县的旅游收入则增长放缓,增幅分别为 0.9%、3.0%、3.0%;受新冠疫情影响,庆元县旅游业出现较一定幅度的下滑,营业收入下降 2.0%。

表 2 2021 年丽水市旅游业发展状况

地区	旅游总人次		旅游总收入	
	绝对额/万人次	增幅/%	绝对额/亿元	增幅/%
丽水市	2556.5	11.8	288.4	18.2
莲都区	394.1	−2.5	46.2	0.9
青田县	209.1	25.7	24.3	26.1
缙云县	374.7	44.0	41.6	53.9
遂昌县	359.9	35.0	41.0	45.1
松阳县	275.4	−3.3	30.8	3.0
云和县	247.7	15.3	26.8	26.1
庆元县	122.3	−7.7	14.4	−2.0
景宁畲族自治县	250.8	−3.9	26.7	3.0
龙泉市	322.4	9.0	36.5	14.5

数据来源:《2021 年年度分县(市、区)旅游主要指标情况》,http://www.lishui.gov.cn/art/2022/3/14/art_1229268144_4892728.html。

丽水市文旅业良好的发展势头,得益于当地政府的重视。2021 年 6 月 29 日,丽水市出台《丽水市文化产业"十四五"发展规划(2021—2025)》,对文化与旅游融合作为文化产业发展的重要任务之一进行阐述,提出以瓯江山水诗路沿线文化为统领,充分挖掘自然文化、文化遗产、红色文化、诗词文化等独特资源,引导文化资源叠加,强化以文促旅、以旅彰文,更加注重重大平台、重大项目带动,全力推动文旅融合,促进全域旅游发展,让"文化+旅游"实现"1+1>2"。

在当地政府的强力领导和规划指引下,龙泉市、遂昌县创成首批浙江省大花园示范县;9 个案例入选浙江省大花园建设优秀典型案例,数量均居全省第 1。18 个项目被列入省级"耀眼明珠"培育对象,数量居浙江省第 1,松阴溪(含莲都古堰)成为首批浙江省大花园的"耀眼明珠"。景宁畲族自治县获浙江省政府大花园建设督查激励。瓯江山水诗路文化带建设经验在浙江全省被推广,获诗路文化带建设资金 1.72 亿元,其中浙江省大花园示范资金 2250

万元。40 个项目被列入浙江省大花园建设重大项目清单,数量居全省第 1,完成投资 155 亿元,占年度计划投资的 136%。全国首创政务、服务、商务"三务合一"花园邻里中心,开工建设试点项目 3 个,完成投资 4.56 亿元。全省率先实施"增花添彩"工程,新增种植花卉 1.5 万亩,建设美丽林相 76.81 万亩,打造花园小区、花园大道、浪漫花海等规模化彩色成果 287 项。建设提升绿道 1012 千米,新增青田瓯江干流祯埠绿道、景宁畲乡绿道 2 条"浙江最美绿道"。

(二)培育文化制造业优势

木玩产业是丽水市优势产业之一,其中云和县又是丽水市木玩产业的引领者。截止到 2021 年,云和县共有木玩企业 1093 家,其中规模以上企业 54 家、亿元企业 9 家,木玩行业产值达 91.9 亿元,比上年增长 14.59%。云和县的木玩产品畅销 82 个国家和地区,总量占全国的 66% 和世界的 40%,是全球最大的木玩生产基地。加上景宁畲族自治县、龙泉市等地,丽水市木玩产业已经超过百亿元规模。在规模扩大的同时,丽水市进一步提升木玩产业的文化含金量和价值产业链,与浙江大学、浙江工业大学、杭州电子科技大学、中国计量大学、浙江工商大学、浙江省林业科学研究院、丽水学院等 7 家高校建立常态化合作关系,在云和县木玩产业急需的技术研发、设计创意、人才培育、政策调研、标准制定、应用深化 6 大方面展开合作,并取得显著成效,其中和信、新云、金成等龙头企业培育出"木玩世家""玩木"等近 10 个原创 IP,初步形成一条集设计、制造、跨境电商、主题乐园等于一体的全新木玩产业链。

在文化制造业领域,庆元县铅笔制造业一枝独秀。截止到 2021 年,庆元县有 41 家铅笔企业,其中包括 17 家规模以上企业,实现产值 20 亿元,总产量达 70 亿支,实现逆势增长,成为文化产业领域的一抹亮色。

五、丽水市文化产业发展展望

2021 年,丽水市文化产业的发展取得了令人瞩目的成绩,营业收入实现大幅度增长,居浙江省第 3。总结起来,丽水市文化产业的发展有以下 2 个特点。

一是优势项目依然发展强劲。文旅产业、木玩产业、铅笔制造业是丽水市文化产业版图中的优势项目,在 2021 年均保持了良好的势头。特别是文旅产业,被认为是丽水的优势所在,是全市重要的城市名片和战略性支柱产业,得到空前的重视。《丽水市文化产业"十四五"发展规划(2021—2025)》的出台,为文旅产业的发展指明了方向,奠定了基调。当地政府大力推行文旅融合,打造文旅融合的旅游 IP,并大力推行文旅数字化,助力文旅产业发展,在 2021 年均获得良好效果,文旅产业成为丽水市 2021 年文化产业版图中的最大亮点。不足之处是红色文旅产业仍有待发掘,其巨大潜力并未得到充分发挥。

二是文化核心领域依然有待加强。2021 年,丽水市新闻信息服务、内容创作生产、创意设计服务、文化传播渠道、文化运营投资等文化核心领域的业绩乏善可陈,其营业收入在整个文化产业版图中也无足轻重。文化核心领域往往代表文化产业的核心竞争力,这一点丽水市尚需加强。

参考文献

[1] 丽水市人民政府. 2022 年丽水市政府工作报告[EB/OL]. (2022-04-21)[2023-07-12]. http://qtb. lishui. gov. cn/art/2022/4/21/art_1229269164_58723521. html.

[2] 刘青. 前三季度全市规上文化及相关产业营业收入增长 34. 7%[EB/OL]. (2021-11-10) [2023-07-12]. http://tjj. lishui. gov. cn/art/2021/11/10/art_1229215960_58834201. html.

[3] 丽水市发展与改革委员会. 关于丽水市 2021 年国民经济和社会发展计划执行情况及 2022 年国民经济和社会发展计划草案的报告[EB/OL]. (2022-05-11)[2023-07-12]. http://fgw. lishui. gov. cn/art/2022/5/11/art_1229228852_58720921. html? eqid＝c957adcd0006e4b1000000066460ed0f.

[4] 丽水市经信局. 云和县以"设计＋"赋能木玩行业发展新活力[EB/OL]. (2022-11-14) [2023-07-12]. https://www. sohu. com/a/605835292_121106832.

[5] 麻萌楠, 李伟红, 徐凯浩. "创"出新突破　添彩新丽水[N]. 丽水日报, 2022-04-12(001).

2022 年金华市文化产业发展报告

白效咏

2021 年是社会主义现代化新征程起步之年,也是"十四五"开局破题之年。面对国内、国际形势的深刻变化和新冠疫情的反复,金华市党委政府坚持以习近平新时代中国特色社会主义思想为指导,认真落实省委、省政府决策部署,忠实践行"八八战略",奋力打造"重要窗口",以数字化改革引领全面深化改革,高质量发展推进共同富裕。

一、金华市文化产业发展环境

(一)地理优势

金华市位于浙江省中部、金衢盆地东段,东、南、西三面分别与台州市、丽水市、衢州市相邻,北接绍兴市、杭州市,属亚热带季风气候,四季分明,雨量充沛。全市下辖 2 个区、3 个县,代管 4 个县级市,总面积为 10942 平方千米。金华市历史源远流长,建制已有 2200 多年。因处于金星和婺女星分野,故隋时称婺州。元代又以其地为金星、婺女星争华之处,改为金华府。

金华市是浙江地貌景观最丰富的地区之一,市境的东、东北有大盘山、会稽山,南属仙霞岭,北、西北接龙门山及千里岗山脉,有国家级风景区双龙洞,黄大仙祖宫亦坐落于此。省级风景区永康方岩、兰溪六洞山地下长河、浦江仙华山、武义郭洞—龙潭、磐安花溪、百杖潭、双峰漂流、大盘山国家自然保护区、诸葛八卦村、仙源湖旅游度假区、东阳花都—屏岩、汤溪九峰山等亦坐落于金华市。金华市历史悠久,文物古迹众多,有国家级文保单位 10 处、省级文保单位 37 处、县(市)级文保单位 300 多处、馆藏文物 3 万多件。丰富的旅游资源为金华市旅游业的发展和文旅融合提供了得天独厚的条件。在文化产业中,金华市旅游业一向表现优异,即是基于以上优异的旅游资源。

(二)产业优势

在浙江省文化产业版图中,金华市始终是重要的一极,特别是其影视产业,占据整个浙江省的大半壁江山,其中横店影视城堪称浙江省影视产业的龙头老大。横店影视城始建于 1996 年,位于金华市东阳市横店镇,占地总面积达 5 万多亩,是中国规模最大的影视旅游主题公园群。横店影视城拥有百余座甲级(电影级)、乙级(电视级)摄影棚,古装、年代、现当代影视拍摄场景数量超过 2000 个,主要景点有明清宫苑、秦王宫、清明上河图、梦幻谷、圆明新园等。2021年,横店影视城接待剧组398个,实现营业收入23.7亿元,比上年增长139.02%①。在横店影视城的带动下,金华市的影视业有了长足的发展。

(三)经济优势

2021年,金华市在党委和政府的带领下,克服新冠疫情带来的种种困难,一手抓防疫,一手抓国计民生,实现社会经济及各项事业快速发展。2021年,金华市实现地区生产总值53554376万元,比上年增长9.8%,增速居全省第1;实现财政收入800.06亿元,比上年增长17.8%,其中一般公共预算收入492亿元,比上年增长16.3%;规模以上工业增加值为1198亿元,比上年增长21.3%;社会消费品零售总额为2882亿元,比上年增长10.3%;进出口总额为5880亿元,比上年增长20.8%;城镇居民人均可支配收入为67374元,比上年增长9.5%;农村常住居民人均可支配收入为33709元,比上年增长11.0%。全市人口总数达到495.39万人,较上年增加1.49万人。良好的社会经济发展是文化产业繁荣的基础。2021年1—11月,全市规模以上服务业实现营业收入689.5亿元,比上年增长23.2%。其中,文化、体育和娱乐业增长36.6%。

二、金华市文化产业发展现状

(一)文化产业总体发展现状

2021年,金华市共有规模以上文化企业604家,居全省第4,比上年增长16.8%;实现营业收入460.13亿元,居全省第5,比上年增长40.0%;利润总额达25.24亿元,居全省第4,比上年增长293.8%;应交增值税达9.56亿元,居全省第5,比上年增长43.3%;期末从业人员数达5.33万人,居全省第4,比上年增长19.9%。

(二)文化产业核心领域与相关领域发展概况

2021年,金华市文化产业覆盖领域较广,除文化投资运营领域之外,还涵盖了文化核心领域和相关领域。如表1所示,从总体上看,文化核心领域与文化相关领域实现齐头并进,均获得长足发展。其中,新闻信息服务、内容创作生产、创意设计服务、文化传播渠道、文化娱乐休闲服务等文化核心领域营业总收入达270.36亿元,比上年增长28.1%。不过,各领域发展并不均衡,文化传播渠道营业收入增速高达50%,创意设计服务领域营业收入则下降10.2%,文化投资运营领域仍付之阙如,属于未开发的处女地。

表1　2020—2021年金华市文化核心领域营业收入及增速

指标	营业收入/亿元		增速/%
	2020年	2021年	
新闻信息服务	4.39	5.40	23.0
内容创作生产	135.00	166.61	23.4

---

①　数据来源:《横店影视2021年业绩快报》。

指标	营业收入/亿元		增速/%
	2020 年	2021 年	
创意设计服务	11.57	10.39	−10.2
文化传播渠道	51.88	77.83	50.0
文化娱乐休闲服务	8.16	10.13	24.1
文化投资运营	0	0	0
合计	211.00	270.36	28.1

数据来源：金华市统计局发布的《2021 年我市文化及相关产业营业收入增速居全省第二》，http://tjj.jinhua.gov.cn/art/2022/10/24/art_1229317895_4024621.html。

　　和文化核心领域相比，金华市文化相关领域的发展势头更为强劲，实现营业收入 189.77 亿元，比上年增长 61.4%，如表 2 所示。文化辅助生产和中介服务、文化装备生产、文化消费终端生产的营业收入增速均超过 50%，其中文化消费终端生产的营业收入增速最高，达 64.5%。

表 2　2020—2021 年金华市文化相关领域营业收入及增速

行业	营业收入/亿元		增速/%
	2020 年	2021 年	
文化辅助生产和中介服务	46.71	73.87	58.1
文化装备生产	7.01	10.83	54.5
文化消费终端生产	63.87	105.07	64.5
合计	117.59	189.77	61.4

数据来源：金华市统计局发布的《2021 年我市文化及相关产业营业收入增速居全省第二》，http://tjj.jinhua.gov.cn/art/2022/10/24/art_1229317895_4024621.html。

（三）文化产业分类型发展概况

　　2021 年，金华市文化产业的类型涵盖文化制造业、文化批发零售业和文化服务业，三大产业类型均高速发展，其中文化制造业是金华市文化产业增长的强劲驱动力，引领文化产业的高速发展。2021 年，金华市文化制造业营业收入达 224.72 亿元，比上年增长 63.4%，如表 3 所示。无论是营业收入额还是营业收入增速，文化制造业都远远高于文化批发零售业和文化服务业，后两者的营业收入分别为 78.76 亿元、156.66 亿元，增速分别为 32.6%、19.0%。

表 3　2021 年金华市文化产业分类型营业收入及增速

产业	营业收入/亿元		增速/%
	2020 年	2021 年	
文化制造业	137.53	224.72	63.4

续　表

产业	营业收入/亿元		增速/%
	2020 年	2021 年	
文化批发零售业	59.40	78.76	32.6
文化服务业	131.67	156.66	19.0
合计	328.59	460.13	40.0

数据来源:金华市统计局发布的《2021 年我市文化及相关产业营业收入增速居全省第二》,http://tjj.jinhua.gov.cn/art/2022/10/24/art_1229317895_4024621.html。

(四)文化产业企业发展概况

金华市文化产业企业包括民营企业、国有控股企业、集体控股企业、港澳台控股企业和外商控股企业。2021 年,各种类型的企业均获得迅猛发展。如表 4 所示,从总体来看,金华市文化产业企业中,民营(私人控股)企业一家独大,营业收入高达 377.4 亿元,比上年增长 32.9%,经济总量占文化产业的 82.0%。国有控股企业分量不大,且发展活力不足,营业收入仅为 22.5 亿元,比上年增长 6.1%。集体控股企业有亮点,营业收入为 28.0 亿元,比上年增长 89.2%。港澳台商控股企业和外商控股企业虽然分量不大,但潜力十足,发展较快。2021 年,港澳台商控股企业实现营业收入 28.4 亿元,比上年增长 381.4%;外商控股企业实现营业收入 3.8 亿元,比上年增长 123.5%。

表 4　2020—2021 年金华市文化产业不同类型企业营业收入及增速

企业类型	营业收入/亿元		增速/%
	2020 年	2021 年	
国有控股	21.2	22.5	6.1
集体控股	14.8	28.0	89.2
私人控股	284.0	377.4	32.9
港澳台商控股	5.9	28.4	381.4
外商控股	1.7	3.8	123.5

数据来源:金华市统计局发布的《2021 年我市文化及相关产业营业收入增速居全省第二》,http://tjj.jinhua.gov.cn/art/2022/10/24/art_1229317895_4024621.html。

三、金华市文化产业发展政策

(一)《金华市文化产业"十四五"发展规划》

2021 年,金华市发布首个文化产业规划——《金华市文化产业"十四五"发展规划》。该规划提出,通过数字化、集聚化、融合化等路径,打造以国际影视文化之都、世界文化商品贸易之都、全国互联网数字娱乐中心为支撑的全省文化产业发展先行市。到 2025 年,基本形成结构合理、布局优化、产业链全、竞争力强,规模、质量、效益稳居前列的高质量现代文化产业发展体系。该规划还提出"一圈引领、三区集聚、多点联动、全域发展"的文化产业发展格局,其中,"一圈"是指以"金华市区—义乌—东阳"为主体空间构建的中心产业核心圈;"三区"即数字文化产业区、文化智造贸易产业区和影视文旅产业区。

(二)其他政策

在文化旅游方面,金华市发布《金华文旅攻坚争先行动三年计划》《"百县千碗·金华有味"工程三年行动计划》《金华市旅游业"微改造、精提升"五年行动计划》。

在公共文化服务方面,金华市发布《金华市文化广电旅游局文化繁荣发展三年行动计划》《关于推动公共文化服务高质量发展 助力共同富裕示范区建设的实施意见》《金华市公共文化设施"补短板 促赶超"攻坚行动方案》。

在数字化改革方面,金华市发布《金华市文化广电旅游(文物)数字化改革框架方案》。

四、金华市文化产业发展经验

(一)文旅产业活力十足

旅游业不完全属于文化产业,但自党中央大力提倡文旅融合以来,全国各地大兴"以文促旅、以旅彰文",文化产业和旅游业密不可分。2021年,虽然新冠疫情阴云不散,但在金华市委、市政府的领导下,金华市克服种种困难,一手抓防疫,一手抓发展,使得文旅产业的发展呈现良好的势头,成为文化产业中的一大亮点。

与往年相比,2021年金华市文旅节日游成绩特别亮眼。春节7天长假期间,金华市共接待游客118.1万人次,按可比口径同比增长244.2%;实现旅游收入近9亿元,按可比口径同比增长82.6%。"五一"假期期间,金华市重点A级景区共接待游客124.2万人次,比上年增长126.9%,按可比口径,恢复到2019年84.1%的水平。

为进一步促进文旅产业的繁荣,金华市文化广电旅游局借力主题为"博物馆的未来:恢复与重塑"的国际博物馆日、主题为"绿色发展,美好生活"的中国旅游日、主题为"人民的非遗 人民共享"的文化和自然遗产日,举办金华文旅惠民月暨中国旅游日金华主题活动。该活动为期2个月,突出资源整合、要素联合,重点挖掘全市景区、红色教育基地、文化场馆等多方文旅资源,组织开展以"秀在金华""展在金华""玩在金华"为主题的活动近50项。

国庆假期期间,金华市文化和旅游消费再掀高潮,全市各旅游景区、文化场馆、文旅企业在做好疫情防控和安全生产的前提下有序开放。为进一步助推文旅产业的发展,金华市在杭州市火车东站、诸暨市高铁站、上海市淮海路兰生大厦、武汉市解放大道与江汉路交叉口等多地进行广告投放,并在杭州市地铁1、4、5、6、7号线以车厢包车的形式全方位宣传金华文旅。杭州市各大客流换乘站、CBD商圈站厅、站台、通道布满了金华文旅宣传的精美照片,滚动播放金华文旅宣传片,各种形式的广告全面覆盖、沉浸式传播。国庆期间,仅杭州市地铁广告投放影响力就超过5000万人次,预计最终可为金华文旅品牌带来7000万频次的强曝光量。

在金华市的强力宣传下,2021 年国庆假期期间金华文旅再次火爆,全市 A 级景区累计接待游客 297.01 万人次,实现旅游门票收入 6307 万元。接待人次恢复至 2019 年的 85.5%,旅游门票收入恢复至 2019 年的 65.1%。

在节日旅游的带动下,2021 年,金华市旅游人次和旅游收入再创新高,全市共接待游客 4331.75 万人次,比上年增长 5.5%;实现旅游收入 683.6 亿元,比上年增长 11.3%。其中,接待境内游客 4327 万人次,比上年增长 5.5%;实现国内旅游收入 682 亿元,比上年增长 11.3%;接待入境旅游者 47454 万人次,比上年增长 13.4%;实现旅游外汇收入 2497.44 万美元,比上年增长 34.0%。完成文旅项目投资 262.6 亿元,完成率达 145.9%。

与文旅产业的火爆相对应的是,2021 年金华市景区提升和创建成绩显著,游客接待能力稳步提升。

2021 年,金华市金东区、兰溪市成功创建省级全域旅游示范县(市、区),成功创建 A 级景区城 5 个、景区镇 41 个、景区村 342 个,全市 A 级景区城、镇、村覆盖率分别已达到 100%、89%、63%。创建 A 级旅游景区 13 个。武义博物馆、东阳卢宅景区通过 4A 级旅游景区景观质量评审;磐安县尖山镇入选第一批全国乡村旅游重点镇,武义县俞源村入选第三批全国乡村旅游重点村;东阳横店影视城、磐安江南药镇获评全省首批大花园耀眼明珠;山山家休闲文化产业园等 4 家单位获评浙江省工业旅游示范基地,兰溪药皇庙获评浙江省中医药文化养生旅游示范基地;浦江县、武义县、磐安县入围全省旅游业“微改造、精提升”行动试点县(市、区),磐安花溪风景区等 13 个单位入围单项试点名单。启动“微改造”项目 587 个,全年总投资超过 20 亿元。其中,花溪风景区以旅游推动打造共同富裕“花溪样板”的经验先后获省市领导批示肯定。

截止到 2021 年底,金华市共有 4A 级及以上景区 22 个,其中包括 5A 级景区 1 个(横店影视城)。在接待能力方面,金华市拥有星级饭店 41 个、星级客房 7677 间,以及星级床位 12250 张。①

(二)开发区引领数字文化产业高速发展

金华市开发区数字文化产业起步于 2001 年,是全省唯一作为数字创意产业试验区的开发区,在网络视听、游戏交易、视频社交、网络文艺、影视娱乐等领域发展强劲,占金华市区 90% 的份额。2021 年,该开发区数字经济实现营业收入 64.61 亿元,其中实现规模以上文化服务业营业收入 25.87 亿元,居全市第 2。截至 2021 年年底,该开发区已集聚以数字文化为核心的数字经济企业千余家,从业人数超过 3 万人。

2021 年,金华比奇网络技术有限公司、金华就约我吧网络科技有限公司被认定为浙江省数字文化示范企业,获评项目总量占全市的 50%。该开发区拥有中国互联网百强企业 3 家、国家规划布局重点软件企业 2 家、上市文化企业 3 家、国家级重点文化出口企业 2 家、省级以上重点文化出口企业 6 家和省级成长型文化企业 10 家。

---

① 数据来源:《金华统计年鉴 2021》。

（三）赛事活动蓬勃开展

2021年，金华市共承办各类体育赛事活动 280 余场，参与人次达 6 万多人次，吸引各类观众 650 余万人次。创建中国体育旅游精品赛事 1 个（横店马拉松赛）、浙江省运动休闲旅游优秀项目 2 个、《浙江省重点培育品牌体育赛事名录库（2021 年）》入库赛事 4 项，创建市级名录库项目 15 个、"体育＋"特色村（居）8 个、体育产业（运动休闲）基地和示范基地 10 个。

五、金华市文化产业发展展望

2021年，在金华市委、市政府的坚强领导下，以及在金华市文化广电旅游局的不懈努力下，金华市文化产业的发展环境得到进一步改善，从而迎来一波强劲的发展，规模以上文化产业的营业收入增速居全省第 2。

从整体来看，2021 年金华市文化产业的发展具有以下几个特点：一是文化产业核心领域与相关领域均实现较快增长，其中文化终端消费生产的增长尤其迅速。文化终端消费生产主要包括文具、玩具、节庆用品的生产和销售，以及信息服务终端制造和销售，在新冠疫情的影响下，线上会议及学习增多，对信息服务终端制造和销售的需求增长迅速。创意设计服务营业收入的下降，则说明新冠疫情对高层次文化需求的抑制较为明显。二是民营企业、外商控股企业和港澳台商控股企业活力十足。其中，民营企业一家独大，且增长喜人；而外商控股企业和港澳台商控股企业虽然体量不大，但增长迅猛、潜力可期；民营企业、外商控股企业和港澳台商控股企业对文化消费市场的变化反应灵敏，机制灵活，能更好地捕捉商机。三是短板依旧存在，文化投资运营领域依然少人问津。

展望未来，金华市文旅产业依然潜力巨大，发展可期，数字文化产业已崭露头角，会成为未来强劲增长的一极。金华市既有源远流长、光辉灿烂的历史文化，又有得天独厚的旅游资源，在金华市委、市政府和金华市文化广电旅游局的大力支持下，文旅产业会持续火爆发展，成为文化产业中的亮点。而数字赋能文化产业在目前来看发展前景广阔，金华市若抓住机遇，建设数字文化产业开发区，将会引领新一轮文化产业的增长。

参考文献

［1］金华市统计局，国家统计局金华调查队.金华统计年鉴 2021［M］.北京：中国统计出版社，2022.

［2］金华市统计局，国家统计局金华调查队.2021 年金华市国民经济和社会发展统计公报［EB/OL］.（2022-04-08）［2023-04-08］. http://tjj. jinhua. gov. cn/art/2022/4/8/art_1229317894_3967833. html? eqid＝a960d009000140290000000046448d8e9.

［3］浙江省地方志编纂委员会办公室编.浙江年鉴［M］.北京：方志出版社，2022.

［4］邢志宏.《政府工作报告：2022 年 4 月 9 日在金华市第八届人民代表大会第一次会议上》［N］.金华日报，2022-04-25（A01）.

2022 年舟山市文化产业发展报告

张云鹤

在双循环新发展格局下,促进产业融合发展,实施文化产业数字化战略,提高经济循环能力和活力,是实现文化产业高质量发展的新引擎。2021 年,舟山市文化产业保持平稳发展态势,海洋产业、体育产业、旅游产业等与文化产业关联度较大的产业也处于较快发展阶段。

一、舟山市文化产业发展环境

(一)区位环境

舟山市地处国家"一带一路"和长江经济带范围内,是重要的海上门户,是国家实施"一带一路"和长江经济带战略的重要节点。如果把我国东部的海岸线比作一张弓,把长江比作一支箭的话,那舟山市就是射向太平洋的箭头,具有连接东西、辐射南北、沟通内外的区位优势。

舟山市陆域面积为 1517 平方千米,海域面积为 20683 平方千米,拥有 2 个区、2 个县。全市有大小岛屿 2085 个,其中有居民岛屿 141 个。舟山市的风能、潮汐能、潮流能及海底油气、矿产等资源非常丰富。舟山市港阔水深、少淤不冻,是建设深水泊位、泊航巨轮的理想港区,拥有长达 282 千米的深水岸线,占全国总岸线的 1/5 左右。我国沿海 7 条国际航线中有 6 条途经舟山市,在此发展港航物流、海洋工程、大型装备制造和大宗物资加工等产业,具有得天独厚、无可比拟的优势。

(二)产业环境

2021 年舟山市地区生产总值为 1703.6 亿元,按可比价格计算,比上年增长 8.4%。分产业看,第一产业增加值为 158.7 亿元,比上年增长 2.2%;第二产业增加值为 754.2 亿元,比上年增长 15.9%;第三产业增加值为 790.7 亿元,比上年增长 3.6%。全年居民消费价格(CPI)比上年增长 0.9%,其中食品烟酒类价格比上年增长 0.5%,商品零售价格比上年增长 1.4%。全年财政总收入为 349.7 亿元,比上年增长 37.4%;一般公共预算收入为 180.7 亿元,比上年增长 13.5%;一般公共预算支出为 336.1 亿元,比上年增长 7.5%。其中,社会保障和就业支出比上年增长 41.6%,卫生健康支出比上年增长 6.0%。

(三)文化环境

舟山市被文化和旅游部命名为"中国民间文化艺术之乡"。2021 年 5 月 24 日,国务院正式公布第五批国家级非物质文化遗产代表性项目名录和国家级非物质文化遗产代表性项名录扩展项目名录,嵊泗渔歌入选传统音乐类扩展项目。嵊泗渔歌是嵊泗县第一个国家级非物质文化遗产代表性项目,是自 2011 年以来舟山市唯一入选的国家级非遗代表性项目,它的入选实现了舟山市所属县(区)国家级非遗代表性项目全覆盖。

2021 年 9 月 28 日,"渔乐六横·钓联天下"2021 全球网络直播钓鱼公开赛开幕式在舟山市六横镇举行。开幕式现场,签订了海钓特色主题酒店项目、新材料氢气能休闲船艇开发投资协议、新城市主题文旅综合体项目、海洋牧场综合体投资协议、千丈塘国家级库钓基地建设协议、海钓主题快捷酒店项目。2021 年 9 月 29—30 日,全球网络直播钓鱼公开赛开幕式暨全国沿海城市海钓精英赛在六横镇悬山岛举行,国内 9 个沿海城市的 58 名海钓选手参赛。全球网络直播钓鱼公开赛持续至 10 月,除国内主赛场外,另设立北美赛区、欧洲赛区、澳洲赛区、东南亚赛区、俄罗斯赛区,通过网络直播方式为全球钓手提供交流展示平台,创造更多钓鱼吉尼斯纪录。

嵊泗县连续 16 年蝉联浙江省"平安县"称号。持续打造新时代美丽乡村,5 年内建设中国美丽休闲乡村 1 个、省美丽乡村风景线 2 条、美丽宜居示范村 5 个、省级历史文化保护利用村 8 个;枸杞乡、花鸟乡成为新时代美丽城镇建设省级样板,省级新时代美丽乡村达标村、示范乡镇实现全域覆盖。

(四)创新环境

舟山市已形成"高新区＋科学城＋高校科研机构＋科技企业"的产业技术创新服务体系。2021 年,中国(舟山)海洋科学城已集聚了浙江省海洋开发研究院、浙江省海洋水产研究所、浙江大学舟山海洋研究中心等一批高水平创新载体,浙江大学舟山校区不断发展,浙江海洋大学竞争力得到显著提升,摘箬山海洋科技示范岛建设步伐加快,省级重点实验室、工程技术研究中心建设取得重要进展,围绕龙头骨干企业、高新技术企业,建设了一批省级企业研究院、省级企业研发中心、省级企业技术中心,产业创新支撑力不断提升。

2021 年,舟山市一般公共预算支出中,科技支出为 9.4 亿元,比上年增长 30.8％。组织实施各级各类科技项目 629 项,其中国家级项目 48 项、省级项目 272 项。专利授权量达3154 件,比上年增长 12.4％,其中发明专利授权量达 957 件,比上年增长 10.9％。新增高新技术企业 58 家,累计 251 家;新增省级科技型中小企业 167 家,累计 1155 家。拥有各类注册商标 1.52 万件,其中国驰名商标 12 件、中国地理标志(包括证明、集体)商标 21 件。

二、舟山市文化产业发展现状

(一)产业总体发展现状

舟山市文化产业增加值占地区生产总值的比重维持在 4.6％左右。近几年来,舟山市文化产业保持平稳发展态势。2021 年,舟山市文化及相关特色产业实现增加值 62.7 亿元,比上年增长 9.3％,占地区生产总值的比重为 4.6％,与上年持平,占比略超过全国平均水平,但与全省平均水平还有一定差距。

舟山市文化服务业占文化产业的比重接近 2/3。分行业看,舟山市文化产业中文化服务业占比保持在 64％左右,文化批零业、文化制造业、文化建筑业分别占文化产业的 28％、7％、1％左右。

舟山市规模以上文化产业企业数量变化不大。舟山市规模以上文化产业企业数量基本保持稳定,其中服务业企业比重最高,保持在 60％左右。2021 年,舟山市拥有规模以上文化、体育和娱乐业企业 16 家,其中 10 家企业营业收入亏损。规模以上文化、体育和娱乐业企业实现营业收入 17158 万元,资产总计 49988 万元。

(二)产业分类发展现状

1.文化内容创作生产

近年来,舟山市创作出《鼓舞大海》《渔绳结》《船上的日子》等海洋文艺精品,实现国家艺术基金资助项目"0"的突破;创作出歌曲《阿家里格啰》、舞蹈《可甜可咸》、小品《手心》等优秀作品。成功创排现代越剧大戏《浪尖上的蚂蚁岛》并完成试演,该剧入选 2021 年度浙江省文化发展艺术基金资助项目。

舟山市引进中国美术学院美育实践基地,使其落户定海新建村,成立杨翎音乐工作室、徐锋美术工作室、王海舞蹈工作室、陈娜君戏曲工作室等 10 家名人工作室,采取"1＋N"方式开展文艺创作专题研讨,充分发挥"名人孵化"的集群效应和资深群文工作者的"传帮带"作用。

2.文化创意设计服务

2021 年中国特色旅游商品大赛上,由舟山市文旅企业自主申报、舟山市文化和广电旅游体育局选送的 SHENGFAS 盛发"旅行便携随身护理套装"异军突起,斩获银奖。铭元"香酥小黄鱼"、老州山"现烤海鲜礼盒"、浙香好礼"云二十四品、四时益神香"经多轮角逐,喜提 3 铜。

通过线上平台联合大舟山网进行宣传推广,舟山市文创产品销售热度不减,线下引进翁山文化公司等市内特色文化企业。舟山市博物馆淘文化文创展销区展售的舟山特色海洋生物纸模型、渔风海韵艺术船模、海派书画系列产品、博物馆棒棒糖以及翁山文化公司推出的海洋毛绒玩偶、舟山风景名胜冰箱贴受到群众的热捧。在文化和自然遗产日活动、上海长三角文博会、义乌文交会等各级展销会中,舟山市博物馆渔风海韵艺术船模、舟博写意文创产品受到了大众的喜爱,购买者络绎不绝。

3.文化传播渠道

依托互联网大数据,"文化＋数字"经济稳步成长。依托互联网平台和大数据,一批以舟山美橙商务创意有限公司(第五批浙江省成长型文化企业之一)为代表的策划文化活动的企业迅速成长。2021 年,舟山市线上消费表现活跃,实现网络零售额 106.5 亿元,比上年增长 32.1％。

4.文化投资运营

为切实提高文化产业发展专项资金使用效益,推进文化产业项目落地实施,增强舟山市文化产业的整体实力和竞争力,舟山市财政局实施了《舟山市文化产业发展专项资金管理办法》。该专项资金主要用于推动文化产业融合发展,建设文化产业公共服务平台,促进文化产业项目招引落地,引导文化企业提质增量,鼓励优秀文化产品的创作、生产,举办重大文化活动,支持文化产业人才培养,表彰优秀文化企事业单位,以及公共财政应该支持且有利于促进文化产业整体发展的其他内容。

5.文化娱乐休闲服务

截至 2021 年年末,全市累计建成省、市美丽乡村精品村 145 个,省级美丽乡村示范乡镇 27 个,历史文化村 35 个,美丽海岛主题风景线 17 条。定海伍玖文化创意中心(2019—2020 年度浙江省重点文化产业园区之一)、杉杉·普陀天地文创街(2020 年度浙江省文化创意街区之一)等优秀文化产业园区和文化创意街区的数量不断增加。以乡村文化为主题的定海南洞艺谷、普陀展茅田园综合体、干施岙、路下徐,以观音文化为主题的朱家尖观音文化园新地标等文旅综合体和文化新地标表现活跃。

6.文化辅助生产和中介服务

舟山市文化产业服务平台加快构建。扎实推进海洋文创产业园、鲁家峙文化创意园区、舟山群岛新区创意软件园、定海伍玖文化创意中心等文创园区快速发展;搭建海洋文化衍生品展示平台,百家文化企业、千种文化产品集中亮相;国家级海洋科技平台中国(舟山)海洋科学城与彼岸文化公司合作打造了"海洋文旅创意产业平台",该平台以彼岸海洋文化衍生品研发中心与交易基地为核心,集文旅产品展示、创意设计、宣传推介、企业服务、产业培训、网络平台、学术交流、产品贸易等 8 大功能于一体。

7.文化装备生产与文化消费终端生产

2021 年,舟山市拥有规模以上文教、工美、体育和娱乐用品制造业企业 2 家,实现总产值 8203 万元。规模以上文教、工美、体育和娱乐用品制造业增加值达 1620 万元,新产品产值率为 11.48%,资产总计 3993 万元。

三、舟山市文化产业发展政策

(一)《舟山市国民经济和社会发展第十四个五年规划和二〇三五年远景目标纲要》

该纲要于 2021 年发布,提出重点培育海岛特色文化活动品牌。高标准持续举办中国海洋文化节、东海音乐节等文化活动,打造海洋特色公共文化品牌。推进"海上丝绸之路"文化工程建设,加强历史文物与非物质文化遗产保护,加强地方志研究,传承和延续海岛特色文脉,推进舟山海洋历史人文资源的开发利用,厚植定海海洋文化历史底蕴,复兴名城文化、留存千年古韵,努力提升舟山海洋文化名城新形象。同时,大力发展海洋文化旅游产业。依托舟山市丰富的海岛旅游资源、佛教文化资源以及良好的生态环境等自然禀赋,以"海岛"和"文化"2 大主题为卷轴,全力推进浙东唐诗之路海上诗路建设,推进文旅、商旅、城旅融合,大力建设海岛公园,积极提升旅游服务水平和景区品质,加快建设全域旅游城市。重点发展禅修养生、养老度假等旅游新产品,积极推进"旅游+海鲜美食""旅游+研修体验""旅游+

体育运动""旅游＋精品赛事"等旅游新业态,发展一批核心、经典的海岛旅游小镇、景区、线路,推进医疗、康复、养生与健康旅游深度融合,建设国家健康旅游示范基地,打造海岛公园和浙江海岛大花园核心板块,建成全域旅游示范市,建设世界佛教文化圣地和国际海岛休闲度假目的地。实现旅游收入 1500 亿元。

(二)《舟山市"十四五"数字化建设重点工程》

《舟山市"十四五"数字化建设重点工程》于 2021 年实施,提出文旅设施智能化建设。启动建设旅游大数据中心,推动大数据、VR/AR、人脸识别、高清直播等技术应用。打造普陀山朱家尖全域旅游"一票通"等智慧旅游平台。开展数字海岛公园试点。

四、舟山市文化产业发展经验

(一)海洋文化旅游体育产业全面推进

舟山市"文化＋海洋"成果颇丰。随着海上花园城建设的不断推进,舟山市的城市面貌发生了根本性改观。舟山市空气质量持续保持全国前 3,荣获"国家园林城市"等称号,人均公园绿地面积居浙江省第 2,舟山市海洋文化的影响力继续扩大。作为首个以海洋经济为主题的国家级新区,舟山市海洋经济的生产总值占地区生产总值的比重超过 65％,比重在全国领先。舟山市海洋文化产业资源如表 1 所示。

表 1　舟山市海洋文化产业资源情况

序号	文化类别	代表	特色
1	海洋历史文化	马岙和定海古城	马岙有"海岛河姆渡文化"之称,被誉为"东海第一村";定海是全国唯一的海岛历史文化名城
2	海洋军事文化	定海	舟山群岛是华东门户,历来为海防要塞;1840 年鸦片战争时期的定海保卫战,在中国近代史上具有特殊意义
3	海洋渔业文化	舟山渔场	舟山渔场是我国四大渔场之一;沈家门渔港是世界三大渔港之一
4	海洋宗教文化	普陀山	"海天佛国"普陀山是世界上唯一位于海岛的佛教名山,在国内外特别是东南亚一带享有盛名,观音文化使普陀山成为中国佛教文化的中心之一
5	海洋民俗文化	渔业生产和渔民生活	舟山的生产、习俗、礼仪和海岛的风俗习惯是东海渔区渔业生产和渔民生活的真实写照
6	海洋文学艺术	"舟山锣鼓""观音传说""舟山渔民号子""渔民开洋、谢洋节""传统木船制造技艺"	王安石、陆游、范成大等人都在舟山留下了富有海洋气息的诗文,另有柳永《煮海歌》、张岱《海志》;舟山海洋民间艺术异彩纷呈,"舟山锣鼓""观音传说""舟山渔民号子""渔民开洋、谢洋节""传统木船制造技艺"项目已被列入国家级非物质文化遗产保护名录
7	涉海名人文化	宁波商帮	舟山市是近代民族工商和外贸史上"宁波帮"的发祥地之一,著名人物有朱葆三、刘鸿生、安子介、董浩云等,他们为舟山留下了一笔具有儒商文化特征的历史文化遗产

序号	文化类别	代表	特色
8	海洋旅游文化	海洋旅游节庆	中国海洋文化节、中国舟山国际沙雕节、中国普陀山南海观音节，是将舟山地方文化资源优势转化为海洋旅游产品的有益尝试

数据来源：《海洋文化与海洋旅游产业融合发展研究——以舟山为例》。

舟山市"文化＋旅游"声势浩大。围绕海洋文化和海岛特色的优势，舟山市大力发展旅游业这一特色优势产业，持续推进全域旅游示范建设，成为全省首个全域旅游示范市。2021年实现旅游收入170.5亿元，比上年增长13.6％；接待游客1244.2万人次，比上年增长7.5％，其中入境过夜人次达2.8万人次。

舟山市"文化＋体育"形势向好。以"品质舟山""幸福舟山"为建设方向，舟山市体育设施网络逐步健全，公共体育服务体系不断完善，人均体育场地面积居全省前列。舟山群岛马拉松等品牌赛事的培育，打造了舟山群岛文化的新名片。

(二)文化产业与公共文化服务融合

随着乡村和海洋特色的不断挖掘与创新，舟山市海岛游、乡村游等文化业态不断丰富，并不断提升其配套相关的公共文化服务活动。截至2021年年末，全市有文化艺术表演团体2102个，比上年增加30个；艺术表演场所13个，文化馆5家、文化站36家；公共图书馆5家、藏书255.6万册。截至2021年年末，全市有线电视用户数达26.9万户，数字电视用户数达26.8万户，实现广播人口综合覆盖率100％和电视人口综合覆盖率100％。2021年，全市新建全民健身路径55条，新建各类体育健身场所48个，开展群众体育活动204次，体育活动参与人次为12.0万人次。

(三)文化科技融合发展

舟山市科学城内的船舶工业设计基地自2011年创建以来，已拥有专业研发设计人员2000余人，累计为全国船舶企业提供服务1763次，实现工业设计服务收入近27650万元，工业成果转化产值达137.5亿元。在"互联网＋"融合方面，以"淘文化"产业平台为代表，成立淘文化运营中心，吸引全市600余家文化企业入驻，海洋文化产品实现集聚推广、线上交易。

五、舟山市文化产业发展展望

舟山市文化产业发展依然存在一些问题，如：自身发展水平和成长速度总体不高、不快；文化资源向产能的转化不顺；文化新业态发展迟缓；外部经济环境存在挑战；等等。未来，舟山市文化产业发展应着力从以下几个方面推进。

(一)不断提高产业发展质量

加大文化产业项目招商力度，积极发挥文化产业项目引领作用，加快推进文化产业园区、文创街区和重点项目建设，利用好现有的文化产业促进会等平台，举办文化节庆会展、文化产业发展沙龙等活动，将优势资源转化为产业资源和生产力，尽快形成文化产业新的增长点。增加海岛休闲度假旅游、海洋主题艺术展览旅游、海岛地方特色节日旅游、渔民手工艺生产、海洋音像图书出版等领域的投资规模;通过注重个性化的产品服务、重点开发经济附加值高的产品、提高科技含量等手段来增加产品的竞争力,以扩大市场份额。

(二)加速推动产业融合发展

在"互联网+"、大数据背景下,以数字经济、信息技术为支撑,推进传统文化产业向新的生产模式、营销模式和消费模式扩展,形成开放化、网络化和智能化的新型文化生产体系。推进"文化+"的产业融合模式,催生新业态,延伸产业链,创造新价值。将现代前沿科技运用到舟山市海洋文化产业和旅游产业的发展中,促进舟山市海洋文化产业和旅游产业融合发展,实现产业的规模化效应;把海洋非物质文化遗产的创作、展示和现代科技相结合,营造良好的游客体验感,满足游客对舟山市传统民俗文化的好奇心,激发游客对于地方传统文化的兴趣,使舟山市特色文化成为大众消费的热点。

(三)不断加强政策支持力度

在"十四五"政策导向下,加大力度关心支持文化企业的发展,精准施计施策,深入了解文化企业在政策、税收、融资、人才等方面的需求,有针对性地推动现有文化扶持政策的优化升级。特别是加大对文化相关小微企业的帮扶和支持,加强相关政策的宣传和解读,使企业及时获悉。鼓励龙头文化企业扩大生产规模,同时加大对中小型企业的政策支持力度,形成具有规模效应的产业基地,辐射周边企业。重视对基础设施的建设,努力建设一批产品多样化、产业结构合理的现代企业,建成一个可以带动周边产业发展的辐射型产业园。通过"大带小"的方式,摆脱传统发展模式的禁锢,舟山市海洋文化产业走出一条"专业、尖端、特色、新颖"的高质量发展道路。

参考文献

[1] 郭旭,Jaepil Park.海洋文化与海洋旅游产业融合发展研究:以舟山为例[C].//第九届海洋强国战略论坛论文集.北京:海洋出版社,2018:136-141.

[2] 李娜,陈鸿,方敏,等.生态文明视角下的花园城市理念演进与实践探索:以舟山群岛新区海上花园城市建设为例[J].建筑与文化,2019(10):93-96.

[3] 李智,马丽卿.产业融合背景下的舟山海洋文化产业新发展[J].海洋开发与管理,2018(01):28-32.

[4] 忻海平,施宏斌,史征.舟山群岛新区文化产业发展理论与实践探索[M].杭州:浙江工商大学出版社,2017.

[5] 徐妍.产业融合视角下舟山市文化产业发展路径探索[J].统计科学与实践,2021(04):42-45.

[6] 王微,冯曦元.舟山市旅游业与区域经济耦合协调关系的研究[J].特区经济,2021(06):56-59.

［7］张平华.舟山旅游文化资源融入文创产业发展机制探究［J］.产业与科技论坛,2022,21
（13）:21-22.

［8］舟山市人民政府.2021年舟山市国民经济和社会发展统计公报［EB/OL］.(2022-03-21)
［2023-08-17］.https://www.zhoushan.gov.cn/art/2022/3/21/art_1229286899_36844-
76.html.

［9］浙江省地方志编纂委员会办公室编.浙江年鉴2021［M］.北京:方志出版社,2022.

第 三 篇

2022 年浙江省文化产业发展专题报告

旅游情境下浙江省非物质文化遗产传承与创新研究

潘丽丽　潘　君

随着世界经济一体化的发展,世界文化的多样性也在遭受前所未有的冲击,因此对文化的保护传承已刻不容缓。非遗文化是地方文化的精髓,更是文化自信的来源,它承载着各地域的文化基因及民族记忆,对非遗文化的保护传承就是对文化记忆的守护传承。《"十四五"非物质文化遗产保护规划》指出,到 2025 年,非遗代表性项目得到有效保护,保护传承体系更加健全,创造创新活力进一步激发,人民群众对非遗的认同感、参与感、获得感明显提高。同时,党的二十大报告也强调推进文化自信自强,发展民族的、科学的、大众的社会主义文化,坚持创造性转化、创造性发展。浙江省作为众多非遗文化的聚集地,在非遗文化保护传承中不断地创新发展,因非遗文化的动态流变性与旅游业的灵活性相契合,浙江省利用地域优势和经济优势实现非遗文化在旅游发展中的活化传承,使得非遗文化活跃于城乡之间,走进民众生活。本报告分析浙江省非遗旅游活化现状,分析旅游发展情境下浙江省非遗传承与创新的典型模式,分别解析专题博物馆、历史文化街区、旅游景区 3 种不同旅游情境下浙江省非遗文化创新活化传承的方式,同时提出浙江省非遗文化传承创新提升的相关建议。

一、浙江省非遗旅游活化现状

(一)浙江省非遗旅游概况

浙江省非遗项目数量众多、类型全面,现有非遗项目 966 个,其中:联合国级别的人类非遗项目有 24 个,包括传统技艺、民俗、传统戏剧、传统音乐等类型,以民俗和传统技艺为主;国家级非遗项目有 257 个,包括民间文学非遗项目(24 个)、传统音乐非遗项目(15 个)、传统舞蹈非遗项目(18 个)、传统戏剧非遗项目(25 个)、曲艺非遗项目(28 个)、传统体育非遗项目(12 个)、游艺与杂技非遗项目(12 个)、传统美术非遗项目(30 个)、传统技艺非遗项目(54 个)、医药非遗项目(12 个)、民俗非遗项目(39 个)等;其余为省级非遗项目。

随着旅游业的发展,一些传统的民俗风情得到关注,旅游资源的开发利用使得非遗文化重新焕发生机(王建,2010),非遗文化的旅游活动是其再生产的一种有效方式,非遗文化的保护与旅游业之间融合发展必将成为一种趋势(蔡寅春、方磊,2016)。旅游者的多样化需求促使非遗文化在成为旅游产品时与现代化相融合,不断进行创新发展。在浙江省非遗文化与旅游业的融合发展中,民俗类非遗文化与旅游业的融合度最高,主要利用形式为将非遗文化打造为地方特色的旅游吸引物,表现为"非遗→旅游活动"的使用路径。如磐安建立炼火原生态文化保护区,保护和传承磐安炼火,组织炼火表演队伍,进行综合保护和合理利用,使磐安炼火成为磐安旅游的一张"金名片"。国家级非遗绍兴舜王庙会以祭祀舜帝活动为中心,依托王坛镇双江溪舜王庙,集祭祀、文艺表演与商贸交易于一体,内容包括神灵崇拜、传说、仪式、民间艺术、经贸活动等,是当地民众创造、传承、共享的非物质文化遗产。传统技艺、传统美术类非遗文化与旅游活动的结合以展演为主,可以分为景区的展演活动和包含展演的非遗主题景旅游活动,如省级非遗文化项目西溪小花篮,即在西溪景区采取展演和销售融合的形式,中国丝绸博物馆则是包含丝绸静态和动态展演的非遗主题场所。其他类型的非遗旅游利用相对较少。

非遗与旅游场域融合形成以下类型:

一是非遗主题旅游场所。非遗作为主要旅游吸引物或主题的景区(景点),比较典型的有在建的浙江省非物质文化遗产保护中心(浙江省非物质文化遗产馆)、非遗主题小镇,以及中国丝绸博物馆、中国丝绸城等。以多项或单项非遗为核心旅游吸引物,打造非遗特色景区景点和综合型目的地。

二是文化街区非遗。包含非遗文化的旅游文化街区,比较典型的有杭州河坊街历史文化街区,以及近年来文旅融合背景下规划设计的一些文化展示空间,而非遗是其中的文化要素。

三是景区非遗。非遗是景区内的主要吸引物之一,大部分民俗活动的旅游开发即为此种类型,其中更为常见的是旅游景区内的非遗旅游产品,例如西溪小花篮即是在西溪国家湿地公园之内以非遗为主题的旅游商品。

(二)浙江省非遗传承与创新方式

浙江省对非遗传承与保护高度重视,在非遗文化保护传承工作中不断探索、不断创新发展,"十四五"期间浙江省明确了非遗文化保护发展的主要指标[①](见表1)。浙江省在非遗文化传承中坚持以活化非遗文化为目标,以现代技术、人才培养为推力,以资源合作为引力,促使非遗文化活化传承,形成了以多元主体活化传承、以科学技术引领传承、以合作推广传承、以人才助力传承的模式。这种模式为非遗的旅游活化提供了平台和路径,推动了旅游情境下的非遗传承与发展。

表 1 "十四五"期间浙江省非物质文化遗产保护发展主要指标[②]

类别	指标名称	2020 年实际值	2025 年目标值	指标属性
保存保护	人类非物质文化遗产代表作名录/项	10	11	预期性
	国家级非物质文化遗产代表性项目/项	217	241	预期性
	省级非物质文化遗产代表性项目/项	886	1000	预期性
	国家级非物质文化遗产代表性传承人/人	196	220	预期性

① 《浙江省非物质文化遗产保护发展"十四五"规划》。
② 数据来源:《浙江省非物质文化遗产保护发展"十四五"规划》。

类别	指标名称	2020 年实际值	2025 年目标值	指标属性
保存保护	省级非物质文化遗产代表性传承人/人	1215	1400	预期性
	国家级非物质文化遗产代表性传承人/人	99	150	预期性
	省级非物质文化遗产代表性项目丛书/本	217	241	预期性
	国家级非物质文化遗产代表性传承人口述史丛书/本	10	60	预期性
传承传播	省级非物质文化遗产馆/家	/	1	约束性
	国家级非物质文化遗产馆/家	/	1	预期性
	市级综合性非物质文化遗产馆/家	6	11	预期性
	传播活动品牌/个	6	10	预期性
	"非遗进校园"优秀实践案例/个	/	20	预期性
	"少年非遗说"全省传说故事讲述大赛参与人数/万人	2	3	预期性
	县(市、区)非遗(展示)馆覆盖率/%	/	100	预期性
	非遗特色演艺项目/个	/	10	预期性
	非遗曲艺书场试点/个	/	10	约束性
创造创新	国家级文化生态保护(实验)区/个	1	2	预期性
	省级文化传承生态保护区/个	/	10	约束性
	省级非遗体验基地/个	/	100	约束性
	省级非遗生活馆/家	/	100	预期性
	省级非遗旅游主题线路/条	/	10	预期性
	省级优秀非遗旅游商品/个	200	300	约束性
	省级非遗旅游景区/个	147	247	约束性
	省级非遗主题街区/个	/	100	预期性
	省级非遗主题民宿/家	/	100	预期性
	省级非遗主题酒店/家	/	10	预期性
	"非遗购物节·浙江消费季"销售额/亿元	10	30	预期性

1.以展演活化非遗

举办多种展演活动活化非遗。为促进非遗文化活态传承,浙江省打造传统工艺振兴"杭州工艺周"重要品牌,并成功创建东阳市、杭州市拱墅区 2 个传统工艺工作站,以工作站形式促进非遗文化融入现代生活并助推非遗文化活化传承。持续开展"浙江好腔调"传统戏剧系列展演、浙江湖州获港民间丝竹展演等活动,使非遗文化活跃在城乡之间,通过融入生活的形式实现传播传承。连续 3 年举办"少年非遗说"活动,让浙江传统非遗故事在年轻一代传承,至今约有 20000 人参加该活动。举行各种非遗文化展演活动,如浙江·中国非遗博览会、中国义乌文化和旅游产品交易博览会等,逐渐形成非遗文化展示交流的重要平台,同时有助于对外交流深入传播活动的开展。

2. 以技术传承非遗

进入数字技术时代,文化数字化成为非遗文化"活起来""火起来"的重要方式。数字化技术赋能文化,为非遗文化提供了多种"存活"方式,促进非遗文化留存记忆。浙江省"非遗在线"发展模式,设计了数智决策系统、非遗保护发展指数、非遗三色预警应用及非遗 GO 云体验应用等 4 大核心业务系统,推动浙江省非遗保护体制机制创新。部分非遗文化结合数字化技术推出数字化藏品,如"郾越宁作大吉尊"数字藏品,陈水琴刺绣作品宠物系列数字藏品,非遗杭罗——蚕丝、织机、罗帕数字藏品等,通过数字化技术使非遗文化得到传承与传播。

3. 以合作推广非遗

为了推动非遗文化旅游的活化,浙江省积极促进多方合作与资源整合,促使政府部门、非遗传承机构、旅游企业、文化创意产业等各方共同参与,通过合作项目、合作活动或合作营销的方式,加强非遗文化旅游产品的开发和推广,实现资源优势互补,提升非遗旅游市场的整体竞争力,如泰顺县非遗木偶戏传承者用木偶拉二胡实现"非遗＋音乐"的创新活化。在合作推广时,格外注重现代化因素对营造旅游环境和创新旅游产品的影响,如河坊街将现代化风格融入历史街区建设,西溪小花篮创新竹编口罩等非遗文创产品,等等。通过融入现代要素增强非遗的多样性和内涵,同时发展非遗产品的产业链条,增加附加值,从而实现传承式发展。

4. 以人才助力非遗

为了传承发展焕发活力,浙江省组织实施"中国非物质文化遗产传承人群研修演习培训计划",其中培训学员 1570 人次,同时开展"非遗薪传"展演展评活动,促进非遗传承者之间的互动,为非遗文化产品创新提供多种可能的机会,如拱墅站创新的天竺筷。以研究团队、学科团队为中心,促使非遗文化保护的队伍不断壮大,全省各地新建一批各具地域特色的综合性非遗馆,以此进行非遗文化的理论研究以及非遗成果的编纂,"大匠至心"非遗传承发展已成为重要的学术交流平台。同时,建立浙江省非遗文献馆,编纂完成了浙江省第四批国家级非遗文化代表性项目丛书 30 本,还完成了《浙江通志·非物质文化遗产志》的编撰工作,为非遗文化的实践、创新传播提供了明晰的参考价值,为非遗活化传承助力①。

二、专题博物馆情境下非遗传承与创新

国际博物馆协会对博物馆的解释为:"博物馆的目的是教育、研究与乐趣,工作是收藏、保存、研究、沟通和展示人类与其环境的物质以及非物质遗产。"一直以来,博物馆作为人类记忆共享地,履行文化展示、文化保存以及文化再现的主要职能,承担文化保护传承和创新

---

① 《浙江省非物质文化遗产保护发展"十四五"规划》。

的主要职责。博物馆事业因城市化进程而日益发展,融合知识、科技、艺术,筑成一个文化舞台。在时代使命的引领下,博物馆作为文化保护传承的载体,为非遗文化保护传承提供了一个契合的舞台,更将非遗文化保护推进至系统性保护的阶段。传统的博物馆多数以静态、散点式、线性式的实物展示和保护为主进行文化遗产的传承工作。非物质文化遗产是以人为本的活态文化遗产,更多强调以人为核心的传统技艺、制作经验以及文化精神。具有活态流变显著特征的非遗文化与传统博物馆静态保护传承的方式,显然无法完美契合。因此,在博物馆情境下的非遗文化保护传承需要以"活态展"的方式再现非遗文化的核心灵魂(谢小娟,2014)。博物馆也是非遗和旅游活动融合发展的重要场域,浙江省非物质文化遗产保护中心(浙江省非物质文化遗产馆)即是多种非遗集成的综合型多用途展馆,此外还包括以某种非遗为主题的专题博物馆。

中国丝绸博物馆是典型的专题非遗主题博物馆,既是全国性的丝绸专业博物馆,也是世界上最大的丝绸博物馆,其主要职能是进行丝绸文物的收藏、研究、鉴定、修复和保护,丝绸文化的宣传、教育,以及丝绸文化旅游纪念品的经营。中国丝绸博物馆是依托于非遗文化形成的典型的专业非遗主题展馆,也是非遗和旅游融合发展的典型模式,更是非遗传承与创新的典型。经过几代丝博人的共同努力,中国丝绸博物馆在征集丝绸藏品、举办国内外展览、保护纺织品文物、传承蚕桑丝织技艺、开展丝绸科普教育、弘扬丝绸文化等方面取得了令人瞩目的成绩。人类非物质文化遗产代表作"中国蚕桑丝织技艺"由此申报,"纺织品文化保护国家文物局重点科研基地"落户此地。

中国丝绸博物馆突破传统博物馆静态式的展品呈现形式,始终坚持四"以"发展模式,即"以典藏丰富非遗,以研究助力非遗,以展示传达非遗,以教育传承非遗",形成"人—事—物"三者合一的活态展演模式,促使中国丝绸文化实现"延续—融合—共生"的全链式传承与创新。

(一)延续:以全链化建设为核心

中国丝绸博物馆作为丝绸文化的历史时光机,以前台和后台的形式共同叙述丝绸文化的前世今生,打造了一个以丝绸为核心的全链式专业性的丝绸博物馆。

1.前台主题文化展示

中国丝绸博物馆的前台以主题文化展示为主要形式展示丝绸之美,叙述丝绸故事,传承丝绸文化。主题文化展示从宏观丝绸文化到丝路沿途的社会文化价值,从微观科技成果到丝路沿途生物,多角度、多层次地呈现丝绸文化对世界文明、世界文化的影响。中国丝绸博物馆与世界各地博物馆建立合作关系,连续7年举办"丝绸之路"主题展,以此讲述丝绸故事,传递丝绸文化。[①]

2015年以"沿丝绸之路传播丝绸文化"为主题开展"丝绸之路:起源、传播与交流"活动。

2016年以"传递丝绸对世界文明贡献"为主题举办"锦绣世界:国际丝绸艺术展"活动。

---

① 《发挥丝绸特色　讲好丝路故事——中国丝绸博物馆建馆三十周年巡礼》,http://wwj. zj. gov. cn/art/2022/2/28/art_1639377-58879254. html.

2017 年以"文化最新保护科技成果"为主题举办"古道新知：丝绸之路文化遗产保护科技展"活动。

2018 年以"纺织品全球化"为主题开展"神机妙算：世界纺机与织造艺术"活动。

2019 年以"丝路沿途的社会文化生活"为主题开展"丝路岁月：大时代下的小故事"活动。

2020 年以"学术叙写丝绸文化"为主题开展"众望回归——丝绸之路的前世今生"活动。

2021 年以"丝路沿途的生物"为主题开展"万物生灵：丝绸之路上的动物和植物"活动。

2022 年以"青海道在丝路上东西方的沟通价值"为主题开展"青海长云：6—8 世纪丝绸之路上的吐谷浑"活动。

2. 后台丝绸技术保护与传承

中国丝绸博物馆的后台承担文化保护职责，对纺织品文物进行鉴定、保护、研究，并提供技术服务。中国丝绸博物馆不仅有古今中外的纺织品，还有生产工具；不仅有文化藏品，还有极高科学研究价值的标本库，更以科学研究方式对丝绸进行保护传承。如联合成都博物馆等机构成功复原多综提花及其织造技术；针对敦煌莫高窟出土的纺织品进行保护研究，召开相关学术会议，并出版专业的论文集。经过 3 年多的研究，中国丝绸博物馆成功完成"五星出东方利中国织锦"的复原工作等。除了保护研究之外，中国丝绸博物馆还坚持将后台的研究过程、复原织造的技术难点以及背后故事等面向前台大众，以促进对丝绸文化的传承。

从鉴定、收藏、展览、保护、修复、研究、复制等过程对丝绸文化进行全链式保护传承，这种"全链式保护"（见图1）（赵丰，2021）小到丝绸的织造，大到国际丝绸文化，通过对各个环节的信息、数据、历史、价值的完美保护传承，实现由对"物"的保护研究到对"非物质"的保护研究的跨越，延续丝绸文化的魅力。

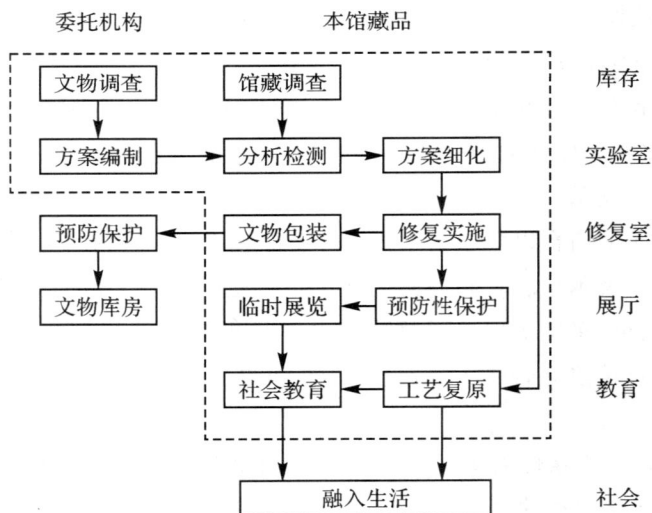

图 1 博物馆藏品保护的全链条①

---

① 图片来源：《全链条保护：中国丝绸博物馆应对全球挑战的工作模式》。

(二)融合:以多元化创新为途径

中国丝绸博物馆对丝绸文化保护传承的方式是结合地域文化、时代特征、相关领域等进行多元化的融合创新。

1.历史文化与技术的融合

融合宋韵文化和时代特色并进行创新。2023年3月24日,中国丝绸博物馆创新性地融合宋韵文化,举办"一曲新词:宋韵文化创新艺术作品邀请展",以四季节令为线索,以宋代诗词作呼应,以丝绸艺术作品作展示,生动诠释了丝绸文化与宋韵文化融合之美。该展览共展出作品120余件,这些作品出自国内60位工艺美术师、时装设计师之手,涉及服装、刺绣、染织、瓷器等多个门类,按照四季轮回分为"春日游""芙蓉醉""深闺院""长歌行"4个单元。每个单元各对应2首宋词,从欧阳修、苏轼、周邦彦、李清照、黄升、陆游等6位词人的名作中汲取创作灵感。此次展览还举办了"宋韵数字时装藏品"发布会,邀请了6位设计师对馆藏宋代纹样进行活化设计。其中,清华大学美术学院染织服装艺术设计系教授李薇设计了5套"宋韵"数字时装作品,并完成作品的动态走秀,该系列作品已作为中国丝绸博物馆第一批馆藏数字藏品被永久收藏①。

中国丝绸博物馆一直致力于中国传统服饰的研究与传承,创新性地推出"国丝汉服节",是搭建游览者与博物馆之间、汉服爱好者与学者专家之间文化知识互动的桥梁。这使得汉服文化和丝绸文化在不断的交流互动中走得更远。

2.多元文化融合创新

多元文化的创新融合有利于促进丝绸文化的传播,多样化途径的创新传递则可以促进丝绸文化的保护。2022年5月,中国丝绸博物馆展出一幅拼布艺术作品——《锦合》,它以丝路之上东西方文化交流为背景,展现出丰富的丝绸文化底蕴,更将拼布文化与丝绸文化进行多边交流,传达文化魅力。2019年,中国丝绸博物馆用一场"纽约——纽扣的世界"展览将丝绸文化与纽扣文化相融合,尽显博大精深的文化氛围。

3.与社会生活融合创新

除此以外,中国丝绸博物馆结合现代化技术和设计,推出一系列新颖且实用的丝绸产品,如丝绸服饰、丝绸面膜等,让丝绸文化更好地融入现代生活,将文化保护与现代生活融合在一起,给予丝绸文化传承新的途径。

(三)共生:以社会化参与赋能非遗

为了让全社会都感受到丝绸文化的魅力,促进全社会共同保护和传承丝绸文化,中国丝绸博物馆打破常规的方式进行创新,如开设女红传习馆。这不仅促进了人们对文化之美的追求及对女红手艺的传承,更促进了对世界各地纺织技术的传承。除此以外,为了以更专业的方式将丝绸文化传向社会,中国丝绸博物馆联合各大高校的学者专家出版"中国古代丝绸

---

① https://baijiahao.baidu.com/s?id=17616926640079226879&wfr=spider&for=pc.

设计素材图系"系列图书,推陈出新,以建立文化艺术品知识数据库的形式促进文化的传承。同时,中国丝绸博物馆还将目光转向社会力量,与高校学术团队合作以促进专业文化学术研究,并在社会企业、各大图书馆、中小学校园里开展体验传承文化活动。

三、历史文化街区情境下非遗传承与创新

历史文化街区蕴含着丰富多彩的文物古迹,完整地体现了一个历史时期的传统文化风貌以及民族特色。浓厚的文化底蕴是城市的灵魂,历史街区是延续城市文化内涵以及展示城市民俗特色的重要载体。历史街区具有城市社会功能和历史文化价值的双重意义,也彰显出强烈的动态性和与时俱进的时代特征,这与非遗文化的活态流变性和传承创新完美契合。历史街区活态遗存的模式为非遗文化传承与创新提供了重要载体(张晓霞、陈顺和,2021)。历史文化街区作为非遗展示的前台,也为非遗产品化提供了平台。

2020 年,浙江省全面启动高品质步行街建设试点,打造非遗文化街区。2021 年,河坊街开始全面打造宋韵文化传承展示样板(李婷婷、方江、蒋成杰,2021)。河坊街凭借着自身浓厚的文化底蕴和悠久的历史,为非遗文化传承提供创新流变的空间,从视觉、嗅觉、味觉、触觉等感官角度再现历史民俗风情,以环境提升为底色,并以现代化"市集—艺展—研学"模式推动非遗文化传承创新发展。表 3 展示了河坊街非遗文化特色类别及其代表。

表 3　河坊街非遗文化特色类别及其代表①

文化特色类别	代表
药文化特色	胡庆余堂、方回春堂、种德堂、保和堂、中药博物馆等
茶文化特色	翁隆盛茶庄、太极茶道、古青茶楼等
饮食文化特色	状元馆、王润兴、西乐园、新丰小吃、药膳坊、万隆等
古玩艺术特色	荣宝斋、宝贤堂、麒麟阁、雅风堂等
市井民俗特色	老作坊、手工艺、吴越人家、评谈、说唱、杂耍等
文化古迹特色	鼓楼、胡雪岩故居、古井、老墙门等

(一)赋能市集,助力非遗

河坊街推陈出新,打造现代化的"宋韵集无界""匠心市集"等市集,现代化的风格也吸引了年轻人的注意,使得文化自信在年轻群体蔚然成风。河坊街一如既往地秉承浙江省浓厚的人文历史,以宋韵文化为切入点,对非遗文化进行创新、活化,提供市集平台,让非遗文化流动起来。

整个市集突破文化传播、艺术表达和现代科技的边界,从空间设计、活动策划等角度生动地展现宋韵文化,以宋韵文化氛围为载体传播非遗文化。在河坊街现代化的路灯造型中,

---

① 数据来源:杭州党史馆和方志馆公众号。

融入传统屋檐、镂空等宋韵文化元素,采用冷暖的灯光设计,将路灯由内而外地融入历史建筑文化中,营造宋韵文化氛围。同时,河坊街的街面上没有复杂的建筑物,为非遗文化市集提供充足的空间。在整个市集中,除了以宋韵文化的互动来吸引游客外,还有民间手工艺人和团队表演展示非遗文化技艺,同时以沉浸式体验让游客感知文化。市集中随处可见非遗文化传承者的身影,有画像的民间艺人用绘画留住此刻的面容,有拉大片的民间艺人用照片、演唱进行互动,有剪纸艺人用剪刀剪出千姿百态的艺术,有年迈的吹糖人吹出各式花样的作品,有泥塑手艺人以泥土重现神韵的泥塑,等等。各式各样的民间非遗文化,因河坊街的市集平台得以再现光彩,以宋韵文化引领非遗文化的传承,以空间环境渲染非遗文化的魅力,以市集建造汇聚非遗文化,为非遗文化传承助力。

(二)集聚艺展,添彩非遗

河坊街文化市集的创新或许为琳琅满目的非遗文化创造了家喻户晓的机会,而艺展的创新给予非遗文化被深入了解、传播的机会。河坊街为守住非遗文化技艺开展各类的艺术展,成就非遗文化交流与创作。为了吸引年轻群体的热爱,一方面,沙坊街引入年轻人喜爱的打卡互动装置、文化艺术表演、24H 业态等特色业态;另一方面,河坊街的艺展突破传统的文化艺展方式,将数字化技术与文化展览密切融合,在视觉上利用光影和交互技术、VR/AR 等现代化技术打造一个亦真亦幻的互动场景,为参观者创造沉浸式体验感,以此增强游客对文化氛围的体验,使游客产生文化认同感。外观的吸引为非遗文化的传播带来更多的机会,河坊街上非遗文化的类型多样,最具独特的应当是承载非遗文化传承主题的巷子——打铜巷,集聚国家以及各省的非遗文化代表性传承人 45 名,涵盖生活中的各个方面,从专业、经验丰富的角度提供非遗文化展览。非遗主题巷的另一个重要作用是促进各类非遗文化在传承方式上的交流合作与创新发展。除此以外,河坊街也会不定期地举办非遗文化产品创作研究心得交流会,使参观者近距离感受非遗文化,并体会文化产品创作理念,使非遗文化成为河坊街的主要组成部分,为非遗文化传承、创造提供众多机会。

(三)研学体验,传承非遗

河坊街作为众多非遗文化的聚集地,为非遗文化的研学体验创造机会。河坊街的众多非遗文化传承人都乐意将传统技艺传授给新一代年轻人,为了深入了解非遗文化,可以通过建立研学团队、调研团队深入非遗文化技艺的创造过程中,例如:向棕编技艺传承者了解传承现状,学习编制技艺;向玻璃工艺传承者了解玻璃工艺品创新传承的重要性;向虎头鞋手工艺传承者了解创新方式;等等。除了让人了解市集上的手工艺品,通过其提供的非遗文化学习场所和设施,学习传统的手工艺技术,以真实体验感知文化,在实践中领略非遗文化的魅力以外,这些工作坊和学习中心还组织培训班和讲座,吸引年轻人积极参与非遗传承活动。通过研学的博物性、互动性、真实性,掌握超出学术性的文献研究带来的知识价值,是非遗文化传承的重要途径。

四、景区情境下非遗传承与创新

随着旅游业的发展,景区情境下的非遗传承与创新如同一把双刃剑推动着非遗文化的发展。一方面,非遗文化走进景区,为景区注入了丰厚的文化底蕴,提升景区作为旅游目的地的吸引力。景区已然成为非遗文化创作、展示、传承的舞台,文化认同感得以增强。这种共赢的模式使得景区成为非遗文化保护传承创新的载体,使非遗文化成为景区吸引力的核心。另一方面,景区的商业性会导致非遗文化失真,商业化属性过重。然而,由于活态流变性的特殊属性,非遗文化本身也在随时代变迁而改变传承方式,同时非遗文化的商品化并不意味着非遗文化及其内涵意义的丧失,而是从内涵中提取特殊元素,将其融入现代社会中,这是实现创新发展的关键,更是保证非遗文化活的生命力的关键。事实上,在非遗文化由原生文化场域转向旅游商业场域的过程中,所产生的创新传承的积极效果离不开政府、景区管理者、社区、传承者、旅游者、专家和媒体等多元主体的共同驱动(宋晓、梁学成、张新成,2022)。

景区情境下非遗文化的旅游活化以民俗节庆等居多,地方特色民俗于景区以活动展演的形式实现传承与发展。传统技艺类非遗文化在景区也可以实现传承与创新,浙江省传统技艺类非遗文化——西溪小花篮即是代表,为景区情境下非遗传承与创新提供了样本。随着西溪湿地的开发,西溪小花篮也重新出现在大众视野中,可以说西溪湿地挽救了拥有 150 多年历史的西溪小花篮。2006 年,随着西溪湿地的开发,民间手艺人洪立萍开设的"西溪竹编铺",于 2009 年被列为浙江省非物质文化遗产代表性项目,同时吸引了大量的海内外游客,创下了 3 天销售 3000 多个小花篮[①]的记录。在旅游景区中,西溪小花篮因多元主体价值共创,实现了非遗文化传承与景区开发管理的协调创新发展。通过创新设计、展示和推广等方式,为西溪小花篮注入了现代元素和艺术表达,提升了西溪小花篮的艺术性和观赏性。同时,通过教育和体验的结合,吸引更多游客参与其中,提升了公众对花篮编织技艺的关注和认同,以"社团—产品—体验"发展模式为非遗项目的传承打下了坚实基础。

(一)创传承中心,守花篮之艺

在政策指引下,针对西溪小花篮的传承工作,创建了"西溪小花篮基地"。在西溪湿地景区的背景下,西溪小花篮得到了更多的关注,很多志愿者慕名而来,只为领略西溪小花篮的风采。西溪小花篮传承者从材料选取、制作过程、细节处理等角度对前来学习的志愿者进行细致的讲解。志愿者会在传承者的指导下共同制作花篮,感受竹子在经数道工具后成为小小精品花篮的古人智慧和中华文化。除此以外,为了避免景区过度商业化而造成西溪小花篮失真的现象,洪立萍将西溪小花篮技艺带进校园,开设民俗手艺校本课程,传承西溪小花篮技艺。2018 年,留下小学被评为杭州市非物质文化遗产传承教学基地。同时,在政府、社团、传承者的共同助推下,组建了"小花篮社团",举办了各种传承花篮技艺的活动比赛,使花

---

① 数据来源:西溪湿地公众号。

篮技艺涌向校园、社区。小花篮社员们会用自己的热爱、智慧、创新传递每一份作品,以社团的形式走向小学生群体,为守住花篮技艺添加一份青春活力。

（二）展花篮技艺,传匠人匠心

在西溪湿地景区的影响下,西溪小花篮传统技艺赢得了更多的关注,络绎不绝的旅游者促使传承者不断创新产品来吸引旅游者,传统的西溪小花篮因独特的民俗风情得到传承。为了融入现代化的思想,传承者用娴熟的花篮技艺创造出风格别致的花篮,以此适应现代化生活情景,如竹戒指、竹编口罩、竹编灯笼、竹编首饰盒等。同时开设体验馆为来往的旅游者提供体验西溪小花篮传统技艺的机会,让旅游者用心体验感受传承者的工匠精神,感受西溪小花篮的文化内涵。此外,与媒体合作让西溪小花篮走向电视节目《匠人与匠心》,以影像解读非遗民俗,用镜头记录匠心,将西溪小花篮传统技艺文化传向世界,传递坚守在非遗文化创新传承道路上的光芒。

（三）唤游人记忆,承花篮之美

西溪湿地景区为西溪小花篮提供展览场地,创造出适合花篮展示的环境和氛围,营造沉浸式体验的场景,提升西溪小花篮的观赏价值,使得旅游者在丰富多彩的西溪小花篮作品中收获更好的艺术享受,激发旅游者对非遗文化的热爱。旅游者在欣赏和学习小花篮编织技艺的同时,也可以了解到相关的文化背景和传统知识,从而提升旅游的文化内涵和教育意义。旅游者以体验留住西溪小花篮技艺,以热爱传承西溪小花篮文化,形成西溪小花篮文化认同感,传承非遗文化。

五、旅游情境下浙江省非遗传承创新问题与对策

（一）旅游发展情境下浙江省非遗传承创新问题解析

随着非遗文化旅游作为世界上最大、增长最快的旅游市场出现（Chong & Balasingam, 2019）,文化旅游发展与非遗文化保护之间引发出了各种矛盾、冲突（Wong, 2015; Zhang & Smith, 2019）。非遗文化侧重于保护传承,而文化旅游侧重于商业目标,由此它们在理论和实践中会经常出现分离（Ho & Cros, 2005）。浙江省凭借门类与数量众多的非遗项目及政策与制度上的前沿性促进了旅游情境下的非遗传承与创新,但是也存在诸多问题。

1. 多元化不足

非遗类目旅游利用度不足,大部分非遗类目没有实现与旅游的高度融合,民俗、传统技艺等以活动、展演、产品等形式实现了在旅游情境下的开发利用和传承创新,但其他类型的非遗大部分在后台,并没有出现在旅游活动的前台,没有实现和旅游业的融合发展。非遗文化不仅要以多元化、多维度的保护形式保障其可持续性的传承（张西霜、崔鑫,2022）,也需要符合旅游者多样化的消费需求,因此,多元化创新已是非遗传承的重要方式。在旅游要素中,要实现多元化的创新,促进非遗文化的活态传承。多元化的融合发展方式为非遗文化提供了多种活态空间,为非遗文化传承创新提供了多种发展路径,是实现"非遗＋旅游"促进非

遗文化传承的重要方式。在浙江省现有的非遗旅游活化利用过程中,多元化表现不足,多停留于非遗文化的核心层面,外延利用度不足。

2. 链条化不足

非遗文化能够"活下来"的核心是形成生产性保护,以产业化的方式实现"非遗＋旅游"的文化创新传承。所谓生产性保护,是指在生产过程中,以保证非遗文化的真实性、整体性和传承性为核心,以有效传承非遗技艺为前提,借助生产、流通和销售等手段,将非遗文化和旅游资源转化为文化产品的保护方式(鲍展斌、黄亚男,2016)。在浙江省非遗旅游创新利用过程中,像中国丝绸博物馆这样的全链式的传承创新不足,大部分非遗旅游开发利用过程没有形成全链条,仅停留于非遗文化本身。非遗旅游活化创新深度待加强,非遗旅游活化以展演为主,产业链短,直接将后台的非遗文化以展演的形式单调地展示在公众视域之下,公众对于非遗类产品的体验深度不足。

3. "极核化"不足

专题类非遗旅游活化场所主题鲜明,更容易成为形象要素和文化记忆。浙江省专题类的主题非遗旅游活化场所数量较少,非遗的旅游利用较为分散,未形成非遗旅游类的增长极核。

(二)浙江省旅游情境下非遗传承创新对策

不同于物质文化遗产,非遗文化的传承具有"活态"性,需要依附于人们的日常生活而产生。由此可见,对于非遗传承的创新,可以凝聚地方民众的民俗认同、民族认同、文化认同以及国家认同。推动非遗文化传承与旅游深度融合发展,对实现非遗文化的系统性保护、促进旅游业高质量发展以及实现人们的精神文化价值具有重要意义。浙江省的旅游业依托自然禀赋、文化底蕴、经济实力和人才科技不断创新发展,已逐渐成为具有活力的产业之一。在文旅融合的时代,非遗文化保护传承的主题已得到高度重视,浙江省不断地将非遗文化与旅游发展结合起来,创新开发保护传承措施。

1. 政策支撑,建设非遗传承新基地

加强非遗文化保护的相关政策和保护工作,不仅需要加强对"物"和"空间"的保护,更需要加强对"人"的保护。对于非遗文化"物"的关注,不仅需要从静态的展品陈设出发提供政策支撑,更需要进行动态的非遗展演传播非遗文化技艺,而这种展演舞台空间需要足够的政策支持和资金供给。对于非遗文化传承者的保护,首先要强调对现有非遗传承者的物质政策保护,其次还需要对未知、潜在的传承者给予政策上的呼吁,使得"人人皆可为传承者"转向"人人皆愿为传承者"。事实上,无论是对"物"的关注还是对"人"的保护,建立非遗传承"新"基地都是至关重要的。所谓的新基地,并不仅仅指对于非遗文化"物"的全链式保护和传承或是对非遗传承者的保护与培养,也指在旅游环境下,将非遗项目融入旅游产品和服务中,形成"传承者—旅游者—非遗产品"的互动平台,并于旅游场域实现各个旅游要素间的相互依赖,从而形成非遗文化传承,尤其是要加强非遗主题式的旅游场域建设,形成非遗传承创新的文化生产空间。

2.深度体验,创造非遗传承新形式

迈向体验经济时代,旅游情境下旅游者也格外关注体验感知质量。作为蕴含悠久历史内涵的非遗文化,应为旅游者提供挖掘文化内涵的机会。组织非遗手工艺品制作工坊,让旅游者在了解相关文化后,亲自动手制作传统工艺品,用体验来深化记忆,更能传承文化记忆,形成文化认同。

(1)数字化引领体验

非遗文化的传承是一个不断与生活和时代互动的关联过程,需要实现非遗文化的现代化转化(郑丽莉,2022)。在旅游领域中,数字化的创新应用已随处可见,非遗文化的传承与创新也需要与时俱进。一方面,要利用数字化进行非遗文化知识传播、非遗文化技艺视频教学、非遗技艺成果和过程展示等,让更多人在线了解和学习非遗技艺;另一方面,可以利用数字技术对非遗文化进行推广,也可以利用数字技术建立数字资源库以保护非遗文化,同时可以创新性地开发非遗文化数字产品以及 NFT[①] 产品。

(2)现代化融入体验

非遗不是静止的,必须适应当代的生活环境。需要促进非遗文化与现代生活相融合,让居民、游客共同参与非遗文化的保护和传承。很多非遗文化因其历史悠久,在旅游体验下创造出的旅游产品或文创产品与现代化风格相悖,更多具有收藏纪念价值,但实用价值较低,因此可以创新性地将非遗文化与现代元素相结合,使之符合现代人的审美需求。例如,设计以传统图案为灵感的现代装饰品、家具用品等。将现代元素融入非遗文化体验中,使非遗文化更好地融入现代生活中,这是非遗文化创新的关键。

3.多层融合,实现非遗传承新路径

社会融合创新模式是以企业、学校或团体等推动为主的商业创新模式,参与者对事件达成共识后才能实现融合创新发展。旅游业因其综合性和多样性的特点,可以通过跨界融合的方式进行创新。非遗文化在旅游情境下多数属于单打独斗的状态,这种方式很难实现非遗文化的传承,因此,需要促使非遗文化依托旅游业的灵活性进行跨界融合、创新发展。

(1)同类非遗跨区域融合发展

非遗文化的种类繁多,甚至一种非遗文化在多个地域、省份都有保存。比如,徽派建筑文化在安徽省、浙江省、江西省都有所涉及,但是随着现代化的发展,各地对徽派建筑文化的保存和传承的形式各不相同。因此,可以跨区就同类的非遗文化进行非遗文化交流合作,形成系统性的保护传承方式,同时可以根据地域文化特色共同开发文旅产品来促进非遗文化的创新传承。

---

① NFT,全称为 Non-Fungible Token,指非同质化通证,实质是区块链网络里具有唯一性特点的可信数字权益凭证,是一种可在区块链上记录和处理多维、复杂属性的数据对象。

（2）非遗旅游多方位融合发展

浙江省虽然蕴含多种繁杂的非遗文化，但是未能通过系统性的管理、分配、联合的创新方式将多种非遗文化组合开发成一类文旅产品，以实现多类非遗文化的共同传承。因此，可以通过多种非遗文化的动态融合展演，吸引游客参观、欣赏和传承非遗文化，同时创新非遗产品以留住非遗记忆。此外，可以将非遗项目与相关的旅游景点、特色民宿、美食等旅游资源结合起来，设计非遗文化主题的旅游路线，也可以尝试创造开发多功能的非遗文化产品，形成全方位的非遗文化旅游体验。加强品牌宣传和推广，吸引更多游客前来体验和参与，从而提升非遗项目的知名度和影响力。

（3）非遗文化跨行业融合发展

非遗文化因其动态流变的特点，可以和教育融合，形成专业的非遗文化研学旅游。通过加深对研学团队的非遗文化知识传授和非遗文化技艺体验感知，促进非遗文化的传播。邀请非遗传承人或专家举办讲座、展览和示范，向公众展示非遗技艺的独特之处。与交通运输等社会生活场域融合，投入非遗文化技艺成果或过程的图片，以吸引公众对非遗的关注，形成文化记忆。

4.国际合作，促进非遗传承新高度

积极参与国际非遗保护组织和项目，借鉴国际经验和技术，加强与其他国家的交流与合作，扩大浙江省非遗项目在国际舞台上的影响力。与国际组织、机构及其他国家开展非遗项目的合作交流，分享经验、学习创新，拓展非遗传承与创新的视野和机遇。通过国际展览、国际旅游、国际文化交流活动等方式，提升非遗文化的国际知名度和影响力，依托国家级非遗打造一批具有国际影响力的浙江非遗旅游基地，形成非遗主题的旅游增长极核。

参考文献

[1] 鲍展斌,黄亚男.新农村建设中非遗产业化与生产性保护问题探讨:以宁波市为例[J].宁波大学学报(人文科学版),2016,29(01):100-105.

[2] 蔡寅春,方磊.非物质文化遗产传承与旅游业融合发展:动力、路径与实例[J].四川师范大学学报(社会科学版),2016,43(01):57-62.

[3] 李婷婷,方江,蒋成杰.清河坊全力打造宋韵文化传承展示样板[N].上城报,2021-11-22(04).

[4] 宋晓,梁学成,张新成,等.非遗进景区:多主体价值共创的逻辑与机制:多案例研究[J].旅游学刊,2002,37(11):85-100.

[5] 王健.非物质文化遗产与旅游的不解之缘[J].旅游学刊,2010,25(04):11-12.

[6] 谢小娟.博物馆与非物质文化遗产展示:以南京博物院非遗馆为例[J].东南文化,2015,247(05):113-118.

[7] 张西霜,崔鑫.非遗多元化保护与创新发展:以黄山地区为例[J].黑河学院学报,2022,13(08):181-183.

［8］张晓霞,陈顺和.非遗"活态遗存"视角下历史街区漆文化产品的创生[J].四川戏剧,2021 (04):65-68.

［9］赵丰.全链条保护:中国丝绸博物馆应对全球挑战的工作模式[J].中国博物馆,2021 (S2):19-26.

［10］郑丽莉.价值理性与工具理性有机融合视角下的畲族银饰传承创新模式探究[J].福建 技术师范学院学报,2022,40(03):293-297.

数字美育激活千年宋瓷文化，
助力浙江"文化遗产强省"建设
——以展览"宋瓷梦华"为例

祖 宇

2021 年 11 月，文化和旅游部、浙江省人民政府联合印发的《关于高质量打造新时代文化高地推进共同富裕示范区建设行动方案（2021—2025 年）》提出，到 2025 年，支持浙江省基本建成以社会主义核心价值观为引领、传承中华优秀文化、体现时代精神、具有江南特色的文化强省。浙江省领跑"文化强省"建设的核心竞争力，既在于其所拥有的文化遗产的至高性、代表性和丰富性，也在于其文化遗产所体现出的"诗画江南、活力浙江"的独特资源优势、"经世致用、敢为人先"的鲜明地域特质。积极引入数字技术，促进文化遗产资源的创造性转化与创新性发展，推动"文化遗产强省"建设，将是浙江推进"文化强省"高质量发展的重要实现路径之一。

将数字技术应用于文化遗产内涵认知的科学研究、信息获取与保存、文化基因解码与再挖掘，将会使浙江省文化遗产的内涵得以延伸，价值得以进一步延展；基于数字化技术，以文企联动、文旅融合、文教并行促进文化遗产的活化利用，可以使文化遗产数字化成为文化产业迭代更新、快速发展的助推器；文化遗产与数字化技术的紧密结合，还将会产生"耦合增益效应"，带动相关产业业态的重塑，并使文化遗产通过数字化的杠杆放大作用，激发自身活力，融入百姓生活，推动城乡有机更新，助力共同富裕建设，促进社会经济繁荣发展。

浙江省是青瓷的起源地和发扬地，代表了中国古代青瓷烧制的最高水平。2009 年，龙泉青瓷传统烧制技艺被列入联合国教科文组织人类非物质文化遗产代表作名录。在 1600 多年的传承历史中，龙泉青瓷形成了青釉配制、多次施釉、厚釉烧成和开片控制 4 大独特技艺，以端庄浑朴的造型、明快流畅的线条和青翠晶莹的釉色闻名于世。推动青瓷与科技、艺术、文化、旅游等多业态融合，努力赋予青瓷更为深厚的时代内涵，将其打造为新时代文化艺术的重要标识，可以让青瓷这一古老瓷种"活"起来，让文明流动起来，让文脉传承下去。本次大会建设"龙泉青瓷非遗产业在线"数字应用，搭建青瓷展陈线上平台，建设青瓷非遗资源库，将图文、音视频、VR 展览等全媒体资料纳入统一的数据库，为青瓷工匠及其作品提供展示平台。

笔者基于"文化遗产强省"建设要求和浙江工商大学"数字＋"学科生态体系可持续长效发展需求，加强新一代信息技术与艺术学科的互动，策划"第五届世界青瓷大会"的主题展览

"宋瓷梦华",展示浙江省宋韵代表性文化的独特魅力。该主题展览围绕中国青瓷文化的当代数字化传承、扎根历史、服务社会,利用数字媒体艺术设计赋能宋瓷文化遗产保护与展示,强化学科融合、校际联动、校企共赢、校地合作四方联动的文化产业发展理念,通过与出品方龙泉市委宣传部的密切合作,以及优秀文化企业的多方协作,积极创建高校艺术设计专业的社会服务新范式和"数字+"美育高层次创新成果。该主题展览在浙江省人民大会堂序厅举办,由中共龙泉市委和龙泉市人民政府主办,笔者带领浙江工商大学、中国美术学院设计团队落地执行。

一、从"青瓷符号化"的现代诠释出发

笔者作为本届青瓷大会"宋瓷梦华"——青瓷沉浸式交互艺术展的总策划,围绕"青瓷符号化"的现代诠释进行设计,以青瓷手艺人的拉坯动作作为空间灵感,把"旋转"作为展览空间布局的核心,展出青瓷作品80余件,融合3D裸眼技术,让观众从视觉、听觉、触觉全方位地感受青瓷魅力。以展览为契机,让青瓷文化链接世界,促进中外文化交流,在全球化语境下实现传统文化和艺术的传承、激活和再生,旨在还原历史脉络,并启迪未来。

本展览共包含2个板块:一是"内核板块";二是"外围板块"。其中,"内核板块"设定为6个章节,具体为天下龙泉、基因记忆、土火交响、礼乐雅颂、青瓷出海及世界传咏。这6部分贯穿展览主线,系统地梳理了自古以来龙泉青瓷从中国走向世界的整体发展脉络。此外,"外围板块"以"烈焰涅槃"展区为展览辅线,系统地呈现了20世纪以来龙泉青瓷研究的人文纪事。

具体的展区动线分布及具体内容呈现如下。

(一)第一展区

1. 天下龙泉

(1)日用而知

1000多年来,龙泉青瓷深入人们的生活、宗教、艺术等方方面面,与人们的日常生活息息相关。龙泉窑是一个面向市场的窑口,其产品器型多样、品类齐全、实用美观,为人们的生活提供了诸多便利,给人们带来了艺术享受,陶冶了人们的情操。就文人雅士来说,他们喜好含蓄、幽静,向往大自然,这充满春色的龙泉窑文房用品最具艺术魅力,成了历代文人雅士的最爱之一。

(2)宫廷之器

在龙泉窑烧造的漫长岁月里,龙泉青瓷不仅受到百姓的喜爱,也深得皇室推崇,在不同时代被作为烧造御用青瓷供宫廷使用。2006年9月—2007年1月,浙江省文物考古研究所、北京大学考古文博学院和龙泉青瓷博物馆联合对大窑枫洞岩窑址进行了考古发掘。发掘面积达1600平方米,发现了一系列作坊遗迹,出土了50多吨遗物,其中一批制作规整、纹饰精细、釉色青翠的宫廷用瓷,充分说明了明代龙泉窑具有很大的生产规模和较高的烧造水平。

2.基因记忆

（1）早期龙泉青瓷

早在南朝时期,处州地区就已经开始生产龙泉青瓷。已发现的丽水吕步坑南朝窑址和庆元黄石玄唐代窑址处于就地销售的小规模生产状态,产品以碗、钵为主。唐中后期,产品种类增加,多通体施釉。五代时,金村窑生产的一种淡青釉瓷器,胎质细腻、造型端巧、刻花纤细,别具一格,深受人们喜爱。

（2）北宋龙泉窑

北宋是龙泉窑的发展时期,瓷业已初具规模。大窑、金村、安福等地已发现窑址 50 多处。产品造型规整,胎色较灰,胎壁厚薄均匀。釉色青中泛黄,釉层透明,釉面光洁。装饰以刻画花为主,刻画的线条自然流畅、层次分明、颇具匠心。

（3）南宋龙泉窑

南宋是龙泉窑发展的鼎盛时期,已发现南宋窑址 260 多处。南宋早期,龙泉窑发展迅速,器物釉层增厚,纹饰形象生动,刀笔刚劲有力。南宋中晚期,人们在胎釉配方、施釉、造型、烧造等方面对龙泉窑进行了科学改进,成功烧制出滋润如玉的粉青釉与梅子青釉,使青瓷釉色达到顶峰。这一时期,烧制的黑胎厚釉开片青瓷和白胎厚釉青瓷,胎薄釉厚、釉色类玉、造型优雅、制作精细,无与伦比。龙泉青瓷分黑胎开片和白胎青釉两类,即传统所说的"哥窑"与"弟窑"。这类瓷器专为宫廷特殊需要而烧造,供皇室及宫廷使用。黑胎产品的主要特征是紫口铁足,胎薄釉厚,釉面布满纹片,即《龙泉县志》里记载的哥窑产品。

（4）元代龙泉窑

元代,龙泉窑生产规模继续扩大,已发现窑址 330 多处。此时产品器型增大,并突破烧造技术,成功烧制出 1 米多高的大瓶和直径 70 多厘米的大盘。元代产品装饰性强、博采众长、丰富多样,使龙泉窑装饰艺术发挥得淋漓尽致,把我国青瓷装饰艺术推向巅峰。

（5）明代龙泉窑

明中期以前,龙泉窑规模不减、声誉依然,仍承烧宫廷用瓷。而明晚期,产品釉层浅薄、制作粗糙、质量下降,龙泉窑逐渐衰落。

（6）清代龙泉窑

清代,龙泉窑产品胎体厚重、造型笨拙,釉色青中泛黄,以烧炉、瓶、盘为主,有的器物内外底部施釉,除供器和少数花瓶制作工整外,大多胎骨疏松、品质粗劣、纹饰呆板,龙泉窑趋于衰落。

（7）民国时期的仿古青瓷

清末民初,日本、德国、美国先后有人来龙泉搜罗古青瓷,其后国内大批古董商来龙泉淘宝;一批民间制瓷艺人开始研制仿古瓷,同时也生产新品种。

3.土火交响

（1）取土

一件龙泉青瓷的制作,首先从取土开始。龙泉境内蕴藏着丰富优质的天然瓷土资源,主要分布在大窑、金村、溪口、上垟、木岱、宝溪、道太、安仁等地,各窑口都在附近取土,各地所产原矿质量不一,铁等矿物质的含量差别亦很大。烧制时,匠师们会根据人们对产品的需要和质量要求进行选择、配方。

（2）粉碎

工匠取来瓷土、紫金土,利用水碓将采回的瓷石粉碎舂细,经过舂细的瓷土颗粒度细、可塑性强,具有更强的黏结度,使青瓷胎质变得细腻。

（3）淘洗

将舂细过的瓷土筛后放入水池中进行淘洗。待瓷土沉淀、草根等杂质浮在表面后,捞掉杂质。然后将经过搅拌的泥浆放到下一个池里,继续沉淀,去除杂质。淘洗后的细土被称为精泥,是制瓷的原料。经过淘洗的瓷土,不仅可塑性增强,更重要的是其中的有机物和石英、石灰石等杂质被除去,质地更加纯洁。

（4）练泥

经初步加工的泥料组织不均匀,并含有很多气泡,不仅可塑性较低,而且还会影响产品质量,所以需要经过反复翻扑、踏练。经过练泥,原料的组织变得细密均匀,成型性能得到改善。

（5）成型

器物的成型,主要采用拉坯、模制、捏塑3种方式。拉坯是指将泥坯置于轳辘上,用脚推动轳辘上的圆轮,使之旋转,然后用手拉坯制成碗、盘、罐等圆形器物,形状复杂的、器物较大的则先进行分段拉坯,再镶接成器。模制是指将琮式瓶、六角杯等方形器物的泥坯用模压成两半或数块,再黏合修整。捏塑是指用手捏或雕塑的方式塑造人物或动物等。

（6）装饰

龙泉窑的装饰方法有刻、划、堆、贴、印、雕、镂等多种。纹饰题材有植物、动物、人物、宗教、文字等。龙泉窑的纹饰题材丰富、内涵深刻,是历代思想、文化、艺术的综合反映,具有鲜明的时代特征。

（7）素烧

素烧是指将未上釉且经干燥后的半成品放在炉内加热到800 ℃左右,经冷却后再上釉。未经素烧的坯体,干燥强度不大,吸水性不强,釉层不易上厚。素烧不仅能使釉层加厚,而且增加了制品的强度,使其便于装窑。

（8）施釉

施釉是指在成型的素烧坯上采用多种方式进行上釉。器坯经上釉、高温烧成后,更耐腐蚀,吸水率降低,牢固度增加。古代采用多次素烧上釉的方法使釉层丰厚、滋润如玉,达到实用与美观相统一的艺术效果。

（9）烧制

施釉的坯件晾干后即可装烧,龙泉青瓷采用传统的龙窑烧制方式。首先,按器物的造型和大小将器物装入匣钵内。然后,把大匣钵装在窑的中段,把小匣钵装在窑的前段、后段。

窑的中段温度较为均匀,有利于烧制大件瓷器;前、后段火力弱,适合烧小件的器物,烧制温度为 1260 ℃—1300 ℃。青瓷釉的呈色对冷却方法、窑内气体成分及其浓度变化极为敏感,龙泉青瓷在釉上取得的巨大成就,反映了匠师们控温、控气的高超技术。

4. 礼乐雅颂

瓯乐是指用由陶瓷土制成的乐器和器皿进行音乐演奏,是中国音乐史上最古老、最具有代表性又最具有地方特色的一种传统音乐。"瓯乐",从本义上看,是指用缶、瓯、盏、碗等陶瓷器皿所演奏的音乐;从广义上看,则是泛指一切用陶瓷类乐器演奏的音乐。中唐时期,上林越窑"秘色瓷"成为朝贡珍品,青瓷瓯乐随之进京,并得到系统性的发展。青瓷瓯乐浓郁淳朴、清丽委婉,深受民间百姓及文人雅士的青睐,涌现了郭道源、马处士、步非姻等一批瓯乐演奏家,并留下了许多赞美诗文,如温庭筠的《郭处士击瓯歌》、张曙的《击瓯楼赋》、张祜的《题击瓯楼》、僧鸾的《赠李粲秀才》及梅尧臣的《击瓯赋》等。越窑青瓷"瓯乐"历史悠久,是慈溪市乃至浙江地域文化不可或缺的宝贵文化遗产。2009 年,"青瓷瓯乐"被列入浙江省第三批非物质文化遗产代表性名录。

5. 青瓷出海

龙泉青瓷温柔敦厚、委婉含蓄,符合中庸、中和等中国传统文化中的儒教思想;龙泉青瓷对釉色类玉效果的追求,符合中国人崇玉文化的审美情趣与道德观,所以特别受朝廷的偏爱和文人雅士的钟情。龙泉青瓷不愧为我国瓷海中最闪耀的"明珠"。在记录西方与中国瓷器贸易的《葡萄牙王国记述》一书中称,"龙泉青瓷是人们所发明的最美丽的东西,看起来比所有的金、银、水晶都更可爱"。明中期,龙泉青瓷传入欧洲,其身份与黄金一样贵重。整个欧洲为之倾倒,上至国王下至普通百姓,都将其视为稀世珍宝,龙泉青瓷备受世人的珍爱。

6. 世界传咏

龙泉青瓷不仅行销全国各地及供宫廷御用,而且自宋代起通过陆路和海路远销亚、非、欧三大洲的许多国家和地区,为世界文明做出了巨大的贡献。宋元以来,朝廷实行对外贸易政策,海运成为国家要政,龙泉青瓷一跃成为世界性商品,通商范围之广居中国名窑之首。龙泉青瓷在国内外享有极高的声誉。

(1)走出龙泉

龙泉窑产品出窑后,由工人们挑往附近的河边,装上船筏,沿瓯江顺流而下,经丽水、温州、宁波等地和沿海各港口运销全国各地,在国内市场占据着重要地位。国内各地考古发掘的宋、元、明代墓葬、窖藏、居住遗址和主要港口出土了大量龙泉青瓷,说明龙泉青瓷在古代各个时期大量进入国内市场,成为达官贵族以至帝王的偏爱,也深受平民百姓的喜欢,影响深远。

(2)走向世界

龙泉青瓷在国内外享有极高的声誉,世界考古专家在亚、非、欧的许多国家发现了数以万计的龙泉瓷器和瓷片。尤其在宋、元时期,大量的龙泉青瓷通过朝廷设在广州、温州、明州(宁波)的市舶司,登上运瓷船源源不断地流向国外,龙泉青瓷外贸出口量占绝对地位。元代汪大渊的《岛夷志略》中对瓷器输出的 44 个港口进行综合统计发现,龙泉青瓷占第一位。正如著名地理学家陈桥驿所说的,"1000 多年来,就是这样一个县份,以它大量品质优异的青瓷器,在世界各地为我们换回了巨额财富,赢得了莫大的荣誉"。

(二)第二展区

1.烈焰涅槃

(1)陈万里与龙泉青瓷

陈万里(1892—1969),苏州人,名鹏,字万里,是我国著名陶瓷专家、故宫博物院研究员。20 世纪二三十年代,陈万里在交通条件十分恶劣的情况下,跋山涉水八上龙泉,并在大窑写成中国第一部田野考察报告——《瓷器与浙江》,引起了世界的关注,从而奠定了他的学术地位,同时也确定了浙江瓷器的地位,尤其是确定了龙泉窑的历史地位。

(2)考古与研究

自陈万里先生开始对龙泉窑的调查研究后,特别是 20 世纪 50 年代以来,浙江省文物考古专家对龙泉窑进行了全面、反复的调查,发现遗址 500 多处。1960 年,为配合龙泉青瓷恢复委员会工作,发掘了金村和大窑枫洞岩窑址。1979 年,由中国社科院考古研究所、中国历史博物馆、北京故宫博物院、上海博物馆、浙江省博物馆等诸多单位的考古专家联合组成的紧水滩工程考古队对东区部分窑址进行了考古发掘。2006 年,浙江考古研究所、北京故宫文博学院和龙泉青瓷博物馆联合对大窑枫洞岩窑址进行了发掘。窑址调查和考古发掘,为龙泉窑的研究、恢复、发展提供了大量珍贵、科学的历史资料。专家们也撰写了大量的历史文献和专著,取得了丰硕的成果。

(3)20 世纪 50 年代:亲切关怀　艰难起步

1957 年,敬爱的周恩来总理做出"要恢复祖国历史名窑,首先要恢复龙泉窑和汝窑青瓷生产"的指示,地方国营龙泉瓷厂相继成立。在国家轻工业部、浙江省轻工业厅和中国美术学院的大力支持以及龙泉青瓷艺人的努力下,龙泉青瓷恢复生产。

(4)20 世纪 60 年代:全面恢复　走出国门

20 世纪 60 年代,龙泉青瓷大量生产花鸟、人物等花色的器物,新增花色产品 200 多种,新增釉色 10 多种,龙泉青瓷生产得到全面恢复。1964 年 7 月,龙泉青瓷首次通过广州交易会开展外贸出口业务。同年,轻工业部和外交部给龙泉瓷厂下达生产出国展览作品和国庆15 周年用瓷任务——品种 70 多个,共 977 件,在 9 个国家、14 个城市展出。

(5)20 世纪 70 年代:开拓创新　不断进取

20 世纪 70 年代,成立青瓷研究所,全面开展青瓷科学研究,生产传统陈设瓷,研制现代工艺瓷。龙泉青瓷新花样、新品种增加到 1000 种,青瓷产品的内销和外贸规模不断扩大,国际贸易、博览、学术交流更加频繁,工艺瓷在 30 多个国家展出。

(6)20 世纪八九十年代:致力发展　再创辉煌

"龙泉青瓷恢复生产走在全国前列",这是中国陶瓷协会对龙泉青瓷恢复工作做出的高度评价。

20 世纪八九十年代,龙泉青瓷经科学研究,改革工艺、改造窑炉,生产技术日臻成熟。私营青瓷企业如雨后春笋发展到 130 多家。新产品、新工艺得到大量开发,品种有 2000 余个,出口至 60 多个国家和地区。200 多件青瓷作品荣获国家级大奖;大量青瓷工艺品作为国家最高礼品赠送给数十位外国首脑和贵宾;300 件作品被国内外各大博物馆收藏。

(7)2000 年后:成功申报人类非遗项目

2009 年 9 月 30 日,龙泉青瓷传统烧制技艺被联合国教科文组织批准列入人类非物质文化遗产代表作名录。

二、建构青瓷与人和社会的真实关系

本展览基于"双屏如匠手,中台如器旋"的理念开展空间叙事,将青瓷成型的基础动作——"旋转"作为展览空间布局的基本逻辑。这个设计手法也点明了青瓷作为日用之"器",与人文之"道"存在暗喻关系。例如,展览空间的中岛艺术展台以南宋龙泉窑青瓷斗笠碗为原型,"生活"与"礼乐"青瓷展于其上;岛台中部以高岭土作艺术片山,一面提取自百山祖国家公园的近景山形,另一面则取其远景。

以中心旋转体现出青瓷之源的龙泉地势图景,从青瓷与人和社会的真实关系出发,全新演绎这个永恒的历史话题,从"生活、礼乐、中国、世界"4 个维度引出观众对青瓷的深度理解与共鸣。

从生活维度出发,以南宋著名经典器型为展览主体,将优秀现代青瓷器展示于宋瓷器型的展具中,使观众感受宋人的生活美学与艺术风雅,从而体会到"青瓷"与"生活"的历史逻辑、艺术逻辑、现实逻辑的统一。

从礼乐维度出发,以听觉展示为主体,展现了青瓷瓯乐的器型之美,实体展品配以声场演绎,将青瓷瓯乐完整呈现出来,从而挖掘青瓷在传统礼乐中的艺术价值、文化高度和时代特征。

从中国维度出发,以"南海一号"展示为主题,通过多媒体数字展示让观众真实、客观地了解海上丝绸之路与青瓷传播的变迁,感受"青瓷出海"的震撼场景。

从世界维度出发,以世界著名博物馆藏南宋龙泉官窑器物为主体,通过 3D 裸眼技术实现青瓷向世界传播的"穿越五城"跨时空展示,再现龙泉青瓷之于世界的典藏之美和传播意义。

三、数字技术打通文物保护与文化传播的"任督二脉"

本次展览的最大亮点是展区中岛展台两侧的"裸眼 3D"影像装置,左侧屏幕以"穿越五城"为题,展现了南宋龙泉窑青瓷由龙泉出发,经由石浦、大港头、温州、泉州,通过海上丝绸之路传播至英国、土耳其、韩国以及日本等国家的过程;右侧屏幕则放映由南海一号博物馆提供的南宋商船"南海一号"打捞现场的影像文献。作为年代最早、船体最大、保存最完整的远洋贸易商船,"南海一号"是彰显中国宋瓷文化的重要载体;双屏影像将数字艺术与历史文物相结合,让宋瓷文化真正地鲜活起来,让宋韵不仅作为一种形而上的文化精神,也成为形而下的触手可及的影像人文。基于此,把收藏在博物馆里的文物、陈列在广阔大地上的遗产、书写在古籍里的文字通过数字媒体艺术的方式鲜活地展现在观众眼前,加强文化展览和数字化技术的紧密结合,不仅是推动文化与旅游资源发展的重要探索,也是对浙江工商大学"数字+"学科生态体系可持续长效发展的深度践行。

值得一提的是,借助现代信息手段开展"数字+"美育也是笔者一直以来从事高校教育工作的理念,基于已有的主持国家级和省级一流本科课程(线上、线下混合式)的前期建设经验,使用数字技术与艺术助力学科交叉、专业融合、美育推广、社会服务,并实现堂内堂外、校内校外的多维合作、共赢共生,是笔者专业教学的努力方向。本展览也为浙江工商大学艺术设计学院开展"校际联动、校企共赢、校地合作"增添创新成果。

艺术赋能古堰画乡特色小镇旅游发展策略研究

冯　炜

随着文旅融合的不断深入，文化与旅游产业的融合已成为经济社会发展的必然选择。2020 年以来的新冠疫情给旅游业带来致命打击，在后疫情时代如何推进文旅产业纾困转型，如何通过文旅强强联合并肩前行，在新形势、新背景下发挥"1＋1＞2"的效应，是业界需要关注的重点。文化和旅游产业的深度融合，催生出许多新兴业态和市场需求，在环境、政策、市场等因素的驱动下，"十四五"期间文旅行业必定大有可为。如何更好地促进景区面向未来、迭代升级，推动景区综合竞争力实现质的飞跃，是下一步研究的重点。

未来的旅游产业可以说是一个高度融合的综合体，"特色文化"在高等级景区创建中被列为单独评估项目，这意味着文化内涵是旅游景区的独特标志及核心竞争力，也是一个景区能始终保持内在凝聚力和彰显自身独特性的基础。丽水古堰画乡景区有着丰富的文化旅游资源，是一个具有鲜明艺术特色的小镇。以"艺术赋能"为主旨，对其进行关于文旅融合发展的研究，具有很大的现实指导意义。本文通过分析现状、找出问题、提出对策，对古堰画乡景区的发展进行深入研究。在旅游市场竞争日趋激烈的今天，一个景区只有充分利用好自身的文化资源优势，实现文旅支撑促进、优势互补，以文促旅提升旅游产品的文化内涵，以旅彰文让文化传承更有活力，不断有机融合催生新业态，才能将更多的文化要素、文化资源转化为深受老百姓喜爱的旅游产品，从而真正实现两大产业转型升级、提质增效。

一、古堰画乡特色小镇现状分析

（一）古堰画乡基本概况

古堰画乡位于浙江省丽水市莲都区碧湖镇和大港头镇境内，是一个 4A 级景区。古堰是指通济堰，画乡泛指以大港头镇为中心、散落在瓯江两岸的村镇集群。古堰画乡的旅游业发展主要以瓯江为核心，以港镇码头、田园风光、特色民宿为基础，运用"旅游＋油画"的产业模式延伸其产业链，并依托千年古堰通济堰、千年古窑址塑造别具特色的文化旅游 IP，提升整体的旅游吸引力。古堰画乡致力于打造一个集休闲度假与宜居宜游于一体的理想生活环境，成为都市居民心之所向的地方。

1. 地理区位优势

丽水市是中国生态第一市，古堰画乡坐落于浙江省丽水市莲都区西南方，距中心城区 23 千米。景区位于大港头镇及碧湖镇境内，瓯江将其天然划分为 2 个板块，区块控制面积为 15.53 平方千米，核心区面积为 3.91 平方千米。古堰画乡在长三角、海西两大经济圈内，区域范围内拥有丽水万洋低碳制造小镇、国家现代农业园区、利山国家级少数民族特色村寨、九龙国家级湿地公园、莲都峰源省级自然保护区、风情东西省级风景名胜区等,资源组合性强。景区区位优势显著,已批建的丽水机场距离景区只有 30 分钟路程。该项目计划在"十三五"时期完成投资 30 亿元;景区距丽龙高速碧湖互通出口 6 千米,距丽水高铁站 30 千米,S53、S50 省道贯穿全境,丽水市城市中心区至景区生态游步道建设顺利推进。缙云县、云和县、青田县及金华市、温州市、衢州市等周边县(市)在景区 1 小时交通圈范围之内;2015 年高铁开通,丽水市与杭州、上海等长三角核心城市在景区 3 小时交通圈范围之内,古堰画乡辐射半径不断扩大。2020 年底,衢宁铁路的通车带动丽水市松阳县、龙泉市、遂昌县、庆元县 4 个县(市)进入高铁时代,有力地促进了高铁沿线城市的旅游发展。随着"四纵三横"的高速公路网络的布局,以及丽水机场的建设,丽水市正步入立体交通时代,区域联系更加便捷,景区的市场辐射范围将大幅扩大。交通条件的持续利好,预示着古堰画乡未来的旅游市场潜力无限。

2.旅游资源优势

丽水市素来享有"浙南林海""华东自然氧吧""浙江绿谷"的美誉,是华东地区设区市中首个国家级生态示范区,是"中国生态第一市"。古堰画乡景区处于丽水市的"中闲"区域,山环水绕、空气清新、气候舒适、生态优良,拥有大片的湿地、森林、湖泊等自然景观及丰富的稀有动植物资源,是丽水市名副其实的"生态绿心",为发展休闲度假产业提供了良好的自然条件。丽水市下辖的古堰画乡旅游资源丰富且类型多样,涵盖山水、田园、艺术、湿地、人文、城市等资源。古堰画乡景区的旅游资源优势主要体现在其拥有世界级的完整的人文遗存、奇绝醉美的江南山水、绵延千年的瓯地文化以及跃动鲜活的文化气息。从资源总量来看,景区内人文景观资源数量众多、种类丰富,有古战场、纪念地、碑刻、特色街区、地方习俗、现代节庆等。从资源组合优势来看,景区的自然与人文旅游资源彼此融合,使游客在瓯江山水画中游玩的同时,又能感受到浓郁的历史文化气息。景区可供游览的人文旅游资源竞争优势突出、特点显著。

丽水古堰画乡景区主要由瓯江及其两岸的大港头古镇、坪地半岛、通济古堰与堰头古村、保定圩及对门圩、吴村圩等区块组成。景区旅游资源单体数量为 172 个,其中包括历史遗迹、人文活动、建筑与设施、旅游购品在内的人文景观类旅游资源单体有 135 个。旅游资源单体遍布于景区的各个区块,但同时也依托于景区的核心骨干资源,形成了通济古堰——堰头村、大港头——画乡小镇、瓯江流域三大资源集聚区。这种"大分散、小集中"的资源空间分布有利于旅游资源的综合开发与利用。

3.艺术禀赋优势

一是历史文化赋能。处州大地,群星闪烁,葛洪、谢灵运、徐霞客的山水情怀,杜光庭、范成大的人文故事,韩愈、陆游、秦观、袁枚的诗歌散文,高则诚的戏剧,吕文英的绘画,等等,让丽水市仰文脉而追先贤。在这片人文圣地中滋养成长的古堰画乡,亦承载了厚重的历史文化内涵,沉淀出独有的气质风华。古堰画乡景区拥有颇具自身特色的油画艺术文化,以及千年民俗文化,港埠船帮文化,兵工厂红色文化,保定窑青瓷文化和世遗通济、千年石函等所形成的水利工程文化。多元文化的交融,为古堰画乡打造"艺术养心"的度假主题奠定了深厚的基础。不同于国内绝大多数景区的滨湖、温泉度假主题,古堰画乡艺术养心定位的差异化发展使其在文旅融合背景下优势凸显。

二是当代油画赋能。20 世纪 50 年代,丽水市的一批画家被大港头、碧湖优美的自然风光所吸引,时常在瓯江边创作写生,因其借鉴了法国巴比松的创作精神,逐渐形成了"丽水巴比松画派"。随后,20 世纪 90 年代开始举办的"巴比松油画展",慢慢将古堰画乡的自然和人文景观呈现在大家面前。2005 年,丽水市委、市政府围绕"三基地一中心"(美术写生基地、创作基地、商品油画生产基地和生态休闲度假中心)的发展定位,将碧湖镇的"古堰"和大港头镇的"画乡"有机融合,创新性地提出建设"古堰画乡"景区。2006 年,古堰画乡进入了一个"大规划、大建设、大发展、大配套"的全新发展时期。在此背景下,区委、区政府果断决策,专门成立了丽水古堰画乡开发建设管理委员会,并组建了浙江丽水古堰画乡开发建设有限公司,古堰画乡景区也迎来了黄金发展机遇期。2009 年,古堰画乡景区面向国内外游客整体开园,经营生态、经营环境、经营乡村、经营文化,并融汇水上娱乐、乡村度假等特色旅游元素。2012 年,古堰画乡正式启动创建国家 4A 级景区工作,通过 2 年集中建设,2014 年正式创成国家 4A 级旅游景区。2015—2017 年,连续 3 年获评全省优秀特色小镇。古堰画乡景区先后获得"全国首批乡村旅游创客示范基地""省级优质旅游经典景区""浙江省文化创意街区"等荣誉称号。2016 年至今,古堰画乡正积极推进国家 5A 级旅游景区的创建工作。2019 年,丽水古堰画乡被正式命名为省级特色小镇,并成为丽水市唯一一家省级特色小镇。

三是艺术特色彰显。作为特色小镇中的一大类型,艺术小镇近年来受到广泛关注。艺术可以丰富小镇文化内涵,对提升小镇的文化价值、产业价值、旅游附加价值,以及对加强中国新型城镇化建设都具有重要意义。艺术小镇可以带动旅游产业发展、文化产业整合,这与中国正在推进的发展结构一致。艺术小镇作为文化旅游引导的新型城镇化创新之举,将成为引爆中国文创产业和旅游业的一个亮点。古堰画乡正是一座充满了艺术创作灵性的乡愁艺术小镇,山水与人文的荟萃吸引了不少画家来这里开工作室,也吸引了很多画院学生、摄影家来此采风。从最初自发形成的油画创作点,到现在的美术写生基地、创作基地、商品油画生产基地,古堰画乡已经成为一个旅游与艺术交融、观光与度假结合、创新与创业并进的风情小镇。古堰画乡由"古堰"和"画乡"2 个板块组成,分布在瓯江两侧。其中,以世界灌溉工程遗产、联合国教科文组织遗产——"通济堰"为代表的"古堰"部分,有古堰、古石函、古街、古亭、古埠头、青瓷古窑址,以及大大小小的古村落和古樟树群,代表了深厚的历史文化底蕴;而以"丽水巴比松画派"为代表的"画乡",有巴比松陈列馆、油画院、创作基地等,代表的是艺术文化与现代创意。而今,古堰画乡已经不仅仅是丽水巴比松画派的常驻聚点,更吸引了全国 300 余所艺术院校在此设立创作基地,每年都有数以万计的画家和艺术专业师生到古堰画乡写生。同时,随着丽水"中国摄影之乡"的声名鹊起,国内外的摄影家们也纷至沓来,以另一种形式来记录和展示古堰画乡的美。正是这些源源不断的新鲜血液,让"画乡"称号名副其实,更让"古堰画乡"成为一个集创造美、记录美于一体的完整美学符号。

二、古堰画乡特色小镇旅游发展问题分析

(一)产业形态不丰富,艺术特色展示与体验不足

特色小镇发展全域旅游,需将门票经济转化为产业经济。旅游业的关联性很强,这就需要将旅游业与相关产业深度融合,形成丰富多样的"旅游+"的新业态,以旅游业带动第一、二、三产业,实现全域产业共荣,即通过丰富的产业形态立镇、带镇、兴镇,同时依附产业发展经济,吸引创客、富足人民、惠及民生,为公共基础设施的建设提供强大的经济后援,形成高效的良性循环,从而为古镇的可持续发展提供保障。就古堰画乡而言,油画产业体系相对完整,但营销模式相对单一,由此可能导致油画产业后续发展动力不足。另外,基于"旅游+"的房地产、文化产业等业态虽初露头角,但由于缺乏科学孵化和有序规划,呈现出油画产业一家独大、产业形态单一的局面。

艺术是特色小镇的灵魂,只有认知鲜明的文化标识,才能给人留下难忘的印象。特色小镇旅游的实质就是游客体验小镇文化的过程。古堰画乡文化IP相对鲜明,但其文化艺术展示和体验不足。首先,江滨古街趋于商业化,其销售的旅游商品主要以龙泉青瓷、宝剑、油画等为主,旅游商品表现张力不足、同质化严重;其次,横向上产品花色品种层面的体验型项目缺失,纵向上夜间体验项目断裂,使其无法实现旅游全时化。

(二)文旅产品关联度低,景区形象缺乏标志性

就当前旅游行业的发展趋势来看,文化旅游已经成为高品位、高追求的旅游形式,人们对旅游活动的需求也逐渐从最初的娱乐消遣提升至更深层次的文化品位。但古堰画乡景区在文旅融合的发展过程中,依然习惯于片面地追求"热度"和短期效益,盲目模仿、跟风,简单拼凑、照搬,以文化引领旅游发展的意识淡薄,对景区旅游产品的开发仅停留在景点、路线的开发,缺乏对当地文化资源的挖掘、利用,旅游景点"没文化"、旅游产品"同质化"的情况仍然严重,也不注重从文化的视角对整个景区的旅游环境进行塑造,文旅产品关联度低,景区形象缺乏标志性,导致景区文旅融合发展后劲严重不足。

比如,"古堰"通济堰作为景区内独有的世界上最古老的拱形水坝,与都江堰、它山堰、郑国渠、灵渠并称为中国古代五大水利灌溉工程,本应成为向中外游客展示我国古代先贤水利治理智慧的"活标本"。但遗憾的是,这里还仅仅作为一个观光"景点"供人拍照打卡。"画乡"印象淡化,主打文化品牌"丽水巴比松画派"发展势头不足,油画产业难以支持景区旅游业发展。古堰画乡景区缺乏代表形象认知的产品和简单鲜明有特色的标识符号,缺乏标志性Logo和代表性建筑,没有统一响亮的对外宣传标语口号,无法让游客耳目一新、过目不忘。

(三)产品融合开发不足,游客沉浸式体验不足

古堰画乡小镇的旅游产品丰富度不足、结构不够完善,在产品设计上文化和旅游仍然脱节。景区仍以观大坝、逛老街、游画廊、赏美术馆等传统观光型旅游为主,整个流程下来不过 2 个小时,相信以这样的游览方式,90%以上的游客无法真正感受到古堰画乡深厚的文化底蕴。文化资源与旅游 6 要素(食、住、行、游、购、娱)的结合效果不明显,未能形成品牌辨识度。

一是传统观光型旅游产品突出,沉浸式体验型旅游产品缺乏。古堰画乡景区在文化资源的转化利用方面做过一些努力,但都浅尝辄止。比如对水利文化的保护利用,并没有考虑到游览的综合需求与体验,游客对整个水利体系的灌溉原理及科学价值的感知仅仅停留在观看一个拱形大坝,或听听导游口头介绍的层面,对其中的水利文化渊源以及蕴含其中的古处州人民勤劳智慧的闪光点难以捕捉,体验感不强。又如当地特有的红色文化、民俗文化传承断裂、物化有难度,对铁工厂相关文化资源、文献等相关资料的收集、整理、保护、挖掘不足,处于半开发状态,展现给游客的仅仅是几处遗址,完全没有呈现红色文化内涵,游客到此处游览,根本无法激发其内心情感,达不到"爱国主义教育"的目的。

二是普通型购物类、餐饮类旅游产品发展突出,特色型旅游产品开发不足。景区内大部分购物类旅游产品没有凸显本地文化特色,只售卖义乌小商品以及小鱼干、笋干等当地农产品。古街随处售卖的青瓷器具也只是打着龙泉青瓷名号的粗制廉价的茶具、杯具,游客无法从中领略龙泉青瓷文化。美食之旅作为当前比较新颖的旅行形态,是一个以"美食"为吸引物的旅行享受过程。古堰画乡对美食文化的开发还停留在浅层次,仅满足了游客"吃""喝"的需求,住宿形式也比较单一,供给力不足。古堰画乡景区建设前期在这方面的旅游规划项目少之又少,缺少让游客"留下来""住下来"的基础条件。

三是专项化旅游产品发展较好,大众化旅游产品发育不足。这导致旅游资源禀赋与市场需求不相匹配,成为制约景区发展的短板。虽然古堰画乡景区也举办了如小镇艺术节、"巴比松"国际研讨会等一批颇具影响力的文化旅游活动,但这些活动并未常态化、品牌化,对外来游客的吸引力度不大,且因专业性较强,受众人群也具有一定的局限性。根据不同人群需求特征开发的亲子、娱乐、运动、演艺类等旅游产品严重不足。文旅体验产品匮乏、文化 IP 影响力不强等问题成为古堰画乡乃至丽水市旅游业迭代升级的"绊脚石",灯光与文化诸元素尚未"加持"江南水乡古镇的夜间旅游。

(四)市场营销渠道单一,文旅融合创新力度小

一是宣传渠道单一。古堰画乡景区的营销渠道主要分为线上和线下 2 种方式。线上营销主要包括利用微博、微信、短视频 App、网红以及旅游网客户端等进行宣传销售,在网络营销方面存在营销认识不足、网站建设滞后、OTA 营销渠道缺乏等问题;线下营销主要包括参加各级推介会、展销会,组织接待旅行社踩线团,等等。缺少主动对外营销的能力,对地接社的依赖过大,缺乏自身掌控的渠道资源,无法及时获取市场信息,难以灵活地调整市场营销

战略,无法给管理层提供相对完整的市场信息作为决策依据。营销手段保守,渠道单一,创新度不高,造成宣传营销效果不佳。

二是融合创新不足。古堰画乡有着丰富的艺术文化、水利文化、红色文化等优质资源,但古堰画乡景区对文化旅游资源的整合力度不足,无法释放"1+1>2"的叠加效应,主打油画产业,主要依托画廊、美术馆进行销售,购买对象主要是游客。据统计,每年景区游客人均消费水平为900元。油画销量的难以增长严重阻碍了油画产业的发展,这也是难以吸引优秀画家入驻的关键因素。营销方式、销售渠道开发不足,让以油画产业推动景区发展的愿景难以实现。油画产业力量单薄,又缺乏同步推广多种文化名片的创新思维,无法借力景区内多种文化资源进行强势营销,导致景区营销能力无法快速提升。此外,尚未开发夜间旅游也是导致景区人气严重不足的重要原因。

三、艺术赋能古堰画乡发展的对策建议

(一)文化建设工程:深入挖掘优秀文化艺术

1.解码文化基因,培育文化标识

依托文化基因解码工程,对全域范围内的古村落、古建筑、古遗址、民间技艺等各项文化与旅游资源进行排查和梳理,全面摸清家底,建立莲都文化基因库,为文旅深度融合打好基础。特别要对瓯江山水诗路沿线重点摸排,整理出保定古窑、概头经幢、大港头兵工厂等一批开发价值颇高的文化旅游资源,为推进古堰画乡景区文旅融合发展奠定基础。针对景区文旅融合发展,要积极挖掘古堰水韵优秀传统文化,培育"通济堰水韵文化"的浙江文化标识,践行古堰水韵文化的现实价值转换利用,试点开展生态产品价值转化机制;以浙江铁工厂、红军浙南挺进师北上抗日集结阅兵处为基地,讲述红色传奇,开展以"浙西南革命精神"等优秀传统文化为主题的文艺采风创作、红色研学教育等活动,积极创建景区"红绿融合"示范样板,用红色资源经营乡村,帮助景区融合发展再上新台阶;挖掘"丽水巴比松油画"等文化资源,实现文化和旅游的有机融合,铸造生动鲜活的"画乡莲都"文化IP。古堰画乡景区应大力发展旅游文创产业,借助故宫文创等成功经验,研究开发具有统一文化标识且兼具实用性的文创产品。如画乡古街推出由画家手绘、体现巴比松艺术文化的各种购物袋、T恤,体现当地医药养生文化的手工缝制的草药香包,等等,它们受到了众多游客的青睐。还可以将其延伸到线上销售,以旅游文创产品重新燃起景区发展动力。

2.结合艺术资源,打造文旅地标

文化地标是塑造城市识别度的重要方式,对于文旅融合发展中的古堰画乡景区来说尤为如此。文化资源激活,文化创意加分,为旅游业的发展提升品位、注入灵魂。古堰画乡景区要将各类文化基因和文化符号以故事、民俗、文艺创作等形式融入景区、景点、民宿、游客服务中心等场所,增强互动性、体验性,"以文化旅"形成文旅地标,让文化活化、无处不在。

一是做深水利文化。通济堰是古堰画乡景区的一张世界级名片,但现有的旅游产品还

停留在初级观光阶段,无法形成品牌效应。围绕这一世界遗产,一方面加强与世界水利遗产之间的交流合作,另一方面创新开发水利主题旅游产品,提升游客对通济堰的认知。比如,建设通济堰博物馆——"数字化、沉浸式"的水利文化体验空间,贯穿数字化、科技化、体验化策略,应用沉浸式场景,促进虚实空间、厚重历史与趣味知识有节奏地穿插,将以传统文化展示为主的博物馆打造为集教育、研究、收藏、保护和交流于一体的综合型水利文化博物馆。

二是做大古村文化。"古堰"区古村主要游览空间仅为一条古街,其他空间利用少,游客走马观花,无法获得深层次的感知与体验。通过植入多元休闲消费业态与传统手工体验业态,激活千年古堰生活记忆。可打造"十大手工作坊",一匠人一展馆一体验坊,深度挖掘景区传统民艺与非遗手艺,以堰头村为核心,通过导入陶艺之家、木偶之家、竹鼓之家、捕鱼之家、荷船之家、制灯之家、篾龙之家、戏服之家、农耕之家等十大手工作坊,打造"有内涵、具匠心"的古村落。

三是做强古窑文化。古堰画乡景区内的青瓷古窑文化尚未得到很好的挖掘利用,古堰画乡源远流长的青瓷文化仅体现于古街上随处售卖的廉价青瓷器具,景区标志性的文化记忆正随时间逐渐淡去,世人提到青瓷首先想到的是丽水龙泉,殊不知古堰画乡的保定窑亦是元代龙泉窑系的重要发源地。依托保定古窑遗址群,塑造窑文化主题度假空间,创新青瓷文化展示体验,引入开窑仪式表演、青瓷瓯乐表演,向游客展示古代青瓷烧制技艺,同时加入互动体验 DIY 环节,增强旅游项目的吸引力。

四是做足艺术文化。结合区域生态空间,进一步丰富写生创作节点,进一步营造摄影打卡场景,进一步强化大地艺术展示,打造"写生＋摄影＋创作＋展示"艺术链。除了在形式上要具有创造性外,在功能上还需要具备一定超前性和包容性,以激发一股新鲜的生命力,并且要具有一定社会影响力,这样才能够在丰富景区功能方面进一步发挥推动作用。邀请国际建筑大师,打造丽水巴比松艺术园(壁画工程)、国际艺术研学教育中心、艺术中心、江滨艺术休闲街区、华侨国际文化街区、通济堰博物馆、龙窑艺术庄园、八仙山文化园、VLOG 小镇等九大文化地标,使之成为古堰画乡国际艺术小镇的新名片和新的流量入口。

3. 结合文化脉络,构建艺术特色建筑

建筑是景区文化与风格最为直观的体现,古堰画乡的建筑设计应遵循古色古香、山水合一的基本原则,融入本土传统建筑元素。例如,沿江一带的建筑应以处州民居建筑风格为主,与江滨古街环境相协调,与自然生态相统一。新建的文化产业区块则可以大胆借鉴北京 798 艺术区、成都大川巷·派叁画廊艺术街区的建筑风格,以装置艺术、创意小品、标识标牌、大地景观为主要建设内容,营造形成诸如未来艺术实验室、艺术乌托邦、艺术花园、艺术森林、艺术之光的国际公共艺术空间,以及画家工作室、文创小铺、艺术画廊、咖啡馆、书店等小铺。鼓励业主突破原有框架格局,在外观设计和内部装修上不需统一,打造古堰画乡艺术文化新地标。

此外,古堰画乡景区要注重建筑整体风貌的修复,秉承"修旧如旧、建新如旧"的原则,对原址、原形制、原结构、原材料、原工艺进行修复。重视对古镇乡土风韵的营造,在编制规划时,要尽可能最大限度地保护古镇的整体风貌与文化历史。比如,按照与景区核心区空间距离的远近,划分4类高度控制区,确保新增建筑的高度不破坏水乡古镇的整体风貌,保留长三角地区已不多见的低矮小镇格局。对于古堰区块的国家级文保区域,要坚持"保护为先,适度建设"的原则,采取加固、维护、复修、重建等措施,促进山水风情和处州风韵相融合。

4. 整合文化资源,开辟主题游线

旅游产业是一个多元化的产业,突出而鲜明的旅游主题可以说是一个景区最重要的标志,旅游景区的蓬勃发展需要不断推陈出新。因此,古堰画乡景区要以文化为魂,在原有的旅游发展基础上,精心开展艺术研学、红色旅游、青瓷体验等主题游线的策划。

譬如,将艺术文化与古堰画乡的自然山水资源相结合,注重生态的保护与利用,主推"艺术夏令营"等专题艺术研学线路,借助当前文化产业园区区块打造研学旅行基(营)地、全国生态文化科普教育基地、学生应急安全实践基地等新型校外教育基地的契机,通过策划以游览、学画、观展、文创体验等为内容的一日游、多日游旅游线路,打造形成"生态+教育+旅游"的全新模式。针对银发市场及机关单位,可以结合"不忘初心、牢记使命"主题教育活动,以弘扬浙西南革命精神及浙江省铁工厂红色文化为依托,策划以"穿红军服、走红军路、吃红军饭、睡红色主题民宿、参观兵工厂"为内容的红色主题旅游线路,让游客身临其境地体会到革命者的艰难征途和不屈的革命精神。

5. 梳理文化脉络,串联文旅线路

发挥好旅游市场平台优势,让古堰画乡景区成为展现城市形象、感受文化氛围、展示人文特色的美好空间。出彩而鲜明的旅游主题线路是一个景区乃至一个地区最重要的形象标识。如江苏省利用戏曲百戏(昆山)盛典的成果,积极打造以传统戏曲文化为主题的旅游线路产品,取得显著的效果,还筹建中国戏曲博物馆、昆曲小镇,搭建平台以丰富文化产品的供给方式、供给渠道、供给类型,有效促进文旅产业融合发展。又如新冠疫情防控背景下,养生主题备受关注,户外亲子游、自驾游、康养游等一时间成为"新宠"。古堰画乡景区要"以旅彰文",在原有的旅游资源基础上,培育策划研学培训、红绿融合、农耕体验、览名胜、游古迹、赏非遗等主题游线,在保留地域"古色"的基础上,精耕历史人文内涵,焕发"古香"。以打造高品质研学培训目的地为核心,挖掘莲都生态资源、红色资源、文化资源、活力资源的内涵实质,着力打造"红色之旅""绿色生态之旅""文化之旅""活力之旅"4条面向本区域的主题串联式的研学实践精品线路。以领略优秀历史文化为目的,开展游览国保通济堰、体验国遗丽水鼓词的历史文化主题线路。以党史学习教育、"七一"党建为契机,利用景区红色资源开发出以穿红军服、走红军路、吃红军饭等为内容的红色主题旅游线路,开展红色主题夏令营、红色主题教育活动,让游客体验艰难的革命征途,领会不屈的革命精神。整合周边的休闲农场、观光工厂、农业科技、生态制造、民间工艺、水利文化、民间艺术等资源,打造一批工旅、农旅产业融合基地,形成多元化的乡村旅游线路。

(二)产品打造工程:实现旅游产品体系迭代升级

1.打造"艺术养心"主题产品

一是用艺术为景区空间赋能,使艺术气息渗透到景区每一个角落。构建全景化艺术生活空间,在尊重现有的小镇肌理、建筑风貌等的基础上,进行景观、空间、场景上的艺术化"微改造",创新改善规划区的人居环境。打造全感官艺术体验空间,充分利用当地自然场地、废弃空间,打造全景艺术体验地图,如将旧房改造为主题艺术酒店、艺术展览场所,将圩地改造为大地开放式艺术空间。

二是举办全季节艺术节事活动,营造全民共享的艺术氛围。文化活动是扩大景区影响力的重要途径。在旅游产品开发与运营上,始终需要围绕一个基点——消费者的体验,从资源产品和精神形态上制造差异性,把文化活动作为放大景区 IP 的重要手段,形成景区竞争壁垒的无形优势。如浙江省乌镇镇以乌镇戏剧节、世界互联网大会乌镇峰会的举办为引擎实现华丽转身,从观光水乡转型为融合互联网与戏剧艺术的文旅小镇,享誉国内外。

三是充分利用民俗文化品牌,嫁接艺术活动。重点培育"古堰画乡·国际艺术嘉年华"系列节庆活动品牌,并在此基础上围绕不同旅游消费者的兴趣爱好,推进非遗进景区、乡村春晚进景区、民俗展演进景区,用形式各异的文化艺术活动来填补景区文旅产品的空白,培养游客的文化精神,加深游客对景区"艺术养心"主题的理解与印象。聚焦艺术、文创、美食、音乐等主题,设置油画艺术、匠人艺术、编制艺术、壁画艺术、陶艺艺术等艺术门类的系列活动,举办古堰画乡国际艺术节、国际民谣音乐节、国际艺术研讨会、国潮国风文化节、双年展、处州传统民艺表演、街头快闪等常态化活动。在搞节庆、办活动的同时,还需要尊重当地居民的生活方式,打造生活"微场景",创新式地延续当地生活特色,使当地居民既是创造者亦是参与者,把景区打造成一个有文化、有趣味、有体验感的目的地。

四是打造大型实景演出,推进优秀文旅资源的全景呈现。大型实景演出,是一种以真山真水为演出背景,串联当地历史文化、风情民俗,融合艺术、商业、学术等多个领域的独具特色的文化模式,是古堰画乡向世界谱写与传递自己的故事、打造自己的文化品牌的重要途径。参照杭州的《印象·西湖》《宋城千古情》、桂林阳朔的《印象·刘三姐》等成功案例,以历代先贤修堰筑坝、风俗演变等为素材,邀请演艺界、商业界、学术界知名专家为景区制作《通济堰魂》大型实景演出,为景区招徕游客、留住游客,为景区增加新卖点。

2.拓展休闲娱乐旅游产品

根据不同游客需求,打造差异化旅游产品,丰富景区业态,最大限度扩大服务面。第一,丰富儿童娱乐类产品。以游客中心旁主题乐园综合体建设为重点,植入以亲子运动、亲子教育为主题的娱乐设施;结合酒店建设,设置以儿童为主要服务对象的户外无动力乐园和儿童室内游乐园。第二,创新青年娱乐类产品。以艺术园区为重点,结合艺术主题,引入青年人喜爱的咖啡吧、音乐吧、微型影院、"剧本杀"、打卡馆等休闲娱乐场馆。第三,完善老年娱乐类产品。在景区及周边大港头镇区,开设中老年人喜爱的足浴、茶吧、书吧、门球场、棋牌室等休闲场所,开设老年大学,面向老年人开设摄影、油画、音乐等主题的培训,在契合景区艺术主题的同时,也丰富了老年人的文化生活,满足了老年人的精神文化需求。

3.经营夜间休闲消费产品

城市夜间旅游是近年来我国城市旅游的新形态,也是创新加快城市经济繁荣、推动旅游业供给侧结构性改革的重要内容之一。文旅融合是一个以文促旅、以旅兴文的过程,对促进城市夜间旅游创新发展具有重要意义。丽水市夜间经济尚未成熟,古堰画乡在夜间旅游方面更是零起步。打造夜间经济,以无限的创造潜能延伸有限的空间资源,是古堰画乡乃至整个丽水市走向高质量发展道路的重要环节。可以谋划景区夜游、画乡灯光秀、宋韵文化展示等项目。依托自身的文化底蕴和民风民俗,辅以灯光技术,以沉浸式体验互动为主,着眼于从景观亮化、建筑亮化、广场亮化等方面塑造夜间文化意境。利用灯光形式亮化景区山水、帆影、岸线,创造艺术美感。夜间旅游产品的浪漫情调及视觉冲击,更能激发游客对当地文化的感知和认同,给游客留下深刻印象,让游客体验感得到满足,有助于留住游客,让文旅资源的整合发挥最大效应。

比如,以"画乡夜宴"为主题的旅游项目,运用"山水实景+真人+投影+歌舞"的艺术形式,再现古处州脍炙人口的传说故事,打造出集游船、情景小剧、歌舞演出、高科技秀场等于一体的视觉盛宴,致敬丽水市璀璨人文,成为文化秀场和夜间旅游地标。该项目一改传统舞台的表演模式,游客乘船而游,进入新的"行进式"观演方式,通过两岸演艺,穿越到古处州,而历史就顺着时间印记娓娓道来。别样的游船观演体验,让人记忆深刻。

(三)营销推广工程:全面加强艺术旅游营销

1.以艺术主题为特色小镇代言

古堰画乡在秉承艺术内涵方面有着更多天然优势,一直以来都是通过诗词、绘画、摄影、音乐、舞蹈等艺术形式来表达山水人文之美,把美变成艺术作品传播出去,古堰画乡的"艺术气质"逐渐成为其最具有竞争力的一张"金名片"。因此,古堰画乡也应借鉴成功经验,让艺术来为景区代言。继续延伸文化艺术产业链条,常态化开展画乡油画拍卖活动,推动油画写生、展示、定销、创作教育等业态快速发展,吸引更多艺术企业及画家群体入驻古堰画乡;组织当地画家外出交流,为本地画家提供更多资源,提升古堰画乡的原创实力。借助音乐的感染力和传播力为景区增色添彩,与国内优秀音乐家、音乐学院合作,通过特色音乐(如古琴、韶琴)普及教育和音乐活动,增强古堰画乡乐动艺术氛围,让音乐成为这座小镇的另一张靓丽名片。以艺术为基底,整合古堰画乡艺术中心、古堰文化产业园、理想艺站等建设项目资源,引入研学、培训头部企业,构建艺术研学培训课程、会展培训服务和整体营销体系,将古堰画乡景区打造成浙西南一流的艺术研学实践教育基地和培训会展基地。此外,积极吸引一批精品民宿、酒吧等高品位艺术业态落地生根,在艺术产业的发展过程中,既要有"阳春白雪"也要有"下里巴人",以开放共融的姿态打造完整的艺术产业链,使景区产业层次更加丰富、体系更加完整。

2.让精彩故事为特色小镇增色

"用一个故事、一个体验去带火一个地方。"在网络信息化高速发展的今天,要带火一个地方,不仅需要实景图片,更需要用一个故事、一段感受、一次体验去充实这个景点,古堰画乡景区的发展壮大也需要一个个精彩的故事。依托丽水优秀传统文化,深入挖掘"通济堰""铁工厂""港埠船帮""保定青瓷"等历史人文资源,做好历史文化数据梳理和传承,通过出版一系列文化旅游书籍,创作一大批舞台艺术精品,塑造一个个经典艺术形象,在景区各处打造富有文化气质的精致小景等,追根溯源,让故事来说话,烘托文化氛围,致力于让古堰画乡景区"文化+旅游"品牌更加富有人文底蕴。

3.用艺术活动聚集旅游人气

旅游需要活动来聚人气,只有人气提升了,旅游的名声才能响起来,旅游的经济和社会效益才能显现出来。通过举办规模性大型活动,旅游无论是叠加体育还是叠加文化娱乐,或者是叠加农事节庆,都会产生聚集效应、带动效应,都会提升一个地区的旅游知名度。通过连续举办小镇艺术节、全国知名画家写生创作行活动、中国写生大会、"两山"浙江省美术作品展、莲都 100 越野赛、国际桨板黄金联赛等特色活动,借助品牌活动的影响力带动景区的人气和知名度的提升,使社会和经济效益双丰收。借鉴美国卡梅尔艺术小镇以名人带动艺术小镇人气的经验,借助丽水市莲都籍围棋世界冠军柯洁的"名人效应",在景区举办围棋公开赛,为莲都古堰画乡代言、"打 Call",通过持续不断的精彩活动,让更多人关注古堰画乡,聚焦丽水旅游。

4.以网络传媒助推传播效应

在网络媒体兴盛的当下,一个地方要成为网红打卡点,要成为具有强大影响力的旅游目的地,离不开网络媒体的推动。利用互联网技术,提升旅游市场的营销水平,建立景区旅游官方网站,开发景区电子导览 App,提供周到的"一站式"线上服务。利用抖音、火山、贴吧、微博等互联网宣传载体,让旅游渗透游客生活,形成线上线下联动、传统营销与网络营销相融的旅游市场营销格局。要丰富合作的 OTA 类型,不仅要有携程、同程等大型 OTA 平台,也要考虑阿里旅行、美团、猫途鹰、马蜂窝等线上平台。与中小型在线旅游销售公司合作,既要注重线上多样化渠道布局,又要注重区域旅游客源市场覆盖,进一步丰富合作方式,扩大线上影响力,加强线上宣传力度,拓展渠道宽度。借助网红经济效应,开展流量营销。推进建设各类自带流量的网红系列旅游产品、网红打卡设施等,邀请当地知名网红,为景区艺术商品、旅游商品、土特产带货,为景区直播推介。

5.以艺术公益活动树立品牌形象

利用艺术的快速传播性,将艺术情怀和艺术价值作为公益传播的介质,通过政府部门的组织及合法慈善机构的介入,鼓励丽水市美协、市文联、古堰画乡美协、画廊商铺等的艺术家们积极投身公益事业,将艺术作为实现公益传承的创新推动力,运用表演、绘画、书画春联等形式,推动公益发展并提高全民参与度。譬如在景区开办百姓画社,免费普及美学教育,邀请市美协、古堰画乡美协教师定期开课,当地居民及周边美术爱好者,不限年龄、不限工作,都可旁听课程,参与艺术创作,共享丽水巴比松的艺术文化资源。同时,将景区营业收入支出一部分,在当地艺术院校、高等中职美术专业院校设立古堰画乡公益基金会,作为经济困难学生的助学金,提升文化企业的社会价值,塑造良好的旅游品牌形象。此外,积极配合社会需求,以景区企业名义参与慈善捐赠、公益艺术品拍卖赈灾、扶贫帮困、社会服务等活动,并在景区设立古堰画乡义工站,建立健全具有社会价值的完整体系,通过实际行动回报社会,提升景区的公益影响力,加快文化传承的速度。

参考文献

罗文斌,谢东旭,丁德孝,等.文旅融合促进湖南城市夜间旅游创新发展研究[J].四川旅游学院学报,2020(06):4.

诗画江南、活力浙江：
基于宋画视角的文人雅集活动与空间意象研究

吴晶晶

呦呦鹿鸣，食野之芩。我有嘉宾，鼓瑟鼓琴。鼓瑟鼓琴，和乐且湛。我有旨酒，以燕乐嘉宾之心。

《小雅·鹿鸣》

这首《诗经》"四始"之一的《小雅·鹿鸣》生动地描绘出 3000 年前的中国人在离离草原，伴着呦呦鹿鸣，愉快和歌宴饮的场景。它是关于欢聚的最早的文字记载，描绘出古人在自然丰美的环境下欢聚的场景，这种群体性的聚集活动，日益受到古代上层阶级的追捧，逐渐从宴饮、玩乐等活动向雅集赏鉴、游览交谊、抚琴对弈、诗画创作等风雅性活动转变。雅集绘画外感于物、内动于情，呈现出物境、情境、意境的交汇融通，在岁月的长河中环环相扣，成为中华文化以图证史的标志。在后世文人、艺术家的参与下，雅集绘画也成为一个精彩纷呈的艺术体系，丰富着古典中国的艺术版图，也支撑着中国人的艺术精神。它让我们意识到，中国传统文化是一个强大的有机体，有着超强的生长能力。

一、两宋雅集活动的界定与历史流变

（一）雅集溯源

《说文解字》中对"雅"的释义是"雅，楚乌也"，有官方、正统、统治、阶级的含义。"集"有汇集、聚集之意。"雅集"的最早称谓见于《仪礼》中的嘉礼，即宴饮婚冠、庆贺活动的礼节仪式。《周礼》中记载的天子与诸侯间"烹大牢以饮宾"的飨礼、诸侯间的脤膰之礼、宗族合族的宴饮之礼，皆是以宴集为基础的礼仪性活动，此类活动注重规范秩序与人心之正。据考为宋高宗赵构所书、马和之补画的绢本画《小雅·鹿鸣之什图》（见图 1），生动地展现了君王宴乐群臣的场景。王者居于庙堂之中，群臣分坐两侧，殿外侍者林立，乐工鼓乐齐鸣，在宫闱右侧，在高大浓郁的树木掩映下，山谷中的群鹿悠闲奔跑、嘶鸣于野，整幅画面和乐融融，通过宴集、鼓乐、骑射等仪式活动，一方面表达出君臣之间融洽尽欢的场景，另一方面也满足了宣教天下、维护君臣有序的伦理需要，并为后世封建上层阶级社会交往形态的树立提供样本。

图1 《小雅·鹿鸣之什图》,南宋·赵构、马和之,现藏于故宫博物院

1.两宋之前的文人雅集活动

雅集活动的雏形可追溯到西周至春秋时期,如《诗经》中的"酒既和旨""以燕乐嘉宾之心""弓矢斯张"等诗句都表现了聚会以及宴饮时的盛况;秦汉之际,在延续先秦礼仪交往与"讲论才艺"的组织方式的基础上,注重诗赋唱咏的文学性活动逐渐成为宴集活动的重要内容,并完成了由宴集向雅集的关键转型;魏晋时期,文人阶层地位不断提升,雅集活动兴盛,主办者多为王公贵族、士族门阀,其意多为招揽人才为其利益集团服务,参与者也可以借机展现个人魅力,实现政治理想。同时,佛教进入中国后,逐渐为统治阶层利用,其与本土文化结合产生的禅宗思想,受到士族阶层的欢迎,这些都使得雅集活动的内容大幅增加,其文化内涵和审美高度亦有所提升。这类雅集的代表有建安七子举办的南皮之游、石崇的金谷园雅集等,其中最为出名的是东晋永和九年(353)的兰亭雅集,此次雅集留下了千古传咏的书法经典《兰亭集序》,使书画艺术与雅集有了直接联系,而且雅集场地不再局限于宫闱私邸,而是来到了自然山水之中。曲水流觞已成为雅集的经典范式,文人雅士们通过感悟天地寻找精神依托的载体(见图2)。隋唐时期的雅集活动仍以诗歌、乐舞宴饮、游赏自然等为主,但至唐代中后期,庶族文人势力崛起,新兴的地主阶层寻求着适合自己审美理想的"雅",形成了贵族的"雅"与庶族文人的"雅"融合并存的局面。

图2 《兰亭修禊图卷》局部,元朝·赵孟頫,现藏于台北"故宫博物院"

2.两宋时期的文人雅集活动

宋代是文人雅集活动的鼎盛时期。政治上的统一、科举制度的发展,以及统治阶级右文政策的大力倡导使得文人的群体意识真正被唤醒,他们不仅在政治上拥有越来越多的话语权,而且在文化领域成为引领当时流行文化的"风向标"。他们更加注重个人修养和审美追求,将"雅"的审美语言表现得更加鲜明和精致,这也为后世对于"雅"的追求提供了重要的理想范式。在这一时期,士大夫阶层逐渐稳固,雅集的主办方不再拘泥于皇室或贵族阶层,出现了大量庶族文人集群。相比唐代文人,宋代文人更多通过科举考试获得官职,这也造成了全国性的人才大流动。社会分工的细化、阶级的固化以及文人间相似的知识结构、教育背景、价值观等使其结为密切的圈层,进而促进了他们思想与情感的交流以及政治观点、文学观念等各方面的认同,产生了所属群体的向心力。如北宋中期的"欧门",北宋时期的"元祐文人",雅集活动正是文人群体进行交谊的重要手段。这一时期雅集活动的内容愈加丰富,包括艺文创作、山水交游、宴饮乐舞、书画品鉴、抚琴闻香、斗茶插花等。北宋时期的雅集活动在宽松的政治氛围下成为文人交谊的重要方式,文人交际活动注重文化底蕴和尚理精神,审美主题上追求一种隐逸、自省内敛、不落俗套的趣味;而宋室南渡后,雅集的主要举办地集中到了江南一带,不同于辽阔平远的汴河两岸,皇亲高士所处的临安府(杭州)湖城一体,景观资源丰富,气候温润宜人,这一时期的雅集活动选址多为临湖而建的宫苑、私家园林,大量的公卿名流在此交集汇聚,将"雅"带入日常生活之中。宋代"禅悦"之风与园居活动盛行促进了文人园林的成熟与定型。南宋雅集活动在山水园林营建、西湖专题文化创作、人文精神传承等方面对后世都有深远影响。

(二)两宋雅集活动的主要特征

两宋时期的雅集,无论是横向地与当时其他艺文活动相比,还是纵向地与历史上其他朝代的雅集活动相较,其繁盛之况都可见一斑。宋代文人阶层的生活美学并不是玄学式的天性释放,也不是晚明的多元角色的参与,而是在寓情于理的情理结构之中,展现中国传统儒家的审美理想,其审美特征是求真、隐逸、中正,两宋之后的"集"因文人的追捧而被注入了文学性、交谊性和意境性的内涵,成为中国文人精神依托的载体与境界升华的外在呈现。

1. 文学性

《论语》云,"君子以文会友,以友辅仁",文学性是雅集活动的显著特征。在宋代的雅集中,皇室影响着整个社会的风气,"吴王好剑客,百姓多疮痍;楚王好细腰,宫中多饿死",宋太祖性好艺文,"虽在军中,手不释卷"。此后历任统治者都热衷于诗词书画、博古鉴赏,手不释卷,上行下效,使宋代各阶层都浸染于浓厚文化气息中,文人雅士们相聚吟诗、作词、赋歌、对弈、观画、品茗等,这些活动都充满了文学气息。苏轼、米芾、黄庭坚等参与的"西园雅集",更是将文学活动内容丰富化,进一步强化了雅集的文学性。

2. 交谊性

交谊性也是宋代雅集活动的重要特征。在雅集中,文人雅士们以文会友,交流思想,畅谈人生,增进感情。宋代宴集中文人比例、诗文数量骤增,甚至于有宴集诗集出现,这进一步强化了雅集的交谊性。雅集结社也是当时出仕为官的士大夫们重要的休闲活动,参加人员的阶级平等性、活动类型的多元性、活动程式的自由度等相较前朝有较大改观。

3. 意境性

唐代诗人王昌龄提到,诗有三境,即物境、情境、意境,前两者侧重书画中的具体形象,包括表象特征、场景环境、经营位置等,意境则体现了"意""境""悟"的综合。在雅集中,文人雅士们追求意境,注重文化内涵和思想深度。赋诗唱和、鼓琴对弈、观画品茗等活动中,都充满了风雅的气息。绘画的意境理论在唐代逐渐形成,意境经营形成诗意化的景物审美,形成雅集活动中情境相合的外在反映,如"携酒入花林""竹引秾琴人""促席于花阴""赋诗于月下"这样融合声、色、形的雅集景色感知记录,以及如弄月亭、赋梅堂、醉陶轩、吟啸亭等凝练活动意境、景色特征的景点题名。宋代的雅集活动除传承魏晋士人审美外,还将场景营造和创作品鉴活动进一步凝练,促进了山水景物共性、共情的园林活动的形成。这一时期的文人普遍重视精神世界与物质世界之间的平衡。宋人张孝祥有云,"小隐即居山,大隐即居廛。夫君处其中,政尔当留连",其中透露了一种"中隐"的通达、寻求隐于尘的超脱。"中隐"带来的丰厚物质保障,使其在达成多重感官愉悦之后,体悟性理之趣,实现理性精神与感性审美的双重满足。

二、宋画中雅集活动的分类

纵观众多的雅集活动(以南宋覆灭、元朝建立为时间界限)及两宋时期传统雅集题材的绘画,根据内容和活动的形式主要将其分为4类:文化主题活动、品鉴主题活动、娱乐主题活动、艺术主题活动。

(一)崇文重艺——雅集的文化主题活动

自两汉以来,在延续先秦礼仪交往与儒家教育的基础上,以诗赋为主的文学性活动逐渐成为上层社会公共聚会活动的关键选项,书画创作特别是诗文唱和成为雅集活动中不可或缺的重要内容,并兼容博古、宴饮、茗茶、游艺等活动。历史上的诸多雅集因此留下了丰厚的文学遗产,如西汉时期"梁孝王游于忘忧之馆,集诸游士,各使为赋"的梁苑之会;曹魏建安文人"傲雅觞豆之前,雍容衽席之上,洒笔以成酬歌,和墨以藉谈笑"的邺下雅集;晋武帝时期"上幸芳林园与群臣宴,赋诗观志"的华林园宴集;东晋时期"群贤毕至,少长咸集"的兰亭雅集;北宋元丰"以文章议论、博学辨识、英辞妙墨、好古多闻,雄豪绝俗之资"的西园雅集;等等。

南宋马和之的《宋高宗书兰亭序马和之补图》(见图3),即参照兰亭雅集的内容绘制,雅集场地"有崇山峻岭,茂林修竹,又有清流激湍,映带左右",图中文人雅士汇聚在会稽山兰亭,"引以为流觞曲水,列坐其次",泉山相绕,翠竹掩映,或提笔携墨,或独坐冥思,或对酒唱和,人物、山水浑然一体,酒杯顺溪流而下,以诗赋为考题,诗成者得众人唱和,诗未成者持杯自罚。左侧前景处一临水亭中,五人正围坐清谈,仿佛正对着手中的画卷畅叙幽情。画幅将曲水流觞和祓除、禳灾的修禊之事联系起来,纪念式的仪式活动逐渐演变成为文人间欢聚、对诗、宴游的赏心乐事。

图 3 《宋高宗书兰亭序马和之补图》,南宋·马和之,现藏于台北"故宫博物院"

雅集中诗文均所著颇丰,书文皆美,文学性活动赋予的雅集群体的文化审美,呈现从享乐、纪念的盛大活动到澄怀味象、风雅的生活日常的重大转变。雅集中的文化性主题活动除诗文创作之外,还包括个人凝思、小范围的清谈、围绕主题的群体性交流等。如在《文苑图》(见图 4)中,4 位官服打扮的文人士大夫会聚于遒劲化曲的松树下,仿佛为了书卷所出难题"潜心味道,益进所学"[①]。最右侧的文士正右手执笔,目及远方,托腮构思。树下的文士巧借松树倚靠,屏息凝神,似在酝酿;左侧两位则坐于石案之上,侧身者手执书卷,似已成竹在胸,另一位则转头眺望,似触景幽怀。整个画面看似场景沉静,人物各异,实则以文为主,神思交融。

图 4 《文苑图》,五代·周文矩,纸本设色,现藏于故宫博物院

---

① 朱熹.朱熹集[M].郭齐,尹波点校.成都:四川教育出版社,1996.

（二）崇古——雅集的品鉴主题活动

中国人的崇古之风是根植于骨子里的。早在春秋时期，"雅好博古，学乎旧史式"就成了衡量"高士"的标准。这种博古鉴古之风至宋代已蔚然成风。宋代复古思潮兴起，统治阶层较为重视对古器物（如青铜器、瓷器、玉器、书画作品等）的收集与编绘，如大观年间宋徽宗命人编绘的《宣和博古图》（见图 5），著录了皇室收藏的 800 余件自商代至唐代的青铜器。图录以直接描摹器型为主，按器物造型分为 20 个大类，每器除图像、尺寸、重量记录外，还配有铭文、表面纹饰、文字拓片等补充细节，充分体现了宋人"格物致知"的精神，为后世考古学的发展提供了科学的途径。另外，从维护统治阶级利益来看，通过关注、修订象征古代礼乐制度的器物的图录，统治者们扫除了故弊，形成了新风气。

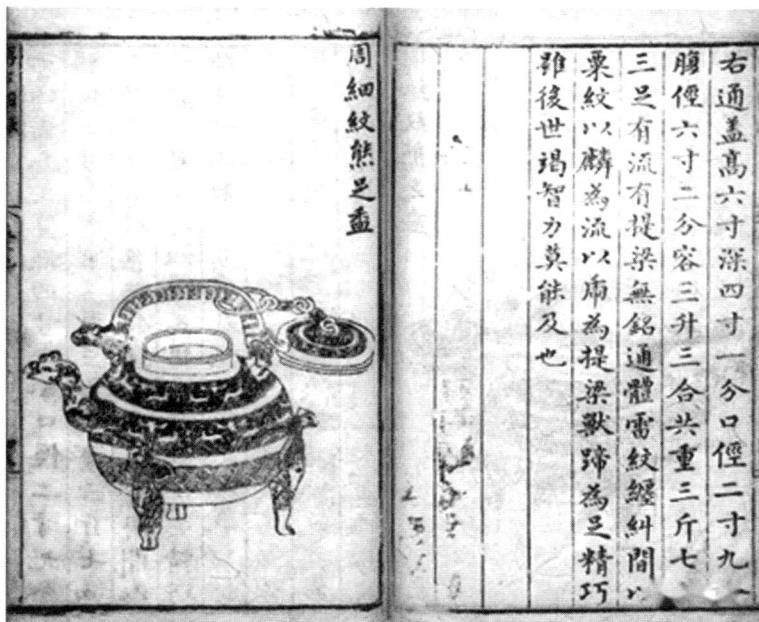

图 5 《宣和博古图》，宋徽宗敕撰，王黼编纂，今为明嘉靖七年（1528 年）蒋旸翻刻的元至大重修本

文人群体在"崇古、鉴古、藏古、玩古"思潮的影响下，开始偏向于欣赏、鉴定、博识"真实"的古器物，以博古、鉴古为主题的雅集活动也兴盛起来。刘松年的《博古图》（见图 6）描绘了文人们雅集聚会、品鉴古器的场景：在葱郁的松林之中，5 位文人正围着长桌仔细品鉴古物，有举器细探者，有凝神端详者，有默默揣摩者，一旁的 2 位女客正在低语，远处的侍从正跪地煮茶。场景生动活泼，人物神态的生动刻画与静默悠然的自然场景形成对比，博古文会的闲情逸致跃然于眼前。除此之外，从张训礼的《围炉博古图》（见图 7）、李公麟的《西园雅集图》（局部）（见图 8）、李公麟的《会昌九老图》（局部）（见图 9）、李嵩的《听阮图》（见图 10）、佚名的《十八学士图》局部（见图 11）等图中也能找到把玩、欣赏书画古玩的场景。通过对"尚古"风格的追求，宋代书画完成了对前世的超越，也让观看之人完成了与其所追慕的古人的隔空对话，使其身心得以滋养与抚慰。

图 6 《博古图》,南宋·刘松年,绢本设色,现藏于台北"故宫博物院"

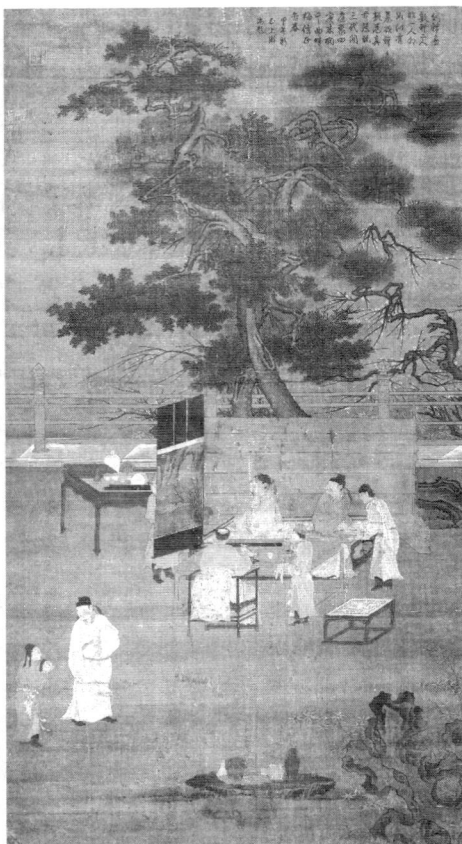

图 7 《围炉博古图》,南宋·张训礼,绢本设色,现藏于台北"故宫博物院"

图 8 《西园雅集图》局部,北宋·李公麟,绢本水墨,现藏于台北"故宫博物院"

图 9 《会昌九老图》,北宋·李公麟,纸本水墨,现藏于辽宁省博物馆

图 10 《听阮图》,南宋·李嵩,绢本设色,现藏于台北"故宫博物院"

图 11 《十八学士图》,南宋·佚名,绢本设色,现藏于台北"故宫博物院"

(三)宴悦交谊——雅集的娱乐主题活动

《周礼》中将宴集确定为天子与诸侯、士大夫之间相互交往的集会的基础项目,后代各朝都遵此传统,形成了集礼教性、政治性、文化性于一身的宴赏雅集活动。虽然雅集书画作品所画人物、活动方式、场景呈现等具有明显的时代差异特征,但雅集的组织方式大多属 2 种:一是由皇家主导或地方政府官办;二是由以文人雅士为中心的私人组织举办。早期以帝王或官方主导为主,多实行明仪礼、宣教化的"礼仪型"宴集模式,至宋元及后世则以文人相集、游艺并举的"交谊型"雅集模式为主。

皇家或地方政府主办的雅集活动主要包含宴饮、赏乐、讲论才艺、游观等,在宋徽宗赵佶的《文会图》(见图12)中,通过远景的假山、围栏,可以设想文会的场景应在皇苑的开阔之处,柳荫溪畔,雅士们不再受君臣等级约束,环桌而坐,桌案上摆有茶食、酒樽、杯碟、花器,瑰丽精美、清雅脱俗,坐北朝南的正座上端坐一白色长衫者,疑似为画者本人——宋徽宗赵佶,8位文士围其两侧,或端坐探查,或拱手恭贺,或轻声对谈,另有2位雅士立于林下,相谈甚欢。画幅中还有2组侍者9人,一组侍者4人正侍于主案的雅士左右,另一组侍者5人则围拢在画幅前景中的桌几处,似为主桌宾客做各项准备,中间一长官,正督促着侍者有条不紊地工作。远处树荫下,宽敞的矶踏上放置着四散利落的瑶琴、香炉、琴谱,说明此处刚刚经历了一场雅乐之欢……画幅右上角有宋徽宗瘦金体真迹,左上角则为权臣蔡京的和诗,画面人物虽多,却繁而不乱,呈现出北宋末年君臣雅集儒雅有致、华丽精妙的盛大场景。此类型的文会雅集活动还有西汉的梁苑之会,唐朝初年的十八学士雅集、曲江宴游,北宋的琼林宴会等。

图 12　《文会图》,北宋·赵佶(传),绢本设色,现藏于台北"故宫博物院"

至北宋中期,随着庶族文人阶层的壮大,私人性质的文人交游活动成了雅集的主流,雅集向非礼仪型的、日常的文学性交游转化,参加成员更趋向于拥有共同理想和价值观的知识阶层。彰显文学才情的赋诗、对弈、抚琴、品画等雅趣活动成为两宋文人会友交谊的主要项目,相比皇家提供的仪式繁缛的宴集,私人间的文人雅集更倾向于求真、超然物外。"每至觞酌流行,丝竹并奏,酒酣耳热,仰而赋诗"(《与吴质书》——魏晋·曹丕)。刘松年(传)的《西园雅集图》(见图13)描绘了苏东坡、黄庭坚、米芾、蔡襄、秦观等人做客于王诜宅园的场景,画面人物有20余人,场景根据主题分为5组,依次为问禅、作画、题诗、弹阮、鉴古,闲适悠然,尽风雅之兴。整幅画面潇洒、俊逸,极园林之胜,主人、宾客皆乘雅兴。历史上诸如此类的私人雅集活动还有西晋的金谷园雅集、东晋的兰亭禊集、中唐的"香山九老会"、南宋西湖雅集、元末的玉山雅集等。雅集以文字相酬,呈现出宴饮交谊、相洽无间的氛围,虽然物象终归尘土,但雅集的文化理想永存于士人心中,激励世人"斯人斯画传千古"。

图 13 《西园雅集图》,南宋·刘松年(传),绢本设色,现藏于台北"故宫博物院"

(四)澄怀——雅集的艺术主题活动

"澄怀味象",是由南朝画家宗炳提出的观点,他认为"圣人含道应物,贤者澄怀味象"。澄怀,是指扫除杂念,涤荡心胸,使之虚静;味象,是指通过对宇宙万物的观照以体道。宋代的文人阶层具有较强的自我觉醒意识。一方面,他们以先天下之忧而忧为己任的政治主体意识得到空前强化,关注政治意识形态与个人志向及理想之间的联系,在学术上主张思辨,在文艺作品方面强调与天地、人性的关联,追求"透过现象,找寻本我";另一方面,他们保留世俗享乐意识,将隐逸的涵养与趋雅避俗的文艺喜好作为寻求心灵解脱的手段,在理想和现实间达到平衡。

传统书画皆以崇尚自然的原则,表面上看是对自然形式美的模仿,但实际上是对潜在自然之中的"道"与"理"的探索。中国文人的宇宙观也始终将目光聚焦在"天人合一",不管儒家之"万物一体",道家之"游心物外",还是禅宗之"即心即佛",它们关心的终是内心深处的"林泉之志","外物献美,中怀有融"成为古代书画作品最津津乐道的方式。文人士大夫通过雅集活动在儒、释、道三者之间找到了平衡点。

三、游观与畅神——解读宋画中的雅集空间

(一)宋画中雅集活动的空间类型

基于上文对雅集图中主题活动形式的分析,可发现两宋的雅集图在空间环境营造和要素组合上有较为显著的关联。下面将结合雅集图中3种典型空间模式和活动场景的频次分析,探究古人不同活动空间的审美倾向与环境偏好特征。

1. 私密型空间

在雅集画作品中,除用景色得宜的自然景致形成远离俗世的林泉空间外,建筑内部也通常作为雅集的选择,虽其不如室外开阔、通透,但文人雅士之居常伴香案、画屏。五代周文矩所绘的《重屏会棋图》(见图 14)呈现了"茶炉烟起知高兴,棋子声疏识苦心"的对弈场景[1],人物容貌刻画精细、神态各异。室内场景中最为醒目的是挂于中心位置的画屏,取白居易《偶眠》之诗意,而屏风中又绘有一山水屏风,大大增强了画面空间的纵深感。

---

① 陆游.陆游全集校注(第 8 册)[M].钱仲联,马亚中主编.杭州:浙江教育出版社,2011.

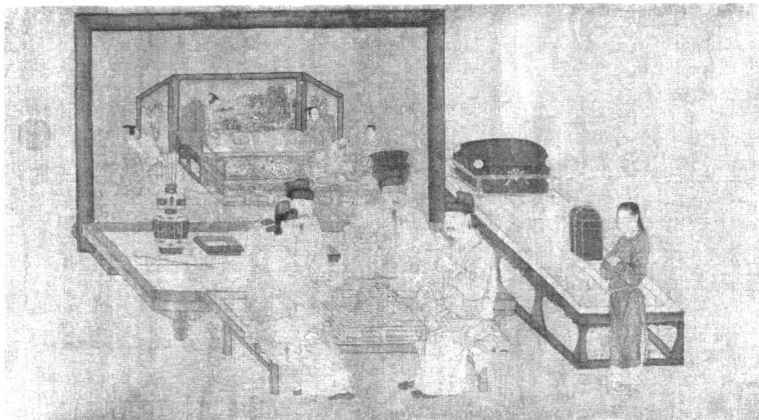

图 14 《重屏会棋图》,五代·周文矩,绢本设色,现藏于故宫博物院

2. 半开敞型空间

半开敞型空间在雅集图中出现频次最多,是文人雅集喜好的空间类型,经过山体、树木、亭榭的掩映,文人的活动如抚琴、鉴古、吟诗、作画等愈显生趣。如刘松年的《四景山水图》(见图 15),远处群山如黛,流水潺潺,小路曲折有致,处于山体或松柏树荫之下,其周围则以树石结合的园林小品或栏杆、院墙等建筑要素形成半开敞的围合,使整个空间环境既有相对的独立性又不失户外的野趣感。雅集活动场地受限,多为三五好友间的悠闲集会,以情景交融式的作画赋诗为主。

图 15 《四景山水图》局部,南宋·刘松年,绢本设色,现藏于故宫博物院

3. 开敞型空间

前文提到雅集的组织形式有皇家或官方组织,相对于私人性质的雅集活动,此种类型的雅集活动选址更为开阔,参加人员也更多,较为注重整体园林环境的开放性。场地不再拘泥于山脚一隅,整体环境要求山水皆具,能够有串联不同类型空间的中心节点,疏密有致。不同类型的活动都具有其相应的空间要素,活动场景能够呈现出独特的环境氛围及空间特点(见图 16)。

图16 《高士观眺图》,南宋·马远,绢本设色,现藏于东京国立博物馆

(二)宋画中雅集活动的游观形式

两宋时期,文人府邸宅园逐渐成为园林艺术的主流,以可行可望、可居可游为建园宗旨,画艺与实景建造相融合,中国画论的空间造境也就理所当然地成为游园活动的核心。"园林风景是一系列在动的过程中依次展开的连续构图。"①这种系列在动的雅集画中形成了多个置景空间场景,让观者通过视觉、听觉等方式在游观中不断穿越和阅读,获取精神意义。

1.步移景异

雅集画中的游观体验,是画家在思维整合后结合时间绵延展现在观者面前的理想空间图像。"游是在时间绵延中轻松自由的挪移,观是在动态整体有机连续的观照。"②

在游观过程中,最主要的引导方式是路径体验,即移步易景的路径设置,针对雅集活动中赋诗、对饮、交游、赏景、抚琴等主题,设计游观过程中曲折、起伏、聚合的节点,将原本片段

---

① 刘巍,朱光亚."气"与中国园林[J].古建园林技术,2004(02):20-24.

② 王肖南."远"之绘画美学思想研究[D].保定:河北大学,2021.

化、分割化的空间片段串通为起承转合的空间结构。回溯历代的宴集、文会,中国古代雅集的发展渐从单项式、开放式空间组织向集群式空间转换。秦汉魏晋的雅集选址往往呈现出集中、轴线明确,以及空间组织单一、开放的特征。至唐宋时期,雅集场所呈现为多元空间集群串联的组合模式。文事、燕乐、抚琴、博古、问禅等多项雅集单元选址相对独立,场所边界分明,对应场景要素井然有序,游观路径散而不乱,整体上形成不同活动空间的集群分布,共同构建起诗情画意的雅集活动的理想模式。

2.时空交错

西方绘画喜好围绕一个中心,或对事件进行画面铺陈,不管观赏者的位置如何变动,最后总能聚焦画面的核心,快速得到一个相对清晰、明确的印象。然而在欣赏中国画时,观者却难以在某一固定的点上长时间驻足,其目光会随画面内容的不断展开而推移。这样的路径设计方式使画面呈现出多视点、多角度的复杂空间。画家巧妙地将二维的图形与三维的立体景象协调在了同一个时空图式之中。

3.情景交融

中国传统空间美学所蕴含的"情"体现在如下层次:①表面情绪层次,是指因景触发的情绪反应,如喜、悲、恐、怒、惊等。②中级情感层次,是指观者对实际景物感知后所产生的感情反应。③高级心性层次,是指结合自身的知识素养对空间场景产生的二次感情体验,包含心性、意趣等深层因素,反映着审美主体的个人素养和定位。在雅集画中的"情"强调与景的联系性,其实质是景(物象)对审美主体的刺激,即"景生情"。在情景的交融中,景是引发情感的媒介,并由此产生物境和意境的统一。事实上,情景交融的机制在于人、景、境升华成了心物感应,形成了二次创造。

(三)宋代雅集空间的叙事性表达和抒情化转向

1.雅集场景多元呈现和空间叙事性表达

宋代雅集图注重场景氛围的营造,一改过去唐式风格中以人物刻画为主的主题创作,将雅集设定在山水、园林、室内场景中,渐渐形成人景互通的空间范式。宋代是山水画的高速发展期,以自然场景为主的雅集图一般具有较强的空间叙事性,有着具体的场景设计、人物情节等。画家注重其物象的写真以及场景的具体描绘,所以它的空间处理对比感较强,突出了主体,传达出格物致知的空间信息。

《会昌九老图》(见图9)为北宋李公麟所作,描绘的是唐会昌五年(845),白居易携高龄老者进行"尚齿"之会的场景。图画采用当时流行的界画手法,利用山、水、建筑、园桥、景观等要素将各个单元空间联系起来,并依循"起""承""转""合"的空间韵律,形成连贯性的叙事空间,承载文学活动与审美内涵的庭院场景、雅集赏景点,在园林中普遍呈现密集的分布状态,进一步丰富了理想栖居的内涵,并从整体上建构了序列清晰、多融合的雅集空间模式。

2.三远图式的模式化倾向与抒情性表现

郭熙在《林泉高致》中提出,"山有三远:自山下而仰山巅谓之高远,自山前而窥山后谓之深远,自近山而望远山谓之平远。高远之色清明,深远之色重晦,平远之色有明有晦"。三远理论相较于西方绘画中的焦点透视来说,提供了一种迥然不同的空间组织关系。中国画中的远近层次表达,粗看不符合透视规律,但它可以对不同时空的物象进行多重组合,使观者"步步移""面面观",在数度的往复和循环中,完成一次次"不下堂筵,坐穷泉壑"的涤荡与浸淫。宋画中"远"的意义超越构图本身,代表的是创作者对画作的意境与情境。由营丘李成、长安关仝、华原范宽所开创的北方画派,多选用直立巨嶂式的高远图式与迂回穿插式的深远图式,画面雄浑苍莽、静素端庄,画家通过捕捉最富有表现力的对象,使视线由低至高充满张力,提升了"景"的意境。而到了南宋时期,画家的主创中心换成了钟灵毓秀的江南,平远式构图以"平淡冲融"的特点胜出,"平远"图式强调的是以多重视角或移动的视角进行取景,画面更注重空间结构的开阔与"游观"体验。也就是说,南宋雅集画"远"的观照通过"静观""游观""妙悟"的方式达到对山水画平淡冲融意境的把握,继而返归本心,达到摆脱世俗的自由之境。

游观不仅仅是从静态到动态的观照,更是一种心观。它是一种与心性、意趣密切相关的体验形式,同时渗透着主体的记忆、联想等。至北宋中后期,人们对绘画的审美已经产生了些许变化,文人画的影响力超过了院体画,图像写实能力弱化,依赖文字进行抒情达意的内容增加。文人画家不再倚重描绘具体的场景空间,而是借题跋、诗句将山水雅集的抒情化表现手段进行延伸,使场景融入更多诗性。此外,随着更多文人雅士(非职业画家)参与到雅集图的创作中,雅集图也越来越模糊化,自然真实的景色幻化成虚淡的简练幻象,演变为传统文人画特定的图像符号。

四、以西园雅集为母题的雅集活动类绘画

(一)雅集模式考证

1."西园雅集"记略

北宋元祐年间,驸马都尉王诜邀请苏轼、苏辙、黄庭坚、秦观、李公麟、米芾等共 16 位雅士名流集于府邸西园,或赋诗作画,或挥毫题石,或拨阮抚琴,或博古品鉴,或问禅开悟。文士们不受尘世羁绊,围绕着不同主题,在溪水扁舟上、茂林修竹间谈古开悟,在城市山林间诗意栖居。除画家李公麟的《西园雅集图》外,米芾所写的《西园雅集图记》亦是了解本次雅集活动的重要文献,图文相配,共同构筑起"西园雅集"艺文融通的主题。

近现代学界对这一具体事件本身的真实性有一定疑虑,但"西园雅集"对后世的影响是真实存在的。也许真实情况是画中 16 人并没有同时聚于王诜府邸的契机,但以苏轼为中心的元祐文士雅集活动是多次发生过的,赋诗、交游、对弈、抚琴、作画等各种活动均有,或在府邸园囿之中,抑或在旷野山林之中。也许诗画所记的西园雅集是把多次雅集活动综合在一起的历史事件创作,是创作者无数次从具体事件中提取与凝练出来的杰作。表 1 为宋元时期以西园雅集活动为主题所创作的艺文作品的基本情况。

表 1　宋元时期部分《西园雅集图》基本情况

朝代	画家	图画信息		所藏地
		材质	尺寸	
北宋	李公麟	纸本水墨	26.5 厘米×406 厘米	台北"故宫博物院"
南宋	刘松年	绢本设色	24.5 厘米×203 厘米	台北"故宫博物院"
	马远	绢本设色	29.3 厘米×302.3 厘米	美国纳尔逊艺术博物馆
	佚名	纸本设色	47.1 厘米×1104.3 厘米	台北"故宫博物院"
元	赵孟頫	绢本设色	131.5 厘米×67 厘米	台北"故宫博物院"
	钱舜举	绢本设色	176 厘米×91 厘米	美国普林斯顿大学艺术博物馆

2. 历史背景

以苏轼为中心的元祐文人集群是倡导这次雅集活动的主体。元祐年间(1086—1094)处于宋哲宗赵煦的执政之初,当时作为旧党中坚力量的苏东坡重回中央权力中心,文学新生力量不断蓬勃发展,形成了以文艺为核心的元祐文人集群。该集群以苏轼为领袖,最初只有门生黄庭坚、秦观、晁补之、张耒等加入,后因文学与审美的趋同,队伍不断扩大,形成了政治、文学、宗教、艺术互为包容的文人雅士集群。他们在政治上倡导自立,在文学上崇尚自由、同声相应、不拘一格,在艺术上讲求林泉之心、合乎于道。同时,他们重视日常生活化的审美过程,强调各种艺术门类内在的融通,通过雅集宴会,将生活态度与审美追求落实到实际生活之中。

(二)两宋《西园雅集图》画作解读

1. 北宋画家李公麟的《西园雅集图》

此幅画作大小为 26.5 厘米×406 厘米,现藏于台北"故宫博物院",采用水墨白描刻画。从右向左依次呈现"赋诗—抚琴—作画—题石—坐禅"5 个场景。①赋诗场景:在古木林立的西园一隅,蔡肇、王诜和李之仪正围坐于桌案四周,全神凝视着执笔掌卷的苏轼,一旁的石案上摆满各式鉴赏的古物(见图 8)。②抚琴场景:对坐于虬枝盘曲的桧树下的是拨阮的陈景元和凝神静听的秦观(见图 17)。③作画场景:中心位置的李公麟正于平坡石案上作画,张耒与苏辙围坐于石案两边,晁无咎与黄庭坚、郑嘉会附立于画家两侧(见图 18)。④题石场景:在坚石峻峋之中米芾挥毫题壁,王钦臣站于一侧(见图 19)。⑤坐禅场景:修竹茂密,似天然屏障,崖壁下圆通大师与刘泾对坐说禅(见图 20)。

图 17　《西园雅集图》局部 2，北宋·李公麟，纸本水墨，现藏于台北"故宫博物院"

图 18　《西园雅集图》局部 3，北宋·李公麟，纸本水墨，现藏于台北"故宫博物院"

图 19　《西园雅集图》局部 4，北宋·李公麟，纸本水墨，现藏于台北"故宫博物院"

图 20　《西园雅集图》局部 5，北宋·李公麟，纸本水墨，现藏于台北"故宫博物院"

2. 南宋画家马远的《西园雅集图》

此幅画作大小为 29.2 厘米×31 厘米，现藏于纳尔逊艺术博物馆，采用绢本设色刻画。画作依次展现了 4 组人物及其活动。①游观场景：着乌帽道袍的高士正持杖前行，手执羽扇的侍从静默追随（见图 21）。②品画场景：众人姿态各异，汇聚书桌处，凝神观看书画俱佳的

185

名士挥毫(见图 22)。③静观场景:一高士面水独坐,似怀古幽思,身后友人捻须而立,陪伴在侧(见图 23)。④鉴古场景:一高士正执杖仰观,身后书童缓立随行,平坡之下,侍从正小心陈设古器(见图 24)。

图 21 《西园雅集图》局部 1,南宋·马远,绢本设色,现藏于美国纳尔逊艺术博物馆

图 22 《西园雅集图》局部 2,南宋·马远,绢本设色,现藏于美国纳尔逊艺术博物馆

图 23 《西园雅集图》局部 3,南宋·马远,绢本设色,现藏于美国纳尔逊艺术博物馆

图 24 《西园雅集图》局部 4,南宋·马远,绢本设色,现藏于美国纳尔逊艺术博物馆

3. 小结

这 2 幅宋代的《西园雅集图》,一为纸本,一为绢本,用不同的创作手法呈现了元祐年间的文人盛会。北宋时期,经济初兴,人们的审美追求朴素地立足现实,推崇格物致知精神,故而画面中较多地采用墨色晕染与线条。而到了南宋时期,一方面,艺术家开始寻求创新,在皇室崇文重艺的助推下,主张通过画面表达形与神的高度统一;另一方面,江南地域的秀美清润山水,使画家更加注重营造画面岚气清和的氛围和虚实相生的小景。

(三)《西园雅集图》绘画的空间叙事表达

1. 空间

北宋时期的雅集画多采用全景式构图,景物和人物都较为平均和谐地分布在画面中,大多是横向空间的表现,而缺少了对纵向空间的描绘。而南宋时期,随着技术的进步和人们对绘画技艺的潜心研究,对物象空间的感知也逐渐准确,形成了中国画独特的散点透视技法,画面呈现移步换景的效果。

2. 园林

园林是涵纳雅集活动中主客之间物质生活和精神审美的全景式平台,宴赏、唱和、品鉴、游观等活动与园林景观互融互通。北宋园林是中国古典文人园林的重要开端,西园雅集因参与人物的显著而保留相应翔实的诗文与图绘记录,成为研究北宋文人园林生活的重要佐证。

宋代以后园林雅集类活动的主题设置和场景呈现,在一定程度上受到了西园雅集活动范式的影响。在主客群体中,文人、士绅、道僧已成为雅集活动的重要角色。而且,以琴棋书画为媒介的活动形式成为园林雅集的重要组成部分。这些多元化的主题活动,促成了文人个体情境表达和整体空间意境的融通。

3. 西园雅集空间结构范式的建构

两宋西园雅集呈现为文人汇集活动多元融合、环境空间集群串联的组合模式。其中"赋诗""作画""弹琴""题壁""游观""说禅、清谈"6 类园林活动(见表 2)出现频率较高,场所边界分明,并且以文学或艺术领袖为中心,以对应场景要素组合为辅,整体上形成了不同活动空间的集群分布。这些相对独立的活动空间,又通过水系、路径或图面的留白相串联,共同构建起诗情画意雅集活动的理想模式。

表 2　两宋《西园雅集图》主题场景对照表

作者介绍	赋诗	作画	弹琴	题壁	游观	说禅、清谈
李公麟(北宋)	四人组——以苏轼为中心,王诜、蔡肇、李之仪等围坐畅谈	六人组——以李公麟为中心,苏辙、黄庭坚、晁补之、张耒及郑靖老观其作画	二人组——陈碧虚弹阮,秦观坐于树下侧听	二人组——米芾题石,王钦臣袖手仰观题石	无	二人组——刘泾谛听圆通大师说经

续 表

作者介绍	赋诗	作画	弹琴	题壁	游观	说禅、清谈
刘松年（南宋）	四人组（同上）	六人组（同上）	二人组（同上）	二人组（同上）	无	二人组（同上）
马远（南宋）	十三人组——以头戴东坡巾的长者为核心，正凝神挥毫，众人围案观书	无	无	无	场景有二：一组为高冠长者持杖徐行，两伺童陪伴在侧；另一组为一纶巾之士举杖望远，旁小厮恭敬站立	二人组——或站或坐，临水清谈
赵孟頫（元代）	四人组——四人在苍柏下对诗挥毫，美眷侍立	六人组——众人围案环坐，畅谈画卷	二人组——一人弹琴，一人相邻静听	三人组——白衣者提笔挥毫，两位同伴立于巨石一侧凝视	无	二人组——僧侣模样长者与乌帽高士对坐，参禅悟道

与宋代以前著名的雅集相比，西园雅集在空间类型（3种，分别为私密、半开敞、开敞）、活动主题（6类）及空间叙事表达上，呈现出兼容并包的特征，主要表现在：从以大型乐宴形式、集中唱咏活动为主转化为意境深远的多内容的文雅集会；从以集中开敞式空间为主转化为串联式多空间集群的空间组织；从以君臣奉和相融、宣教文治为目的转为为文人个体情感表达和追求雅士诗意化生活。这3方面的重大转换，推动了西园雅集范式的确立，深刻影响了后世雅集活动的组织形式及空间环境构建。

（四）西园雅集母题对后世绘画的影响

雅集画发展至两宋，沿着重文、崇古、燕乐、澄怀四条主题脉络，不断拓展其丰厚的历史情境以及文人"隐逸"理想追求。此外，两宋画作引入山水、园林之美强化雅集场域的诗意，文人间交游的雅趣使空间环境更深远、丰富。尤其是以"西园雅集"为母题所产生的雅集文化的影响为后世文人生活美学以及为文人画的发展都建构了"士文化"的身份意识形态体系。由此可论，雅集题材绘画的表现主题与表现形式等都在两宋完备，后世的元代渔父图、明清时代的园林图等，都可视作是对两宋绘画的模仿和主题的重复。

五、结语

文章结合图像学与修辞学的研究理论，在前人对雅集类绘画的分析研究基础上，尝试从不同观察角度对西园雅集母题类雅集绘画中的场景主题进行研究，通过梳理并总结两宋雅集类绘画的传承和发展规律，深层次挖掘文人雅集类绘画中所蕴含的文化观念、文人审美与理想人格。

通过对相关两宋雅集绘画作品的分析对比，得出以下结论：

（1）从画面表现形式来说，宋代雅集绘画的表现呈现多派融合的风格。从隋唐时期单纯记录以人物为主体的写真式肖像绘画转向关注整体空间环境,在绘画表现中尝试引入多层次的山水空间演进,北宋时期雅集画虽形制简单,仅用山石、分隔不同人物,但整体画面构成偏向宏大主题,喜好大场景叙事表现;随至南宋,偏隅江南为园林活动创造了适宜的成长环境,文人士族阶层地位升高,开始专注自我的精神层面,强调理想生活物境与意境的统一,画面构成变为以表现园林活动为主的构图方式,精巧、雅致的小场景描绘成为此时期雅集画的常见题材。

(2)从创作母题来说,北宋元祐时期的西园雅集成为当时文人阶层的盛事热点,李公麟应王诜之邀创作《西园雅集图》。历代名家均以之为蓝本并结合米芾撰文进行绘制,南宋刘松年、马远,元代赵孟頫、钱舜举,明代唐寅、仇英、尤求、陈洪绶,清代石涛、丁观鹏等均摹画过《西园雅图图》或参照"西园雅集"题材进行再创作,由北宋至明清,历代艺术追求者们逐步完成了从复刻西园文人故事场景到再现西园文艺生活再到符号化西园雅集文化的过程,最终形成中国经典雅集图像的重要文化范式。

(3)从雅集主题活动来分析,博古、参禅、游观类活动,因人群活动需求,其场景会以园林活动为中心展开,而以烹茶、宴乐为主的雅集活动,则会串联起室内空间与园林空间,进行多空间转换;作画、弹琴、品香类活动,虽然不受空间限制,但因文人对感官、场景的追求和对生活现实与审美理想的多维度刻画,形成了时间和空间交替呈现的开放式的空间组织模式。

(4)从家具陈设来分析,宋代雅集类活动一般在庭院园林和郊野山林中展开,大型家具陈设如屏风和书案等形式规整简练,融实用性与欣赏性于一体,而其他小型家具如边几、椅凳等,已完成垂座家具的转变,样式丰富,除追求比例和谐、造型简练的形式美之外,更在意家具本身的自然天真。朱熹有云:"心安体舒,是之谓游,以游以居。"这里的"游"代表这宋代文人生活一种超功利、无目的的态度与体验的自由,也代表着宋代文人在生活之境构建时,以"游"为欣赏活动的定位,让这种内在心性自由与德行维度融通为"理",使日常生活物象呈现出丰富的审美文化意味。

参考文献

[1] 周维权.中国古典园林史[M].北京:清华大学出版社,2008.

[2] 张孝祥.张孝祥诗词选[M].宛新彬,贾忠民选注.合肥:黄山书社,1986.

[3] 历代题画诗(上卷)[M].陈邦彦选编.北京:北京古籍出版社,1996.

[4] 白舸,屈行甫.中国古典园林中"游观"的美学阐释[J].南京艺术学院学报(美术与设计)2018(04):120-124.

[5] 朱熹.朱子全书[M].朱杰人,严佐之,刘永翔主编.上海:上海古籍出版社,2002.